テキスト財務管理論

第6版

鳥居陽介［編］
現代財務管理論研究会［著］

FINANCIAL MANAGEMENT
6th Edition

中央経済社

改訂第6版に寄せて

近年，企業を取り巻く環境はさらに変化している。具体的には，新型コロナウイルス感染拡大や情報革命の影響，環境問題の深刻化や貧困・格差問題が改めて認識されていること，同時にそれらの解決につながるSDGsへの取り組みが求められるようになったことなどが挙げられ，これらによって企業経営・企業財務の在り方もさらなる変革を余儀なくされている。

本書は，現・明治大学名誉教授である坂本恒夫先生を中心とした研究会における成果として，2002年に第1版が出版された。この第1版では，財務管理論の舞台となる企業・会社とは何か，特に株式会社の仕組みや特徴から説明する構成であった。その後，会社法の施行，スチュワードシップ・コードやコーポレートガバナンス・コードの制定など，社会の大きな変化のタイミングを中心に改訂を重ねてきたが，全体の構成は，第1版から第5版まで大きく変えることはなかった。しかし，近年の大きな変化と，それに伴う再構成の必要性について言及された坂本先生のご意向を受け，第6版ではこれまでの構成を大きく変えたものとなっている。上述のような環境変化が財務管理を検討する上で重要な前提となっているため，第6版では第Ⅰ部を「財務環境」とし，上述の問題や変化がどのようなものか，これらと財務管理の関係について最初に説明している。

以降，第Ⅱ部「財務制度」では，企業に影響を与える中心である機関投資家，企業の在り方を検討する上で重要な概念であるコーポレート・ガバナンス，近年採用する企業が増加し再注目されている持株会社制度，証券市場の役割，企業の財務分析手法に関する説明を，第Ⅲ部「財務管理と企業経営」では，利益管理・EVA®，リスクマネジメントについて，第Ⅳ部「資本運用の新たな動き」では，運転資本管理と設備資本管理，キャッシュフロー管理，投資の意思決定について解説している。第Ⅴ部「資金調達の新たな動き」では，資金調達手法としての借入金，社債，CP・MTN，証券化商品について取り上げ，関連して銀行の歴史的展開も紹介している。第Ⅵ部「財務戦略」では，資本政策としてのエクイティ・ファイナンスや配当支払いや自社株取得といった株主還元，M&A，知的財産戦略，デリバティブの仕組みや特徴について説明している。最後の第Ⅶ部「財務管理の新展開」では，中小企業やベンチャービジネスの財務や，クラウドファンディングという手法にも焦点を当てると共に，ESG投資の拡大，SDGs達成に向けた取り組みが進められていく中で，これからの財務管理はどうあるべきかについて論じている。

本書の出版にあたっては，株式会社中央経済社ホールディングス代表取締役会長の山本継氏，株式会社中央経済社学術書編集部・編集長の市田由紀子氏に多大な尽力を頂いた。記して御礼申し上げたい。

2022年2月

鳥居　陽介

はじめに

今日の日本における財務管理の活動は，二つの経営原理がぶつかり合いながら展開されている。

その一つは，第２次大戦後から今日まで50年形成・展開されてきた法人資本主義のもとでの取引拡大経営であり，二つは1990年代後半から日本に上陸してきた英米機関株主資本主義のもとでの株主価値経営である。

取引拡大経営は，企業集団など企業相互の取引を拡大していくことによって，売上，資産，シェアなどを多面的に成長させようとするものであり，株主価値経営は，株価の成長を目的に利益率の引上げをはかるため適正な資本規模を維持するとともに無駄なコストを排除するというものである。

取引拡大経営のもとでの財務は，資産規模の成長を指向するものであるのに対して，株主価値経営のもとでの財務は，株価上昇のための利益率の引上げを目指すものであるということができる。

現代においては，このように売上，資産，シェアの引上げを狙った取引拡大経営のための財務が底流に存在し，その上に株価引上げのための利益率向上を目標とするコスト削減財務が流れ込んでいる。

本書は，こうした規模拡大とコスト削減という二つの対立的な様相を示す現代の複雑な財務管理の基本的な側面を，これから本格的に財務管理を勉強しようとする学生やビジネスマンに平易に解説すると同時に基礎的な知識や理解を提供している。

さて近年，多くの大学や短期大学でセメスター制度が導入され，短期間で高い学習効果を上げるための工夫がなされている。小生の所属する明治大学経営学部でも2002年度から２セメスター制度が導入された。既存の「財務管理論」は，二つに区分され，基本的な内容を講義する新たな「財務管理論」と最近の問題や応用的な内容を講義する「現代コーポレート・ファイナンス論」となった。

本書は，こうしたセメスター制度のもとで，初めて財務管理論を勉強する大学3年生，短期大学生を対象にして用意されたテキストである。

セメスター制では，短期間で基本的なことを学習しなければならないので，授業ではOHPやパワーポイントの教育機器を使用する。従来の黒板に板書しながらの授業は，学生諸君のノート作業と時間的にパラレルであったが，OHPやパワーポイントでは情報量が多いので，学生諸君はなかなかノートに書き込む時間的余裕がない。このテキストは，そうした欠点を克服するために，それぞれの章の冒頭に講義の要約を掲載して，そうした欠点を克服した。学生諸君は，この頁を利用して書き込みなどをして，いっそう充実したノートを作成して欲しい。

本書は，水越潔編著『テキスト株式会社財務』（中央経済社）を基礎にしている。基本的なところは踏襲し，それに最近問題となっている経営者と株主の関係，CPとMTN，インサイダー取引，不良債権，銀行の経営統合，デリバティブス，M&A，コーポレート・ガバナンス，ベンチャーキャピタル，キャッシュフローとEVA® などの項目を付加した。

その構成は次のようになっている。

まず第1講から第4講までは，財務管理論の舞台である株式会社の本質について解説している。次に第5講から第10講までは，株式に関る問題である。増資の方法，募集・発行価格，優先株，所有構造，配当政策，経営者と株主の関係などが取り上げられている。第10講は，利益の留保政策について述べられている。

第11講から第14講までは，債務証券について解説している。普通社債，転換社債，新株引受権付社債，CPとMTNである。第15講はインサイダー取引規制を取り上げている。第16講から21講までは借入金，そして銀行問題である。BIS規制，不良債権，経営統合が解説される。

第22講から第26講までは，経営・財務計画と資金管理・リスク管理が取り上げられている。第27講は合併・買収，第28講はコーポレート・ガバナンスが，それぞれ説明されている。

第29講と第30講では，中小企業，ベンチャービジネスの財務が取り上げられる。

そして第31講から最後の第33講までは，財務諸表制度，開示制度，財務分析が解説されている。

本書はいまは亡き水越潔先生に捧げたいと思う。先生は，明治大学に財務制度研究会をつくられ，大学内にとどまらず広く研究者・実務家に対して研究指導をされたが，残念なことに1999年に帰らぬ人となった。先生が亡くなられてからも明治大学では，財務制度研究会を基礎にして〈現代財務管理論研究会〉を同じく毎週水曜日に行っている。水越先生の弟子・孫弟子が今も水越理論を継承・発展させている。本書は，本研究会の最初の成果の一つであり，水越先生への研究報告書でもある。先生のご冥福をお祈り申し上げるとともに，慎んで本書を捧げる次第である。

最後になったが，本書の刊行にあたっては，中央経済社の山本時男社長および江守眞夫氏に大変お世話になった。心よりお礼を申し上げたい。

2002年３月25日

坂本　恒夫

目　　次

第Ⅳ部　資本運用の新たな動き

第Ⅴ部　資金調達の新たな動き

第Ⅵ部　財務戦略

第Ⅶ部 財務管理の新展開

第 I 部

財務環境

第1講

株主価値経営の破綻

1　株主価値経営とは何か

- 「株主価値経営」とは，文字通り株主の利益の最大化を目指す経営
- 主に機関投資家が企業に働きかける
- 機関投資家は，ROE，EVA® といった指標を重視

2　なぜ株主価値経営が求められていたのか

⑴　財務管理論の舞台

- 対象は株式会社
- 株主の権利：剰余金配当請求権，残余財産分配請求権，議決権

⑵　主要株主の歴史的変遷

- 財閥 → 企業集団 → 機関投資家

3　株主価値経営の問題点

⑴　株主価値経営を推進した理由

- 株主の利益（配当）は，様々なステークホルダーへ利益分配を行った後に支払われる

⑵　外国人（英米）機関投資家に多数の株式を保有されている大企業の経営行動

- 非正規の従業員を増加させる「固定費の変動費化」や，取引先に対するさらなる価格引下げ要求，あるいはコストの安い海外へとシフト

4　株主価値経営から様々なステークホルダーを重視する経営へ

- サブプライムローン問題以降，株主価値経営の見直し
- 経済的利益だけでなく社会的利益も同時に追求しようとする「共通価値経営」へ
- 株主利益の追求だけを求めるものから，様々なステークホルダーを重視した経営へ

1 株主価値経営とは何か

「株主価値経営」とは，文字通り株主の利益の最大化を目指す経営である。機関投資家と呼ばれる，年金基金・生命保険・損害保険など，加入者から資金を受託して運用している機関は，株主利益を上げるよう企業に積極的に働きかける。これら機関投資家は，ROE（株主資本利益率）(1)，EVA®（経済的付加価値）といった指標を用いて企業を評価する(2)。これらの指標を用い，場合によっては達成状況が著しく低い企業の経営陣の退陣を求める行動をとる。したがって，株主価値経営を行う企業は，これら指標を上昇させるような経営を行うことが求められる。

2 なぜ株主価値経営が求められていたのか

(1) 財務管理論の舞台

機関投資家から直接的に影響を受けるのは，株式会社である。株式会社は，株式を発行し，不特定多数からの出資を募ることを可能にした企業形態である。会社の社員（出資者）である株主は，会社の債権者に対し出資額のみ責任を負う有限責任社員である。株式を購入した投資家は株主となり，資金の支払いの対価として主に3つの権利を受け取る。1つ目は，剰余金の配当を受ける権利（剰余金配当請求権）である。これは，会社から利益配当を受ける権利で，基本的には出資額（保有株式数）に応じた配当を受け取ることができる。2つ目は残余財産の分配を受ける権利（残余財産分配請求権）である。会社清算時に残余財産の分配を受ける権利である。ただし，継続企業（ゴーイングコンサーン）が通常である状況では，この権利が行使されることはほとんどない(3)。3つ目が株主総会における議決権である。株主総会で提案される議案の評決に関わる権利であり，複数議決権株式など例外はあるが，基本的には1株1議決権である(4)。株式会社においては，多数の株式を保有する大株主が多くの議決権を保有することで，企業（上場企業）に多大な影響を与えている。そこで次項では，日本における主要株主の歴史的変遷を確認する。

(2)　主要株主の歴史的変遷

①　第二次世界大戦前

戦前の日本は，持株会社を頂点として多角的な経営を行う独占的な企業集団である財閥が経済の中心を担っており，財閥を支配している個人が中心的な株主であった。それら株主，言い換えると財閥一族が，財閥一族の利益となるよう（配当として本社に利益が還元されるよう）会社を経営していた。

②　第二次世界大戦後

第二次世界大戦後，GHQは財閥が戦争の経済的基盤であるとして強制的に解体させた。個人大株主支配の強制的終焉である。財閥一族が保有していた株式は，当該発行会社の従業員に対して優先的に売却，また一般投資家にも配分され，一時的に個人の持ち株比率が上昇した。株式の分散とともに財閥の経営者が追放されたため，かわって役員や部長・係長など，会社内部の中間管理者が経営者となった。アメリカにおいては「所有と経営の分離」が自然に時間をかけて進んでいったのであるが，日本においては強制的に経営者支配の状態が作られたのである。

その後，ドッジラインの実施によるインフレの収束，その影響による安定恐慌を契機とした株価下落によって，個人投資家は株式を手放した。このような状況下，1952年には陽和不動産の株式買い占め事件が起こった。旧三菱系の陽和不動産の株式35%を投機師の藤綱久二郎氏に買い占められたが，三菱銀行を中心とした旧三菱系の企業が協力して株式を買い戻した。また，外国資本が日本に入ってくることを許可する「資本の自由化」に伴って，買収の危険性を認識した旧財閥系の企業は株式持ち合いを通じて再び結束を強めた。

株式持ち合いとは，企業同士がお互いの株式を保有することであり，当時は安定株主対策，株価の安定，株主総会の円滑な運営，事業取引の安定といった効果を求めて行われていた。

株式持ち合いが行われていた時代においては，法人（企業）が他法人（企業）の株式を保有しており，「所有の法人化」が進んでいる状態であった。法人大株主支配の時代である。同系の銀行を中心として，同系企業集団に属する企業が主要株主となっており，この時代は，同系企業集団の売上高，市場シェアを拡大させるという経営方針であった。

③　バブル崩壊以降

株式持ち合いは，バブル崩壊後，株価の急落と後の時価会計の導入に伴って，解消に向かった。この放出された株式を取得したのが，外国人（英米）機関投資家である。外国人（英米）機関投資家は，企業に対して株主利益の向上を求める。特にアメリカの機関投資家には「プルーデントマンルール」と呼ばれる行動規範があり，リスクを十分に考慮した運用が求められている。自身の株式保有比率が高く，株主利益が得られそうにない場合でも簡単に株式を売却することができないため，議決権を行使することによって株主利益を上げるよう企業に積極的に働きかける。このような外国人機関投資家が日本の企業の主要株主になり，それら株主を意識した経営を行わなければならなくなった。

外国人機関投資家の台頭によって，日本においてもコーポレート・ガバナンスが議論されるようになったが，これらの株主がもたらしたのは，株主と企業との関係において，いかに株主利益を最大化させるか，という狭義のガバナンスであった[5]。

3　株主価値経営の問題点

(1)　株主価値経営を推進した理由

このように，株主価値経営は外国人（英米）機関投資家の台頭によってもたらされた。冒頭に示した通り，株主価値経営は株主利益の最大化を目指す経営であるが，株主の利益となる配当は，得られた売上高から，取引先，従業員，債権者など様々なステークホルダーに利益を分配し，余剰分を最後に株主が享受するため，株主価値経営を推進することは様々なステークホルダーにも報いる経営である，と説明されていた。

(2)　外国人（英米）機関投資家に多数の株式を保有されている大企業の経営行動

では，実際にはどうだったのか。作れば売れるという時代はずっと前に過ぎ去り，現在は「モノが売れない時代」であり，簡単に売上高，利益をあげることはできない。そのような状況においても，機関投資家からは利益，配当額，株価，ROE 等の上昇を強く求められる。この要求に対応できない経営者は，株主総会において取締役再任決議に反対票を投じられる可能性も出てきてしまう。そのため多くの上場企業の経営者は，様々なステークホルダーへの利益配分を少なくし，株主に利益を還元していたのが実態であった。具体的には，コストを削減するため正社員を減らし，非正規の従業員を増加させる「固定費の変動費化」や，取引先に対するさらなる価格引下げ要求，あるいはコストの安い海外へのシフトといったことも行われ，実際には様々なステークホルダーの利益を犠牲にした上で，株主が利益を享受していたのである。損益計算書で見ると，取引先への支払額（売上原価）を減少させ，従業員への給料を可能な限り引き下げ（販売費及び一般管理費），時には会社を租税回避地へ移転させることで税金の支払いを減少させ（法人税等），最終的な利益の上昇，配当額の増加，株価の上昇を実現させていた。

図表 1-1 ● 損益計算書（日本基準）から見た株主価値経営の問題点

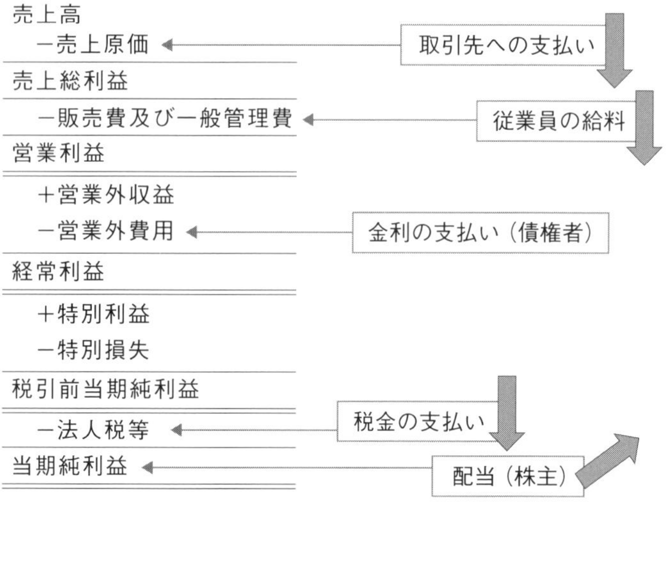

4　株主価値経営から様々なステークホルダーを重視する経営へ

機関投資家が主導する株主価値経営は，エンロン・ワールドコム事件によって問題視されるが，規制の強化によって対応しようとした。しかし，サブプライムローン問題の発生とそれによる世界同時不況から，株主を過度に重視する株主価値経営の見直しが迫られるようになった。

これ以降，株主だけでない，様々なステークホルダーを重視する経営が求められるようになっている。その一例として挙げられるのが，マイケル・ポーターが提唱する「共通価値経営」である。これは，経済的利益だけでなく社会的利益も同時に追求しようとするものであり，共通価値経営の事例としてよく挙げられるのが，ネスレである。ネスレはコーヒーを主に扱っているが，コーヒー豆の生産はアフリカや中南米の貧困地域の零細農家が行っており，劣悪な環境での作業のため，低生産性，低品質という問題があった。ネスレは，農法に対するアドバイス，農薬・肥料の確保の支援を行い，さらに品質測定器を現地に設置し，高品質の豆には価格を上乗せするようにした。現地農家のやる気が向上し，それに伴い所得が増加することで，高品質のコーヒー豆の安定供給を可能にしたのである。このような好循環を生むのが，共通価値経営である。

現在の主要株主は，市場全体で見ると外国人機関投資家であるが，株主利益の追求だけを求めるものから，様々なステークホルダーを重視した経営へと変化しつつある。SDGsの達成に向けた取り組みが求められるようになっていることも，この考え方を促進させる大きな要因である。

注

（1）　ROE＝当期純利益／株主資本（自己資本）×100で計算される。株主から預かった資本を用いて，いかに効率的に利益を上げているかをはかる指標である。詳細は第9講参照。

（2）　EVA® については，第10講を参照のこと。

（3）　この権利が行使された例としては，カネボウ（2007年6月解散），親和銀行（2007年解散決定），中堅繊維商社の立川（1999年解散決定）などが挙げられる。

（4）　これら3つの権利は，会社法105条に明記されている。
（5）　コーポレート・ガバナンスについては，第6講を参照のこと。

参考文献

坂本恒夫『企業集団財務論』泉文堂，1990年。
坂本恒夫『成長財務の軌跡』T&Sビジネス研究所，2000年。
マイケルE.ポーター・マークR.クラマー「共通価値の戦略」『Harvard，Business，Review』第36巻第6号，2011年。
若杉敬明『〔新版〕入門ファイナンス』中央経済社，2011年。

（鳥居　陽介）

第2講

環境問題とは

1　成長の限界 ― 環境問題の軌跡

⑴　エネルギー革命による経済成長と負の遺産
- 産業の発展とエネルギーの変遷
- 経済成長がもたらした環境問題，貧困問題

⑵　地球の限界と国際社会の動き
- 「成長の限界」ローマクラブによる地球の許容範囲を示した研究報告
- 地球サミット（1992年）からSDGs（2016年）へ

2　環境問題と企業

⑴　企業の社会的責任と環境問題
- CSR ― ステークホルダーを意識した経営
- ビジネス・ラウンドテーブル ― 米国のCEOが株主至上主義を転換

⑵　SDGsと企業
- 根底でつながる環境問題，貧困問題，社会的問題
- SDGsウェディング―環境，社会，経済の三層に達成目標を分類

3　新・資本概念と新しい経済システムの台頭

⑴　資本概念の拡張
- 宇沢弘文 ― 社会的共通資本
- ホーケン，ロビンス ― 4つの資本概念
- IIRC（国際統合報告評議会）― 6つの資本概念

⑵　新・経済システムの台頭
- シェアリング・エコノミー
- サーキュラー・エコノミー
- EUを中心としたグリーンリカバリー

1　成長の限界――環境問題の軌跡

(1)　エネルギー革命による経済成長と負の遺産

テクノロジーや経済活動の発展により，私たちの生活はより豊かでより便利なものへ移り変わってきた。18世半ばから19世紀にかけて起こったイギリスの産業革命が，その礎を築いた。生産活動の中心が農業から工業へ変わることで，人々の生活は一変した。これまで手動だった紡績機は水力の導入により，また，織機は蒸気機関により大量生産を可能にした。さらにエネルギーの主軸は木炭から石炭へと変わり，鉄鋼業などの大型産業の形成を可能にした(1)。その後，19世紀半ばにアメリカで石油の採掘が成功し，1900年代に車の燃料としてガソリンが用いられるようになると，石油を中心とした産業形態へと移行していく。一方で1973年に起きた第一次オイルショックでは，石油依存の生産システムのリスクが浮上し，原子力発電に産業界の期待が集まっていく。

このように人類は，時代時代で新たなエネルギーを獲得しながら，生産技術を向上させ経済を発展させる中で，その恩恵を受けてきた。例えば，産業革命時には，馬による長時間の移動から，石炭火力を用いた蒸気機関車の誕生で，一度により多くの人やモノの移動が可能になった。また，石油を燃料とすることで，自動車によるより快適な移動や，飛行機による外国への移動も可能となった。

しかしその一方で，経済格差を生んだり，地球環境を破壊したり人々の健康被害を生み出したりもしてきた。経済発展による多くの恩恵を受けた産業革命時には，資本家が富む他方で，機械の台頭により仕事を失い貧困に陥り，工場から出るばい煙や汚染水で健康を害する人もいた。また，現代に視点を置けば，先進国の企業が発展途上国に赴き，最新の機械を用いて天然資源を無尽蔵に採取して，景観を損ねたり環境汚染を招いたりする例もある。あるいは，私たちの生活に欠かせなくなったスマートフォンやパソコンといった電子機器に必要な金属を，紛争地で児童労働により採掘している場合もある。経済成長によって誕生した一部の富裕層の嗜好により，乱獲され絶滅危惧種になりかけている生物もいる。そして何より，産業革命から活用しだした石炭も，多くの産業を発展させてきた石油も，人類の危機といわれる気候変動をもたらす温室効果ガスを生む化石燃料として，今やその使用が問題視されるようになった。

ヒトやモノの行き来や，経済活動がグローバル化することによって，人々は多様なニーズがかなえられる環境になった一方で，コロナウイルスの世界的な蔓延で露呈したように，感染症といった人類の生命を脅かす危機も経験することとなった。解決すべき環境問題の1つに，生物多様性の保全が挙げられるが，経済活動を優先するあまり，国境を越えて動植物といった自然資本（後述）を無尽蔵に搾取して生態系を破壊したりしてきたことが，新たなウイルスを生んだり，蔓延させたりする要因となっているとも考えられる。

(2)　地球の限界と国際社会の動き

1970年3月，環境問題や人口増加など地球の有限性という共通の問題意識をもった科学者，経済学者，教育者，経営者たちが集まって創立された民間のシンクタンクであるローマクラブがスイスに設立された。このローマクラブの依頼により，マサチューセッツ工科大学の教授であったデニス・メドウズらを中心として，当時の経済成長による地球環境への影響や人口増加に関する研究が進められた。その結果，このまま工業化と経済成長が進めば，天然資源の枯渇および公害問題を引き起こし，世界人口の急増による食糧問題に直面するという研究結果を導き出し，1972年に「成長の限界（Beyond The Limits)」というタイトルで報告書が出版された[(2)]。地球は無限ではなく有限であることを，データをもとに予測したのである。その後，1992年には国連の呼びかけで，地球サミットがブラジル（リオデジャネイロ）で開催され，世界各国から首脳陣が集まり，持続可能な社会構築に向けて行動していくためのいくつかの条約が採択された[(3)]。こうした世界的な動きは，経済成長一辺倒のビジネス活動，右肩上がりの経済成長信奉から，地球環境に配慮した新たな経済システム構築を促す流れを徐々に作り出していった。

近年，企業や社会の関心を環境問題や社会問題へと引き寄せたのは，気候変動問題に対する意識とSDGsという国連が提唱した人類共通の達成目標であろう。大雨や洪水，ハリケーンといった甚大な被害をもたらす気候変動問題は，もはや異常気象が常態であるかのように，世界中至るところで年間を通じて起きている。ローマクラブが示した「成長の限界」のように，気候変動も後戻りのできない「ティッピング・ポイント」をもはや目前に迎えているともいわれている[4]。こうした深刻な状況から，世界各地で若者がグローバル気候マーチを展開したり，自治体が「気候非常事態宣言」を発令したりしている[5]。また，カーボンニュートラルを超えて，カーボンネガティブへ動いているグローバル企業もある[6]。日本政府も後れを取りつつも，2050年カーボンニュートラルへ向けて宣言した[7]。本格的な脱炭素社会構築に向けての動きが，世界中で始まっている。なお，SDGsについては，次節で触れる。

2　環境問題と企業

(1)　企業の社会的責任と環境問題

前述の通り，企業活動は多方面にわたり，産業の発展と共に地球環境破壊を引き起こす要因ともなっていた。また，川村（2004）が指摘するように，1990年代後半に機関投資家がSRI（Socially Responsible Investment：社会的責任投資）に参入したことで，CSR（Corporate Social Responsibility：企業の社会的責任）の企業経営への影響が大きくなった[8]。欧米では，人種問題や人権問題などの社会的な問題が問われていたが，環境問題も併せて，企業が解決すべき問題として取り上げられるようになった。CSR経営では，地域住民や地球そのものも配慮すべきステークホルダー（利害関係者）として捉えられる。また，近年では，アメリカの主要企業が参加する財界ロビー団体であるビジネス・ラウンドテーブルが，株主至上主義からすべてのステークホルダーを重視するという声明を出し，181名のCEOが署名した（2019年８月）[9]。このように，かつて，利益の獲得のみを企業活動の目的とし，株主重視だった経営から，現在では，様々なステークホルダーに配慮する経営に形を変えてきている。

(2)　SDGsと企業

先に述べた1992年に開催された地球サミットは，持続可能な社会構築の進捗状況をはかる目的で，10年後にはリオ＋10，20年後にはリオ＋20といった名称で国際会議がもたれた。当初は，地球環境問題が解決の中心だったが，その後の会議では，貧困問題解決も持続可能な社会構築には不可欠であり，グリーンエコノミーの普及がその解決策として提示された。実際に，環境問題と貧困問題は，しばしば根底でつながっていることがある。例えば，気候変動により農作物が不作になったり，干ばつや浸水により住むところを追われたりすることがある。

2015年９月に国連サミットによって採択されたSDGs（Sustainable Development Goals：持続可能な開発目標）は，上記に掲げた貧困問題や環境問題など，2030年までに解決すべき17の目標(10)，と169のターゲットで構成されている(11)。この達成目標は，国連加盟国をはじめとする各国政府が取り組むことはもちろん，日本でも多くの企業が取り組みを進めている。経済産業省や環境省も推進のためのガイドブックを作成している(12)。スウェーデンのストックホルム大学，レジリエンス研究所のヨハン・ロックストローム博士は，17の目標を下段から「環境」，「社会」，「経済」の３つの階層に分けている（図

図表２-１ ● SDGs目標の３つの階層

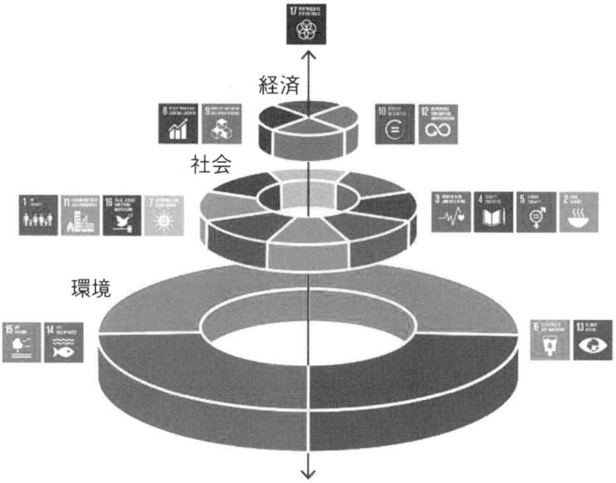

（出所） Stockholm Resilience Center, https://www.stockholmresilience.org/research/research-news/2016-06-14-how-food-connects-all-the-sdgs.html（2020年12月30日アクセス）。

表2－1)。この分類により，自社の取り組むべき課題は何か，あるいは取り組みが弱いところはどの層なのかを明確にしやすい。また，環境への取り組みが下段にあるのは，人々の生活や社会が地球環境の上に成り立っていることを示している。

3　新・資本概念と新しい経済システムの台頭

(1)　資本概念の拡張

一般に，「資本」という言葉を用いるときには，「金融資本」を念頭に置くが，近年では様々な資本概念の拡張が見られる。

宇沢（2000）は，社会的共通資本の概念を唱え，「1つの国ないし特定の地域に住むすべての人々が，ゆたかな経済生活を営み，すぐれた文化を展開し，人間的に魅力ある社会を持続的，安定的に維持することを可能にするような社会的装置を意味する」と定義し，社会的共通資本を「自然環境」,「社会的インフラストラクチャー」,「制度資本」の3つに分類している(13)。

また，ホーケンおよびロビンス（2001）は，企業の生産活動に必要な資本（資源）である，「ヒト（人的資本)」,「モノ（製造資本)」,「カネ（金融資本)」に加えて,「自然資本」も資本概念に含めている（図表2－2)。

その他にも，企業の財務情報に非財務情報を合わせた統合報告書の作成公表を推進しているIIRC（International Integrated Reporting Council：国際統合報告評議会）は，6つの資本概念を提唱している。IIRCは，前述のホーケン，ロビンスが掲げた「自然資本」に加えて,「知的資本」,「社会・関係資本」も含めている。企業活動を通じて，この6つの資本が，どのように価値創造していくのかを報告するのが統合報告であるとしている(14)。

「自然環境」および「自然資本」は，従来の金融資本には含まれなかった地球環境も新たな資本概念として把握されるようになった。現代企業は，この自然資本を把握しつつ企業価値向上にどう結び付けていくかが問われている。

(2)　新・経済システムの台頭

先に述べたように，企業や社会が地球環境を含めた資本概念を認識すること

図表2－2 ● 4つの資本概念

1. 人的資本：労働や知識，文化，組織の形態をとっている。
2. 金融資本：現金，株式，金融証券から成り立っている。
3. 製造資本：インフラ（社会的基盤となる）施設を含めた，機械，道具，工場など。
4. 自然資本：資源，生命システム，生態系のサービスなどから成り立っている。

（出所）　ホーケン・ロビンス（2001），pp.28-29。

図表2－3 ● IIRCによる6つの資本概念

① 財務資本（Financial capital）
② 製造資本（Manufactured capital）
③ 知的資本（Intellectual capital）
④ 人的資本（Human capital）
⑤ 社会・関係資本（Social and relationship capital）
⑥ 自然資本（Natural capital）

（出所）　IIRC 'Capitals Background Paper for 〈IR〉' 2013, p3の一部をもとに作成。
https://integratedreporting.org/wp-content/uploads/2013/03/IR-Background-Paper-Capitals.pdf（2020年12月30日アクセス）。

が求められる中で，経済システムも変化しつつある。例えば，シェアリング・エコノミーは，モノの所有・占有にとどまらず，共有しあうシステムであるが，すでに社会に浸透しつつある。シェアリング・エコノミーは，車や自転車，洋服や住まいなどあらゆるもののシェアを可能とし，休眠状態のものを活用したり，使い捨てを防いだりすることができるため，地球環境にも配慮したビジネス形態を展開している。

また，イギリスをはじめとするヨーロッパを中心に，商品の設計段階から原材料が無駄なく循環し続けるような経済システム構築を目指す，サーキュラー・エコノミーが普及し始めている。図表2－4に見られる「リニアエコノミー」型は，20世紀の経済システムに象徴される「大量生産」，「大量消費」，「大量廃棄」の直線型を表している。また，日本の政府が掲げた，3R（Reuse, Reduce, Recycle）を推進する「循環型社会」は，「リサイクリングエコノ

図表２−４●これまでの経済システムとサーキュラー・エコノミー

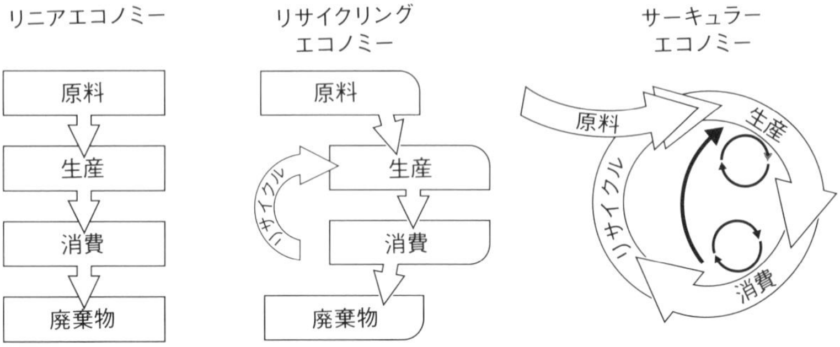

（出所）「戦後の経済を変えるサーキュラー・エコノミーとは」https://www.huffingtonpost.jp/entry/orix-circular-economy_jp_5d37f69de4b020cd994b6988（2020年12月30日アクセス）。
（原出所） オランダ政府ホームページ‘From a liner to a circular economy’https://www.government.nl/topics/circular-economy/from-a-linear-to-a-circular-economy（2020年12月30日アクセス）。

ミー」型になる。2020年９月，アメリカ大手の資産運用会社であるブラックロックは，サーキュラー・エコノミーの関連ファンドが９億米ドル（950億円）に達したと発表した(15)。サーキュラー・エコノミーは市場としても，拡大していく可能性が高い。

また，2020年より世界中に広がりを見せたコロナウイルスは，健康面だけでなく経済的にも各国に打撃を与えている。EU は，いち早く，アフターコロナの経済政策として，環境問題解決を中心としたグリーンリカバリー経済の推進を掲げた。また，EU を離脱したイギリスも気候変動対策として再生可能エネルギーへの投資など積極的な姿勢を見せている(16)。

以上のように，資本主義経済のもと，今日，環境問題解決を中心とした様々なシステムが広がりつつある。企業は，市場規模や売上高といった経済的な優位性を求めるのではなく，2030年の SDGs 目標達成の先を見据えた行動を取ることが求められている。

注

（１）経済産業省，資源エネルギー庁ホームページ「第１部エネルギーを巡る課題と対応，第１章エネルギーを巡る世界の過去事例からの考察，第１節人類の歩みとエネルギー」 https://www.enecho.meti.go.jp/about/whitepaper/2013html/1-1-1.html（2019年12月30日アクセス）。

（２）ローマクラブおよび「成長の限界」に関する調査内容は，メドウズ他著，大来佐武郎監訳（1972）を参照。

（３）「気候変動枠組み条約」，「森林原則声明」，「アジェンダ21」の採択および「生物多様性条約」の署名がなされた。「アジェンダ21」は持続可能な社会を構築するための自主行動計画。環境省ホームページ「地球サミットの成果」https://www.env.go.jp/policy/hakusyo/h05/9175.html（2020年12月30日アクセス）。

（４）環境省は気候変動のティッピング・ポイントについて次のように述べている。「ティッピング・ポイント（tipping point）とは，少しずつの変化が急激な変化に変わってしまう転換点を指す用語である。気候変動についても，あるレベルを超えると，気候システムにしばしば不可逆性を伴うような大規模な変化が生じる可能性があることが指摘されており，地球環境の激変をもたらすこのような事象は，『ティッピング・エレメント』と呼ばれている」。環境省ホームページ「気候変動による影響」http://www.env.go.jp/earth/ondanka/rep130412/report_2.pdf（2020年12月30日アクセス）。

（５）スウェーデンの15歳（当時）の少女が，より強い気候変動対策を取ることを求める気候ストライキを行ったことがきっかけで，2019年，世界中で100万人を超える若者が気候マーチを行った（『日経産業新聞』2019年11月６日付）。また，この若者の行動をきっかけに，世界中の自治体がカーボンニュートラルを目指す「気候非常事態宣言」を次々と出している。気候非常事態ネットワークホームページ，https://www.zeri.jp/cen/purpose/（2021年６月１日アクセス）。

（６）マイクロソフト社は，2030年までにCO_2の排出量を実質マイナスにするカーボンネガティブを目指すと発表している。『日本経済新聞』2020年１月17日付。

（７）2020年10月26日，菅義偉首相は，2050年までに，カーボンニュートラル，脱炭素社会の実現を目指すことを宣言した。環境省ホームページ「2050年カーボンニュートラルの実現に向けて」https://www.env.go.jp/earth/2050carbon_neutral.html（2020年12月30日アクセス）。

（８）川村雅彦（2004）「CSR とは何か－日本と欧米の比較をまじえて－」『環境技術』33巻12号，30頁。https://www.jstage.jst.go.jp/article/jriet1972/33/12/33_12_903/_pdf（2020年12月30日アクセス）。

(9)　ビジネス・ラウンドテーブルホームページ，'Business Roundtable Redefines the Purpose of a Corporation to Promote "An Economy That Serves All Americans"' https://www.businessroundtable.org/business-roundtable-redefines-the-purpose-of-a-corporation-to-promote-an-economy-that-serves-all-americans（2021年５月１日アクセス）。

(10)　17の目標は次のとおりである。①貧困をなくそう，②飢餓をゼロに，③すべての人に健康と福祉を，④質の高い教育をみんなに，⑤ジェンダー平等を実現しよう，⑥安全な水とトイレを世界中に，⑦エネルギーをみんなに，そしてクリーンに，⑧働きがいも，経済成長も，⑨産業と技術革新の基盤をつくろう，⑩人や国の不平等をなくそう，⑪住み続けられるまちづくりを，⑫つくる責任，つかう責任，⑬気候変動に具体的な対策を，⑭海の豊かさを守ろう，⑮陸の豊かさを守ろう，⑯平和と公正をすべての人に，⑰パートナーシップで目標を達成しよう（国際連合広報センター：http://www.unic.or.jp/activities/economic_social_development/sustainable_development/2030agenda/ 2018年２月１日アクセス）。

(11)　SDGsについては，蟹江憲史（2020）が詳しい。

(12)　経済産業省ホームページ「SDGs経営ガイド」https://www.meti.go.jp/press/2019/05/20190531003/20190531003-1.pdf（2020年12月30日アクセス）。
環境省ホームページ「すべての企業が持続的に発展するために－持続可能な開発目標（SDGsエスディージーズ）活用ガイド－資料編第２版」https://www.env.go.jp/policy/SDGsguide-siryo.rev.pdf（2020年12月30日アクセス）。

(13)　宇沢弘文（2000），p.5。

(14)　IIRC'Capitals Background Paper for〈IR〉' https://integratedreporting.org/wp-content/uploads/2013/03/IR-Background-Paper-Capitals.pdf（2020年12月30日アクセス）。

(15)　ブラックロックは，当初，サーキュラー・ビジネス関連ファンドに2,000万米ドル（約21億円）を投資したが，１年間で45倍に規模が拡大したことになる。Sustainable Japanホームページ「ブラックロック，サーキュラーエコノミーファンドの残高が初年度で950億円に到達（2020年10月１日付）」https://sustainablejapan.jp/2014/11/30/ikea-windfarm/12801（2020年12月アクセス）。

(16)　『日本経済新聞』2021年１月18日付。

参考文献

宇沢弘文『社会的共通資本』岩波新書，2000年。

D. H. メドウズ・D. L. メドウズ・J. ランダース・W.W. ベアランズ三世著，大来佐武郎監訳『成長の限界』ダイヤモンド社，1972年。

蟹江憲史『SDGs 持続可能な開発目標』中公新書，2020年。

川村雅彦「CSR とは何か －日本と欧米の比較をまじえて－」『環境技術』33巻12号，2004年。

環境省「すべての企業が持続的に発展するために－持続可能な開発目標（SDGs エスディージーズ）活用ガイド－資料編第２版　令和２年３月」2020年。https://www.env.go.jp/policy/SDGsguide-siryo.rev.pdf。

経済産業省『SDGs 経営ガイド 2019年５月』2019年。https://www.meti.go.jp/press/2019/05/20190531003/20190531003-1.pdf。

坂本恒夫・鳥居陽介編『企業財務と証券市場の研究』中央経済社，2018年。

野村佐智代・佐久間信夫・山田雅俊編著『環境経営要論』創成社，2021年。

ポール・ホーケン，エイモリ・B. ロビンス，L. ハンター・ロビンス著，佐和隆光監訳・小幡すぎ子訳『自然資本の経済－「成長の限界」を突破する新産業革命－』日本経済新聞社，2001年。

P.Lacy and J. Rutqvist (2015) ‘Waste to Wealth -The Circular Economy Advantage’（牧岡宏・石川雅崇監訳『サーキュラー・エコノミー －デジタル時代の成長戦略－』日本経済新聞出版社，2016年）。

（野村　佐智代）

第3講

貧困と格差

1　失業者数の増加，感染症と格差

- アメリカ — 新規失業保険申請者数の急増
- 新型コロナ関連の解雇・雇止め
- 感染症と格差 — 黒人と白人，ホワイトカラーとブルーカラーの差

2　企業の急速な財務状況の悪化

⑴　新型コロナウイルス感染拡大下における資金調達

- 新型コロナ関連の倒産は，特に飲食，食品，アパレル，ホテル・旅館，建設業が多い
- 企業の財務状況が悪化している中で，多くの上場企業が多額の資金調達を決定

⑵　企業の倒産はどのようなときに起こるのか

- 倒産は，「一般的には，企業経営が行き詰まり，弁済しなければならない債務が弁済できなくなった状態」を指す

3　実体経済と金融経済の乖離

⑴　株価の急速な回復

- 各国の GDP も過去最悪の水準である一方，株価（日経平均株価）はバブル崩壊後最高値を更新

⑵　日本銀行による株式保有

- 日銀が ETF を購入し，株価の下支えを行っている
- 富裕層の資産の増加と解雇による格差のさらなる拡大

4　企業・機関投資家の変化

- ICGN（国際コーポレート・ガバナンス・ネットワーク）—「従業員の解雇を避けるべき」との企業向けの書簡
- 欧州中央銀行（ECB）— 銀行に配当停止を求める
- トヨタ自動車・豊田社長「雇用を犠牲にしてまで V 字回復を評価することを疑問視している」，「本気で SDGs に取り組む」と述べる
- 雇用を守り，貧困問題，格差問題の解消に貢献していくことが，企業にもそれら企業に投資する機関投資家にも求められる

1 失業者数の増加，感染症と格差

2020年時点，新型コロナウイルス感染が世界中で拡大しており，世界経済の悪化が懸念されている。アメリカにおける新規失業保険申請者数は，感染が急激に拡大してきた2020年5月17～23日で212万3,000人となり，10週間で4,000万人を超え，米雇用者の4分の1が申請した計算となっている。

日本においても，新型コロナ関連の解雇・雇止めが問題となっている。2020年7月29日時点で解雇・雇止めをされた人数は4万32人と，特に約1か月で1万人増加している。4万人のうち約1万5,000人超が非正規労働者であり，派遣切りが横行しているとの指摘もあり，新型コロナウイルス感染拡大による失業者の増加が社会問題となっている(1)。

新型コロナウイルス感染拡大は，貧困・格差問題も顕在化させている。アメリカ10万人あたりの新型コロナによる死者数は，黒人が54.6人に対し，白人22.7人とのデータが存在する(2)。また，イギリス10万人あたりの新型コロナによる死者数は，貧困地域55.1人に対し，裕福な地域25.3人であった(3)。難民キャンプでは感染拡大への恐れがあり，感染症のリスクにさらされやすい人は，医療従事者，高齢者に加え，低所得者，清掃業者，ケア労働従事者が挙げられている。ホワイトカラーはテレワークが可能であるが，三密を避けられない仕事に就かざるをえない人の方が高い感染リスクを負っているといえる。

2 企業の急速な財務状況の悪化

(1) 新型コロナウイルス感染拡大下における資金調達

新型コロナウイルスの感染拡大による急速な経済不況によって，企業の倒産件数も増加している。新型コロナ関連の倒産は2020年11月時点で717件，その中では特に飲食，食品，アパレル，ホテル・旅館，建設業が多い。倒産に至らないまでも，特にこれらの業種の企業の財務状況は急激に悪化している。そのような中で，多くの上場企業が多額の資金調達を決定している。

図表3－1 ● 新型コロナウイルス感染拡大以降（2020年3月～5月頃）に資金調達を決定した企業例

企業名	概　要
スバル	銀行から長期借入で合計600億円を調達するほか，約2,000億円の融資枠（コミットメントライン）から約1,500億円を引き出した。CPの発行枠も1,000億円に増やした
三菱自動車	国内外の金融機関に対し，計3,000億円規模の融資を要請。三菱UFJ銀行などのメガバンクや日本政策投資銀行に2,000億円前後，海外の銀行に1,000億円程度の融資を求めていると見られる
ブリヂストン	2020年4月に3大メガバンクから2,000億円の短期融資を受けることに加え，同年5月に社債発行枠を2,000億円に増額し，1,000億円のCPの発行も決定した
ダイキン工業	2020年6月にも，三井住友銀行を中心とした大手金融機関から2,000億円を調達する方針である。これとは別に，社債の発行も視野に入れている
ラウンドワン	金融機関からの長期借入金で100億円を調達したと発表。さらに，融資枠を三井住友銀行など4行と160億円分契約した
JR西日本	普通社債を発行し1,900億円を調達すると発表した（3年債600億円，5年債550億円，50年債200億円など合計7本）
ANAホールディングス	民間禁輸期間と日本政策投資銀行から1.3兆円の融資枠の設定を求める方針。その融資枠のうち一部について政府の保証を付けて無担保で借りられるような仕組みを想定
日本航空（JAL）	2020年3月13日にも普通社債200億円を起債する。期間は3年と20年でいずれも100億円の見込み。さらに，民間金融機関に3,000億円の融資を要請

（出所）各社ホームページ，『日本経済新聞』等をもとに作成。

(2) 企業の倒産はどのようなときに起こるのか

企業の倒産はどのようなときに起きるのか。売上がなくなったときか，当期純利益がマイナスとなったときか，連続して赤字を計上したときか。実際は，売上や利益がなくなったとしても，必ずしも倒産するとは限らない。逆に，利益が上がっていても倒産する場合もある（これを「黒字倒産」と呼ぶ）。

では，どのようなときに倒産するのか。倒産は，「一般的には，企業経営が行き詰まり，弁済しなければならない債務が弁済できなくなった状態を指す」と定義される(4)。倒産を防ぐためには，資金繰り問題を常に検討することが求められる。今般の解雇や雇止めは，資金繰りが厳しくなった企業が主に実施している。

3　実体経済と金融経済の乖離

(1)　株価の急速な回復

このような状況で，各国のGDPも過去最悪の水準となっている。例えばアメリカは，2020年4～6期には−32.9％とリーマンショック直後の4倍近くの落ち込みとなっており，2020年の日本の予測も−5.8%となる見込みである。

実体経済が急速に落ち込み，解雇や雇止めが報道されている中でも，株価はバブル後最高値を更新している。図表3－2は2020年の日経平均株価の推移であるが，新型コロナウイルス感染拡大により一時は終値で16,552円（3月19日）

図表3－2 ● 2020年の日経平均株価の推移（日次データ）

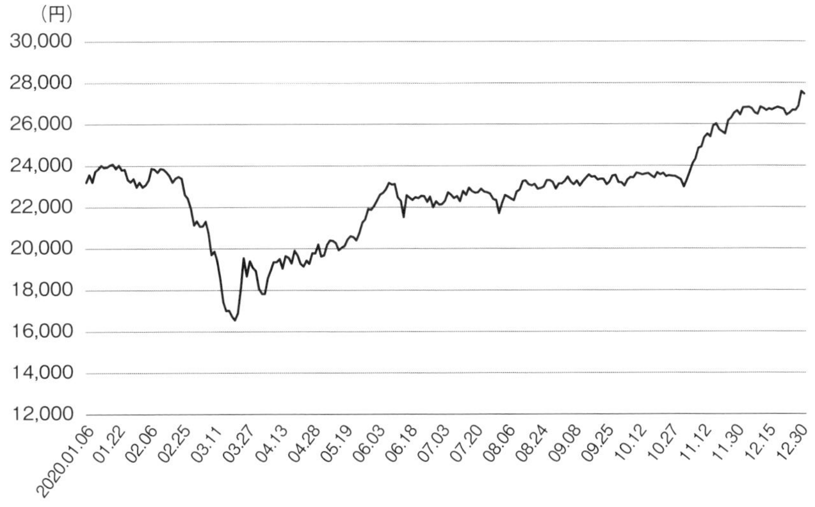

（出所）「日経平均プロフィル」https://indexes.nikkei.co.jp/nkave。

まで落ち込んだ株価も急激に回復を見せている。

⑵　日本銀行による株式保有

日本銀行（以下，日銀）は2010年12月より，金融政策の一環として「指数連動型上場投資信託受益権等」（ETF）の買入れを実施している。ETF（Exchange Trade Funds）とは，証券取引所に上場されている，日経平均株価，TOPIX（東証株価指数：Tokyo Stock Price Index）といった株価指数や金価格などの指数への連動を目指す投資信託である。ETFの特徴としては，値動きがわかりやすい，リスクの分散がされている，取引所が開いている時間帯にいつでも売買可能，目安となる指数に連動した運用（これを，「パッシブ運用」という）のため，コスト（信託報酬）が低い，といったことが挙げられる。

日銀による買入総額は，買入れを開始した2010年12月には142億3,270万円，2011年3月時点では1,851億2,454万円であった。2018年8月から買入総額6兆円に変更され，その内訳は，TOPIXに連動するETF（を対象に，銘柄毎の時価総額に概ね比例するように買い入れる額）が4.2兆円，3指数

図表3-3 ● 日本銀行による「指数連動型上場投資信託受益権等」（ETF）保有額の推移

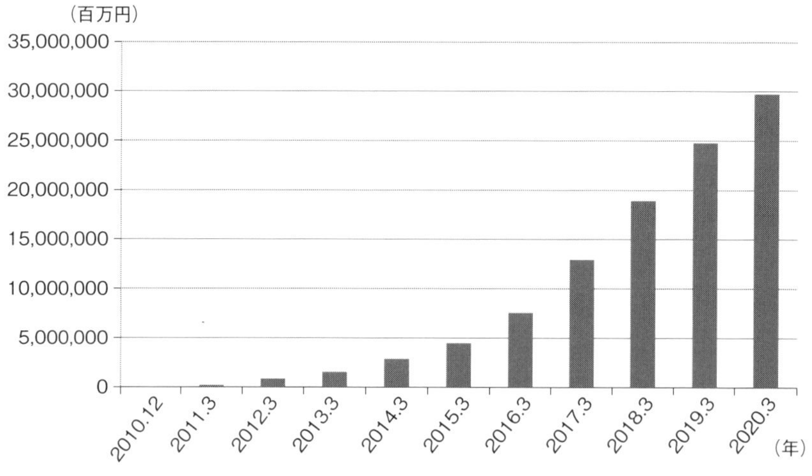

（出所）　日本銀行「営業毎旬報告」各号より作成。

図表3－4 ● 2020年の日経平均株価の推移と日銀のETF購入

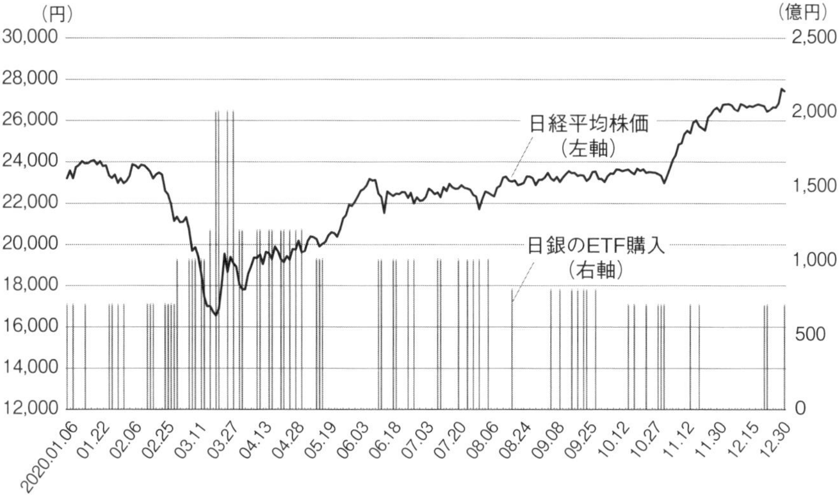

（出所）「日経平均プロフィル」https://indexes.nikkei.co.jp/nkave。日本銀行「指数連動型上場投資信託受益権（ETF）および不動産投資法人投資口（J-REIT）の買入結果ならびにETFの貸付結果」https://www3.boj.or.jp/market/jp/menu_etf.htm。

（TOPIX・日経225・JPX日経400）に連動するETFが1.5兆円，「設備・人材投資に積極的に取り組んでいる企業を支援するため」のETF（2016年4月から実施）が0.3兆円である(5)。

その後，今般の新型コロナウイルス感染症拡大への対応として，2020年3月には，年間約12兆円までと買入額上限をさらに増額しており，日銀が日本企業，株式市場に与える影響がさらに増大している（図表3－3参照）(6)。

ここで，株価の推移と日銀のETF購入をあわせてみると，株価が大幅下落した際に日銀が買入れを行っていることが見て取れる。株価上昇の理由は日銀による影響だけではないが，一定程度の影響を与えているといえよう（図表3－4）。

日銀のETF購入額は，2020年3～12月で合計5兆8,614億円であり，2020年に日本で実施された全国民への定額給付金の2分の1近くに相当している。株価上昇によって，アメリカ富裕層の資産が5,650億ドル（約62兆円）増加，感染拡大初期から19%増加しているとの報告書が出されており，ここでも格差の拡大が問題となっている[7]。

4 企業・機関投資家の変化

これまで見てきたように，新型コロナウイルス感染拡大により財務状態が悪化した企業には，解雇や雇止めを行ったものもある一方で，株価はこれまでにないほどの上昇を見せており，貧困・格差の拡大が懸念されている。

しかし，企業や機関投資家の多くは，株主価値経営の反省から様々なステークホルダーを重視するように変化しており，その流れの中で，雇用を守ることを求める機関も存在する。一例を挙げると，ICGN（国際コーポレート・ガバナンス・ネットワーク）は「従業員の解雇を避けるべき」との企業向けの書簡を出し，欧州中央銀行（ECB）は銀行に少なくとも10月１日まで配当停止を求めている（後に，「少なくとも2021年まで」と延長）[8]。

雇用の維持に重点を置くことを表明する企業も現れており，例えばトヨタ自動車・豊田社長は，「雇用を犠牲にしてまでＶ字回復を評価することを疑問視している」と述べており，「本気でSDGsに取り組む」と明確にしている。SDGsが重要なテーマとなっている現代において，雇用を守り，貧困問題，格差問題の解消に貢献していくことが，企業にもそれら企業に投資する機関投資家にも求められる。

注

（1）『日本経済新聞』2020年7月30日付夕刊。
（2） APM Research LAB。
（3） イギリス国家統計局。
（4） 帝国データバンクホームページ，https://www.tdb.co.jp/tosan/teigi.html。
（5） 日本銀行「今後のETF買入れの運営について」2018年，https://www.boj.or.jp/announcements/release_2018/rel180731h.pdf。
（6） 2020年3月時点で29兆7,189億3,864万円である。
（7） CNNホームページ，https://www.cnn.co.jp/business/35154855.html。
（8）『日本経済新聞』5月30日付朝刊。

（鳥居　陽介）

第4講

情報革命

1　経済力，生産性の飛躍的発展

- 情報を生産，収集，加工，提供する産業
- 情報産業 ＝ 大量情報を瞬時かつ低コストで伝達
- 情報産業 ＋ α ＝ アグリ，養殖水産，フィンテックなどのビジネス

2　デジタルトランスフォーメーション（DX）

- スピード伝達 ＋ コスト削減 ＋ 提案 ⇒ 利益稼ぐ
- DX ＝ 情報収集 ＋ 集積（クラウド）＋ AI 分析＋デザイン ⇒ 儲ける

3　情報革命の本質―産業革命と比較して

- スピード，コスト削減，利益創出
- 新産業の創出 ⇒ アグリビジネス，フィンテック，社会インフラビジネス
（産業革命後，観光業などが勃興）
- エネルギーの変革は？
（産業革命時は，牛馬から石炭などへ）

4　新たな経営問題の発生―情報格差と貧困，そして新産業

- 情報格差
- 貧困
（産業革命時，公害・貧困の発生と拡大）
- 新産業への対応 ―ロボット産業，自動運転車製造業など
（産業革命後，観光業勃興 ―トーマス・クックなど）

1　経済力，生産性の飛躍的発展

情報革命とは何か。

情報産業は，情報を生産，収集，加工，そして提供するビジネスである。例えばコンピュータのハードウェア，ソフトウェア，そして情報通信を活用したサービスもこれに含まれる。情報産業はそれ自体でも進化するが，それが第一次産業の農林水産業と結びついて，アグリビジネスや新水産業ビジネスを生み出したりする。また第三次産業のサービス業と結びつくと，フィンテックのような新たな金融産業が生み出されてくる。さらに交通，通信，電力，水道，公共施設など社会基盤を扱う社会インフラビジネスも誕生する。

情報産業は二次産業から，そして情報サービス産業は三次産業から誕生したが，いわゆるこのIT産業は，大量の情報を瞬時に処理し，また低コストで伝達することによって経済を飛躍的に発展させた。

こうした情報産業によってもたらされた飛躍的な経済力の発展，生産性の向上を，われわれは「情報革命」と呼んでいる。

図表4－1 ● 情報革命とは何か

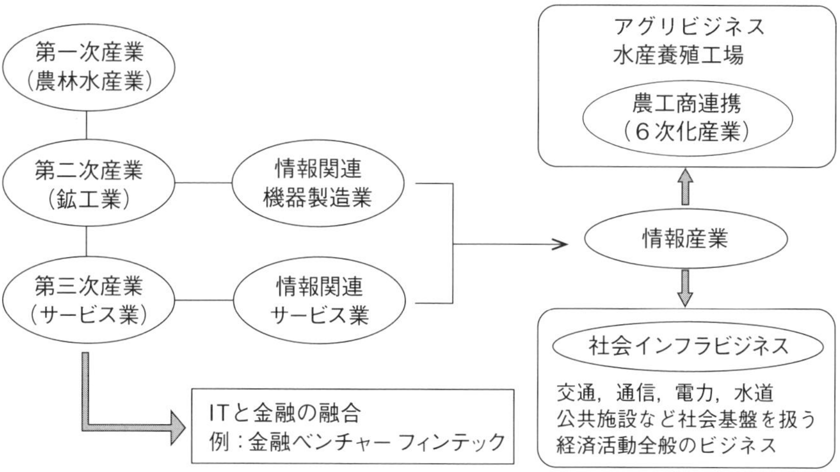

「情報革命」は，第二次産業革命と呼ばれるように，新たな産業・ビジネスを生み出してくる。例えばＡＩ（人工知能）は複数のコンピュータを組み合わせることによって，膨大な情報を処理し，それを有機的に加工し，あたかも人間のように判断し，さらにそこから新たな情報を創り出し，さらに進んだ有用な判断を行うのである。特に，ディープラーニング（深層学習）の技術的進展により，与えられたデータを基礎に，自ら学習する機能は精度を大きく高めてきている。

したがって，財務管理においても，この情報革命による時間とコストの削減を重要な要素として認識しておかねばならない。

2　デジタルトランスフォーメション（DX）

情報化の進展は，段階的に進展してきたが，このコロナ禍の影響で，飛躍的な伸びと拡がりを見せている。

当初は，情報産業，情報サービスの単純な発展であったが，それがクラウドの情報集積，AIによる経営分析，そしてビジネスにおけるアイデア，商品デザインも提案する機能を担い，第三次産業革命，いわゆるデジタルトランスフォーメション（DX）という現象を引き起こしている。

まず，デジタル化（アナログデータをデジタルデータに変換）とは，デジタル技術（クラウド・コンピューティングや解析，IoT，モバイル，ソーシャルメディアなど）を活用して有望なビジネスチャンスを生み出していこうとするイノベーションである。デジタル化でできることは，①物理的距離を超えてコミニュケーションができる，②情報を取得・処理し，サービスの自動化・最適化ができる，ことなどである。デジタル技術とデジタル・ビジネスを用いて組織を変化させ，業績を改善することができるのである。

例えば，ビジネスをデジタルデータに基づいて変革し，新しい価値を生み出すという事例を挙げてみよう。小売業では，ユニクロなどが自らのビジネスの定義を「衣料小売業」から「情報製造小売業」と転換している。ファッション業界では，これまで商品開発はデザイナーなどによる直感のアプローチに依存していたが，これからは街中の情報をもとに新製品を開発していこうというの

図表4-2 ●デジタルトランスフォーメーション（DX）

効　果	①　物理的距離の解消，流通コスト削減，在庫最適化 ②　アプリ，センサーから情報収集，分析 ⇒自律的に新商品・サービス提案（稼ぐ） AIで需要予測，情報のネットワーク化
手　法	• オンライン営業，電子申請 • クラウドによる融資審査，発注量の自動化 • テレワークの恒常化
準　備	• ヴェンダーの依存からITリーダー，エンジニアの育成 • サイバー攻撃へのリスク対応 • デジタル化のための資金 • ブロックチェーンによる暗号化 • 電子商取引

である。また製造業では，パナソニックは，製品に内蔵したセンサーから利用データを集め，生活の快適度を増すサービスの提供をしていこうとしている。

3　情報革命の本質――産業革命と比較して

ところで，この情報革命とは何であろうか。

歴史的に見てどのような意味があるのであろうか。

そこで過去に遡り，産業革命および産業構造の高度化について，見ておこう。

産業構造は歴史的・基本的には，一次産業，二次産業，三次産業と発展してきた。特にイギリスで展開された「産業革命」は，蒸気機関の発明によって，社会・経済構造を大きく変容させた。まず動力が，牛馬から蒸気機関になり，従来の自然的限界を超えて，大量かつ速くモノやヒトを移動することができるようになった。またエネルギーも同様で，木材から石炭・石油を中心とする化石燃料に変換していった。このことは経済的・経営的側面から評価すると，時間とコストを大きく削減するもので，汽車や汽船などは大量のものを速く運ぶことによって，時間とコストを大きく節約したのである。

図表４-３●産業・情報革命の展開

第一次	産業革命	—	蒸気機関
第二次	産業革命	—	電力導入による大量生産
第三次	産業革命	—	コンピュータ導入による自動化
第四次	産業革命	IoT（Internet of Things）とAI	
（１＋２　産業革命　　３＋４　情報革命）			

こうした時間とコストの節約は，サービス業にも大きな影響をもたらした。交通手段の発展により，まず国内外旅行，そしてホテル業も盛んになってきた。19世紀の産業革命後には，例えば新たな産業として「観光産業」が花開いた。例えばトーマス・クックは，鉄道や汽船といった新たな移動手段を活用して，旅行という娯楽を台頭してきた中産階級に提案した。割安なツアー旅行を企画して，乗り物からホテルまですべてを手配し，旅行の必需品である時刻表やトラベラーズチェックも用意した。国外旅行の敷居を下げ，19世紀に近代ツーリズムを確立した。しかし同社は，2019年９月経営破綻した。ネットの普及で航空券やホテルを旅行客が手軽に予約できるようになったからである。パックツアーの草分けであったが，自慢のビジネスモデルが時代遅れになったのである。

情報革命後の世界に新たな産業は誕生するのであろうか。情報革命は旧式のビジネスモデルを破壊している。それでは新しいビジネスモデルを生み出せるのであろうか。DXはたしかに，コストを削減するだけではなく，また利益を稼ぎ出している。しかし，新たな雇用を生み出す新産業を創り出していかねば意味がない。ロボットを基盤とした新産業や，自動運転を基盤とした新たな移動手段の新産業など，是非，こうした新産業を新時代に登場させてもらいたい。

4　新たな経営問題の発生――情報格差と貧困，そして新産業

情報革命の進展は，情報格差問題を引き起こしている。

今回の新型コロナ対策として，例えば大学では，オンライン授業が行われた。教育をする教員もそうだが，学生も情報機器をすでに準備している者とそうでない者，情報装備に対応できる大学とそうでない大学では，対策に大きな格差が生じた。教員や学生に大きなストレスをもたらしただけでなく，実際の講義においても，授業が機能する大学・学部と機能しない大学・学部が生じた。パソコンを持てる学生と持てない学生，利用できる環境にいる学生とそうでない学生とでは，学習効果での格差が生じている。ズーム・ビデオ・コミニュケーションズ社のコンセプトは「多くの人に幸せを届ける」ということだそうだが，いかにして情報環境を整えるかが，まず大きな課題として存在するのである。

これは教育現場だけの問題ではない。一般の企業でも同じである。リモートワークの環境が整っている企業では生産性を落とさずにコロナ禍に対応できるが，そうでない企業では効率性が大きくダウンする。オンライン・ビジネスを展開する企業は商圏を拡大することができるが，そうでないところではビジネスが成り立たない。また，クラウドやAIで情報収集・分析ができるところは，新たな商品開発や新商品を提案できるが，そうしたシステムを持たないところは，既存のビジネスを継続することにとどめなくてはならない。

こうした産業構造の発展は，単なる企業競争力の問題だけではなく，深刻な社会的問題も引き起こす。例えば，19世紀の産業革命は，石炭燃料の利用により，石炭を燃やした後の煙やススが霧に混じって地表に滞留し，スモッグと呼ばれる現象を起こして呼吸器疾患など多くの健康被害を引き起こした。1950年代までの100年間にも10回ほどの大きなスモッグがあったが，その中でもっとも健康被害が大きかったのが1952年である。1952年12月５日から12月10日の間，高気圧がイギリス上空を覆い，その結果冷たい霧がロンドンを覆った。あまりの寒さにロンドン市民は通常より多くの石炭を暖房に使った。同じ頃，ロンドンの地上交通を路面電車からディーゼルバスに転換する事業が完了したば

かりであった。こうして暖房器具や火力発電所，ディーゼル車などから発生した亜硫酸ガス（二酸化硫黄）などの大気汚染物質は冷たい大気の層に閉じ込められ，滞留し濃縮されて pH 2 ともいわれる強酸性の高濃度の硫酸の霧を発生した。これにより，1万人以上の人が死亡した。史上最悪規模の大気汚染による公害事件であり，現代の公害問題や環境問題に大きな影響を与えた。

産業革命がもたらしたもう1つの問題は貧困である。ロンドンのイーストエンドは，当初，防壁や道路沿いの農村風景が特徴であった。川と沼地に囲まれた地域であり，同時に海運とイギリス海軍にとっての条件を満たすエリアであった。しかし，船の建造・修理に関する産業が盛んになり，職を求める地方の人々がここに集ってきた。17世紀にユグノー難民から始まり，郊外には住宅地が造成された。その後，アイルランド人，ユダヤ人が続き，20世紀にはバングラデシュ人が続いた。ほとんどの移民が衣類産業に従事したが，経験を要しない単純労働は，この地域に低所得と貧困を招いた。1827年のセイント・キャサリン・ドックスの建設と1840～1875年に建設されたターミナル駅によってスラムと集合住居が一掃され，多くの人々がイーストエンドへ移り住んだことから，さらなる悪化を引き起こした。およそ1世紀の間，イーストエンドは貧困，人口過密，病気，犯罪を意味する代名詞になった。

霧の町・ロンドンの亜硫酸ガスの排出，テムズ川への有害物質の垂れ流し，これらの公害問題も産業構造の高度化がもたらしたものである。また貧困と格差も，この時代から作り出されていく。ロンドンのイーストエンドが移民の流入地域となり，貧困の溜まり場として，長く社会問題として歴史に登場してくる。産業構造の高度化は社会問題の深刻さも醸成していくのである。

2020年11月の米英欧の中央銀行総裁フォーラムにおいて，パウエル米連邦準備理事会議長は，「コロナ危機後の世界でデジタル化が進み，生産性は改善する。しかし失業などの痛みが長引く。サービス業などで働く比較的賃金の低い労働者は失業の脅威に悩まざるをえない。ワクチンが開発されて日常を取り戻しても，労働者が新たな経済で求められる技能は様変わりする」と指摘した。

つまり，デジタル化の中で，ある部分の若者が取り残され貧困という問題を新たに生み出すであろうというものであった。

したがって，情報革命は生産力と生産性を飛躍的に発展させるが，新たな貧困問題も生み出すという冷静かつ厳しい見方も必要である。財務的には，こうした両面のメリット・デメリットも認識しつつ，どのような調和ある企業・経営活動を支援していくか，高いレベルでのファイナンスでの問題意識を保持していかねばならない。

（坂本　恒夫）

第Ⅱ部

財務制度

第5講

機関投資家

1　機関投資家とは何か

- 不特定多数から集めた資金を運用し，利益還元する機関
  - ―適格機関投資家
  - ―日本版スチュワードシップ・コード受け入れを表明している機関投資家
- 証券市場における機関投資家の存在
  - ―資金提供者と資金運用者の役割
  - ―外国人投資家の台頭による機関投資家の影響力の増大

2　日本版スチュワードシップ・コード

- 2014年２月に策定された機関投資家の行動指針
  - ―2020年４月に再改訂
    - → ESG 要素等を含むサステナビリティの考慮
  - ―短期的利益から中長期的利益へ
  - ―対話と議決権行使を柱とした企業価値向上

3　投資先企業との対話と議決権行使の状況

- 企業との対話による経営状況の把握
- 株主の権利としての議決権
  - ―日本生命の報告書による投資先企業との対話と議決権行使の状況

4　ESG 投資と機関投資家

- ESG（Environment, Social, Governance）を重視する投資家
  - ―株主として企業のガバナンスに関わる
- 対話や議決権を通じた企業への働きかけ
  - ―機関投資家にとって企業は ESG 投資の対象という視点だけではなく，議決権行使を通じて企業に ESG に取り組ませるという視点

1　機関投資家とは何か

機関投資家は，個人や法人などの不特定多数から資金を集め，株式等で資金を運用し，その結果として得られた利益を還元する機関である。この機関投資家にはどのような機関があるのだろうか。

2007年に施行された金融商品取引法では，適格機関投資家に関する規定をしている。適格機関投資家とは，有価証券に対する投資に係る専門的知識および経験を有する者であり，プロの投資家として自ら情報収集し，投資判断を下すことができる者である(1)とされ，一般投資家とは区別される特定投資家として位置づけられている。この適格機関投資家は「金融商品取引法第２条に規定する定義に関する内閣府令第10条」で30種類ほどに分類し定義されている。

適格機関投資家は大きく２つに区分され，上記の内閣府令により届出が不要なものと届出により適格機関投資家となるものがある。図表５-１は，適格機関投資家の業態別社数等を示したものである。届出不要な適格機関投資家は法令の種別に分けられており，合計で1,317社，農協等が183組合，届出による適格機関投資家は1,183社となっている（図表５-１）。

また，内閣府令とは別に，金融庁のホームページでは日本版スチュワードシップ・コードの受け入れを表明している機関投資家が公表されている。2021年６月30日時点では，信託銀行等６社，投信・投資顧問会社等199社，生命保険会社・損害保険会社24社，年金基金等68社，その他（機関投資家向けサービス提供者等）12社の計309社となっている。

金融庁のホームページに適格機関投資家，日本版スチュワードシップ・コードを受け入れた機関投資家のリストがそれぞれ掲載されており，個別の投資家の名称を見ることができる。

機関投資家は証券市場においてどのような存在であるのか。それは株主という立場からは企業にとっては資金提供者であり，投資家という立場からは資金運用者である。

わが国の機関投資家といえば1990年代までは生命保険会社，信託銀行，年金基金が中心的な存在であった。第二次世界大戦後から銀行を中心とした企業

図表5-1 ●適格機関投資家の業態別社数等

1．届出不要な適格機関投資家（2021年1月31日時点）		1,317社
（内訳）		
1号	金融商品取引業者	616社
2号	投資法人	111社
4号	銀行	189社
5号	保険会社	73社
6号	外国保険会社	22社
7号	信用金庫及び信用金庫連合会並びに労働金庫及び労働金庫連合会	269社
8号	農林中央金庫及び株式会社商工組合中央金庫	1社
9号	信用協同組合連合会，農業協同組合連合会，共済水産業協同組合連合会	33社
16号	金融商品取引法施行令第1条の9第5号に掲げる者	3社
2．適格機関投資家に指定された農協等（2020年10月1日時点）		183組合
3．届出による適格機関投資家（2017年4月1日時点）		1,183社・名
（内訳）	法人	805社
	特定目的会社	17社
	個人	114名
	信託会社	6社
	信用協同組合	67社
	ベンチャーキャピタル	40社
	外国金融機関等	88社
	金融商品取引法第2条に規定する定義に関する内閣府令第10条第1項第23号ロに該当する者として届出を行った者	46社

（出所）金融庁ホームページ，http://www.fsa.go.jp/common/law/tekikaku/ より作成。

間の株式持ち合いが行われる中で国内の機関投資家は投資先企業に積極的に関与することのない物言わぬ株主，サイレントパートナーであった。

1990年代に入り，海外の機関投資家が日本企業の株式所有比率を増加させていったことでその存在が注目されるようになり，日本企業に大きな影響力をもつ存在となっていった（図表5-2）。

図表５-２ 投資家別株式所有比率（市場価格ベース）

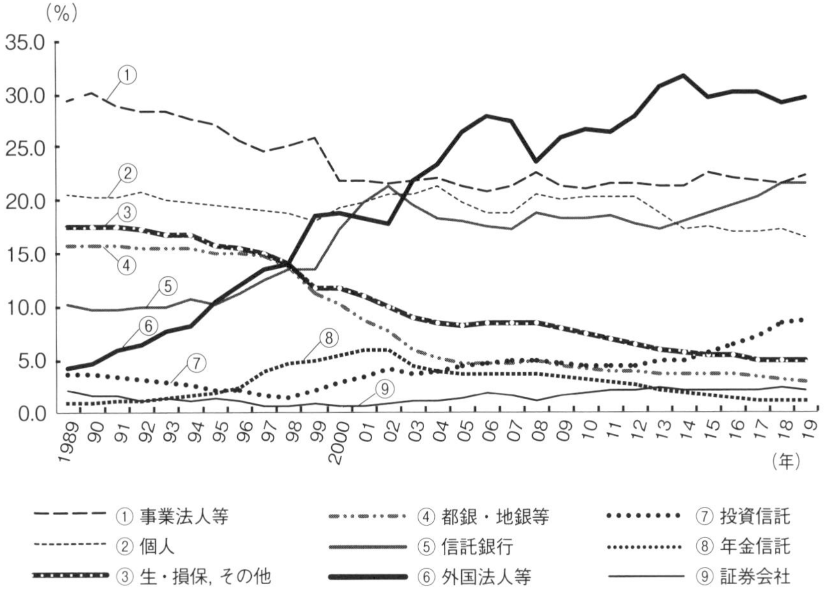

（出所） 東京証券取引所他「2019年度株式分布状況調査の調査結果について」2020年。

2 日本版スチュワードシップ・コード

2014年２月に「『責任ある機関投資家』の諸原則」いわゆる「日本版スチュワードシップ・コード」が金融庁により策定され，公表された。スチュワードシップとは，機関投資家が投資先企業との対話を通じ，企業価値の向上ならびに持続的成長に関わることにより受託者責任を果たすというものである。機関投資家は，委託者である契約者から資金を預かり，投資を専門に行う受託者である。受託者である機関投資家は少しでも多くの投資収益を上げ，それを契約者に還元することが受託者責任となる。スチュワードシップ・コードとは，それを実現するために機関投資家が採るべき投資行動の原則のことと位置づけられる。

なお，2014年の公表から2017年，2020年と改訂が行われている。特に2020年の改訂では近年注目されているESG要素等を含むサステナビリティの考慮と

図表5-3 ● 日本版スチュワードシップ・コードの原則

1．機関投資家は，スチュワードシップ責任を果たすための明確な方針を策定し，これを公表すべきである。
2．機関投資家は，スチュワードシップ責任を果たす上で管理すべき利益相反について，明確な方針を策定し，これを公表すべきである。
3．機関投資家は，投資先企業の持続的成長に向けてスチュワードシップ責任を適切に果たすため，当該企業の状況を的確に把握すべきである。
4．機関投資家は，投資先企業との建設的な「目的を持った対話」を通じて，投資先企業と認識の共有を図るとともに，問題の改善に努めるべきである。
5．機関投資家は，議決権の行使と行使結果の公表について明確な方針を持つとともに，議決権行使の方針については，単に形式的な判断基準にとどまるのではなく，投資先企業の持続的成長に資するものとなるよう工夫すべきである。
6．機関投資家は，議決権の行使も含め，スチュワードシップ責任をどのように果たしているのかについて，原則として，顧客・受益者に対して定期的に報告を行うべきである。
7．機関投資家は，投資先企業の持続的成長に資するよう，投資先企業やその事業環境等に関する深い理解のほか運用戦略に応じたサステナビリティの考慮に基づき，当該企業との対話やスチュワードシップ活動に伴う判断を適切に行うための実力を備えるべきである。
8．機関投資家向けサービス提供者は，機関投資家がスチュワードシップ責任を果たすに当たり，適切にサービスを提供し，インベストメント・チェーン全体の機能向上に資するものとなるよう努めるべきである。

（出所）金融庁ホームページ。

いった文言とともに，7原則に1原則が加えられることとなった（図表5-3）。

スチュワードシップ・コードは法律ではないため機関投資家が遵守しないことで罰則が与えられることはない。また，コード自体も細かいルールを定めるルールベース・アプローチ（細則主義）ではなく抽象的な項目で表されるプリンシプルベース・アプローチ（原則主義）が採用されている。プリンシプルベース・アプローチが採られるのは，機関投資家が多様だからである。機関投資家といっても短期の利益を目的として株式を売買するものや，中長期で売買を行うものもある。また，アクティブ運用やパッシブ運用といった運用方法が違うものもある。こうした違いを踏まえた上で，機関投資家が個々の状況に応じてスチュワードシップ・コードを受け入れることになっている。したがって，必ずしもすべての原則を実施しなければいけないわけではなく，実施しない原則がある場合には，実施しない理由について説明すればよいことになっている。こうした手法を「コンプライ・オア・エクスプレイン」（原則を実施するか，実施しない場合には，その理由を説明するか）と呼ばれている。

前述の通り，2021年6月30日時点で309社の機関投資家がリストにまとめられている。このスチュワードシップ・コードでは，企業に対し適切なガバナンスを行い，企業価値の向上を図ること，また機関投資家に対し投資先企業との対話を通じた受託者責任を果たすことが期待されている。

機関投資家のためのスチュワードシップ・コードと企業のためのコーポレートガバナンス・コードは車の両輪のような関係にあり，企業価値の向上を目的とした中長期的な関係の構築を目指すためには，企業と投資家それぞれが意識すべきものとなっている。そして，それを実現するための柱となっているのが「対話」と「議決権行使」である。

3　投資先企業との対話と議決権行使の状況

(1)　投資先企業との対話

日本版スチュワードシップ・コードの原則3では投資先企業の状況の的確な把握，原則4に投資先企業との対話が挙げられている。こうした対話は「中長期的視点から投資先企業の企業価値及び資本効率を高め，その持続的成長を促すことを目的」として行われるものであり，対話すること自体が目的となってはならないとされている。しかし，投資先企業が多くなればすべての企業と対話することは困難になるため機関投資家には対話の方針の策定が必要とされる。

個別の機関投資家として日本生命保険相互会社のスチュワードシップ活動について見ることとする。同社の「スチュワードシップ活動報告書（2020年）」によれば，投資先企業の価値の向上とともに投資の成果を得ることで，ともに成長していくことが重要と考えている。企業の発展に寄与・貢献するために建設的な対話を行うとしている(2)。

同社の報告書によれば，2019年7月から2020年6月までの期間に，807社と

1,112回の対話を実施している(3)。対話のプロセスとしては，投資先企業全体に共通のテーマで対話に臨み，特に問題がある企業に対し，個別のテーマで対話を行っている。共通のテーマでは経営戦略・事業戦略・財務戦略や環境問題や社会問題等への取り組みを確認し，個別のテーマでは株主還元，収益性，ガバナンスについて確認している(4)。

対話の成果として挙げられている事例として次のようなものがある。業績に対して株主還元としての配当性向が低調だった投資先企業に対し数年にわたり対話を続けていく中で，最終的に要望してきた配当性向を上回る増配が行われた。また他にも対話を継続して行ってきたことにより，投資先企業のROEの改善，業績の改善，社外取締役・監査役に関する問題等が解消してきたことを挙げている(5)。

こうした対話を通じて投資先企業の課題を見出すだけではなく，それに対する対応策を確認し，議決権行使や株式所有の継続の検討に反映させているのである。

(2)　議決権行使

日本版スチュワードシップ・コードの原則5では議決権行使が挙げられている。議決権は株主が出資の見返りとして与えられる株主の権利の1つである。株主平等の原則から同一の会社の1株あたりの議決権は同じであり，持株数に応じて権利の程度が異なることになる。

議決権は，株主総会の議案(6)に対して賛否の意思表示のために行使されるものであり，多数決により決議される。したがって，議決権を多く保有する株主ほど影響力が大きくなる。機関投資家の影響力が大きいのはその資金力から多くの議決権株式を保有し，企業の大株主として存在することによるものである。

機関投資家は多くの企業の議決権株式を保有することですべての議案について詳細を把握することが難しい場合もある。その場合には，議決権行使助言会社等を利用することで議決権行使を行うことがある。

機関投資家の議決権行使については，金融庁の資料(7)によれば信託銀行等，投信・投資顧問会社等，生命保険・損害保険会社の計229の状況が公表されている。2021年6月30日の資料では，個別の議決権行使結果を公表している機関が114，全行使結果を公表していない機関が11，集計結果のみを公表している機関が38，公表していない機関が66となっている。また，個別の議案ごとに行使理由について公表している機関が71である。

議決権行使についても日本生命の状況を見ることとしたい。同社は議決権行使助言会社等を利用せずに独自の判断で議決権行使を行っている。それは「議決権行使精査要領」で議案に対しての考え方を示し，客観的な基準により問題のある企業を絞り込み，個別企業の状況を確認した上で，賛否の判断を行うものである。

こうしたプロセスに基づいた議決権行使の状況(8)は，2019年7月から2020年6月に株主総会を開催した企業のうち日本生命が議決権を行使したのが1,563社であった。これらの企業の会社提案議案数が5,223件，そのうち議案に反対したのが90件である。株主提案議案では総数154件のうち反対153件という行使状況であった。議案数に対する反対件数の比率で多かったのが「監査役の選解任」(46.7%)，「取締役の選解任」(43.9%) であり，いずれも社外役員の独立性や低出席率を理由としている。次いで剰余金の処分 (28.6%) であり，配当性向の低さを理由としたものであった。

4　ESG投資と機関投資家

2006年4月に国連が6項目からなる「責任投資原則 (PRI：Principles for Responsible Investment)」を公表した。この原則は，機関投資家の投資行動規範である。この原則により環境 (Environment)，社会 (Social)，ガバナンス (Governance) を考慮して投資先企業を選別するESG投資という概念が提唱された。

機関投資家は投資先企業の株主としての立場からガバナンス (G) に関わり，対話や議決権行使を通じて投資先企業に環境 (E) や社会 (S) の問題に取り組むよう働きかけるという役割を担っている。

ここで日本生命のESG投資に関する考え方について見ることとする。2017年3月に国連責任投資原則に署名し，「ESG投融資の取組方針」を策定している。その方針は，（１）債券投資や融資の資金使途が環境・社会課題の解決に資するか，（２）投資先企業や債券投資先企業とESG課題をテーマとした対話を必要に応じて行う，（３）ESG投融資に関する情報収集や情報交換等を通じた運用プロセスの改良，（４）ESG投融資に関する情報開示や意見発信等を通じた市場の活性化への貢献，といった４項目により構成されている(9)。

ESGに関する取り組みとして，2017年からＥとＳをテーマとした対話を開始し，2017件に138社，2018年に195社，2019年に310社と同テーマで対話を行っている(10)。具体的なテーマについては環境問題への取り組み，ダイバーシティの考え方，働き方改革，気候変動というように年ごとにテーマを拡大させている。2020年に行われた対話の事例では，温室効果ガス排出量削減の方向性が明示されていなかった発電事業を行う企業に対し，働きかけを行ったことでその後に公表された投資先企業の中期経営計画の中で排出量削減目標の設定を目指すこととなったものがある。

日本版スチュワードシップ・コードを受け入れた機関投資家にとってESG活動に取り組む企業は投資の対象という点で重要である。それに加えて，議決権行使を通じて企業にESG活動に取り組ませるということも重要である。それは，機関投資家が資金提供者として企業を成長させ，その結果として資金運用者としての投資利益の拡大を図ることができるからである。したがって，投資先企業と機関投資家ともに成長するという視点が必要となる。

注

（１）　黒沼悦郎（2016），p.72。
（２）　日本生命（2020），p.7。
（３）　日本生命（2020），p.24。
（４）　日本生命（2020），p.17-20。
（５）　日本生命（2020），p.2－8。
（６）　株主総会の議案には，剰余金の処分，取締役・監査役等の選任，役員報酬，定款変更等がある。
（７）「『責任ある機関投資家の諸原則』≪日本版スチュワードシップ・コード≫～投資と対話を通じて企業の持続的成長を促すために～」の受入れを表明した機関投資家のリスト。

（8）　日本生命（2020），p.28。
（9）　日本生命（2020），p.6。
（10）　日本生命（2020），p.30。

参考文献

北川哲雄編著『スチュワードシップとコーポレートガバナンス：２つのコードが変える日本の企業・経済・社会』東洋経済新報社，2015年。

黒沼悦郎『金融商品取引法』有斐閣，2016年。

公益財団法人日本証券経済研究所編『図説 日本の証券市場 2016年版』日本証券経済研究所，2016年。

ジェイ・ユーラス・アイアール㈱『スチュワードシップ・コードとコーポレートガバナンス・コード－日本企業への影響とIR活動－』同友館，2014年。

日本生命保険相互会社「スチュワードシップ活動報告書（2020年）」2020年〈https://www.nissay.co.jp/kaisha/otsutaeshitai/shisan_unyou/ssc/pdf/stewardship_hokoku2020.pdf〉。

日本生命保険相互会社「【資料①】対話及び議決権行使の事例集」2020年〈https://www.nissay.co.jp/kaisha/otsutaeshitai/shisan_unyou/ssc/pdf/jirei2020.pdf〉。

夫馬賢治『ESG思考：激変資本主義1990-2020，経営者も投資家もここまで変わった』講談社，2020年。

森・濱田松本法律事務所編『別冊商事法務No.453　機関投資家の議決権行使方針及び結果の分析〔2020年版〕』商事法務，2020年。

「『責任ある機関投資家の諸原則』≪日本版スチュワードシップ・コード≫～投資と対話を通じて企業の持続的成長を促すために～（再改訂版）」〈https://www.fsa.go.jp/news/r1/singi/20200324/01.pdf〉。

「『責任ある機関投資家の諸原則』≪日本版スチュワードシップ・コード≫～投資と対話を通じて企業の持続的成長を促すために～」の受入れを表明した機関投資家のリスト〈https://www.fsa.go.jp/singi/stewardship/list/20210630/list_01.pdf〉。

（澤田　茂雄）

第6講

コーポレート・ガバナンス

1　コーポレート・ガバナンスとは何か

●コーポレート・ガバナンス
—企業の持続的な成長に必要な企業価値の最大化のために，企業あるいは経営者を会社機関や株主が監視する仕組み

2　ガバナンスの方法

⑴　**企業内部：会社機関による監視**
—監査役会設置会社，指名委員会等設置会社，監査等委員会設置会社
—社外取締役の選任

⑵　**企業外部：株主による監視**
—株主総会
—機関投資家との対話

3　株主の求める企業価値

●株式市場における機関投資家の影響力の増大
●売却益の期待
—株価の向上 ＝ 企業価値の向上
●株主還元
—配当の増額と自己株式取得
●日本版スチュワードシップ・コードの公表
—機関投資家が受託者責任を果たすために採るべき７つの原則
→投資先企業との対話による企業価値の向上，投資リターンの確保

4　コーポレート・ガバナンスの状況

⑴　**コーポレートガバナンス・コードの取り組み**
●企業がガバナンスを効果的に行うための５つの基本原則

⑵　**会社機関の選択**
●３つの形態の状況

⑶　**有価証券報告書，コーポレート・ガバナンス報告書の利用**
●個別企業の情報の入手

5　企業財務とコーポレート・ガバナンス

●ESG への取り組み
●証券市場の再編に向けたコーポレート・ガバナンスの取り組みの強化

1 コーポレート・ガバナンスとは何か

コーポレート・ガバナンスは，日本では1990年代から注目されるようになった用語である。最近では，企業が不祥事を起こしたときに「コーポレート・ガバナンスの欠如」や「コーポレート・ガバナンスの強化」といった形で取り上げられることが多い。また，ESG投資に関連してコーポレート・ガバナンスが注目されるようになっている。

コーポレート・ガバナンスとは何かを説明するものとして，次のものがある。日本コーポレート・ガバナンス研究所は，「会社法のもと，株式会社は，営利を目的とする株主の出資によって設立されるが，会社の経営は，株主総会において株主によって選任される取締役に委ねられる。取締役会は事業運営上の基本的な意思決定を行い，その執行は取締役会が選ぶ執行役員に委ねる。ここにおいて，取締役も執行役員も株主であることが要件とされていない。株主は出資し事業のリスクを負担するが，自らは経営しない。このことから，出資者である株主と実際に経営を行う執行役員との利害の不一致が問題となる。これを解決する仕組みがコーポレートガバナンスである(1)」と定義している。

また，金融庁と東京証券取引所が共同で策定したコーポレートガバナンス・コードでは，「『コーポレートガバナンス』とは，会社が，株主をはじめ顧客・従業員・地域社会等の立場を踏まえた上で，透明・公正かつ迅速・果断な意思決定を行うための仕組みを意味する」としている。

コーポレート・ガバナンスとは，企業あるいは経営者の利益を上げるための行動が社会や株主等にとって適切なものであるかを企業内部あるいは外部から監視する仕組みのことである。そして，企業が持続的に成長し，企業価値を最大化していく上で重要な仕組みである。

この企業あるいは経営者の行動の監視，コーポレート・ガバナンスの実現方法について，業務執行者による自己抑制，他機関による牽制，株主による牽制があるとされる(2)。

2　ガバナンスの方法

(1)　企業内部：会社機関による監視

会社機関の設計の選択肢としては，監査役会設置会社，指名委員会等設置会社，監査等委員会設置会社がある。

監査役会設置会社とは，株主総会，取締役会，監査役会，代表取締役を設置する会社である。この場合，業務執行は代表取締役が行い，それを取締役会が監督するという役割を担っている。

指名委員会等設置会社(3)とは，取締役会に指名委員会，監査委員会，報酬委員会を設置する会社である(4)。この場合，業務執行は執行役(5)が行い，それを取締役会および各委員会が監督するという役割を担っている。

監査等委員会設置会社は，取締役会・会計監査人を設置し，監査役会は設置できないこととなっている。また，取締役により構成される監査等委員会は，指名委員会設置会社の３委員会の役割を担う機関である。この場合，業務執行は代表取締役が行い，それを取締役会および監査等委員会が監督するという役割を担っている。監査等委員会の過半数は社外取締役とする必要がある。社外取締役は，企業内部の人間関係や上下関係に気兼ねすることなく監視を行うことが期待されている。なお，社外取締役を委員会構成員としないことも認められるが，その場合は理由を明らかにする必要がある。

この他に，内部からの監視機能として内部統制(6)がある。

(2)　企業外部：株主による監視

株主が経営者を監視する方法の１つに，株主総会がある。株主総会は会社法上，株式会社の最高意思決定機関と位置づけられる。株主の期待に応えられない経営者を株主総会の決議において解任することができるという点で，監視機能があるとされる。しかし，株主総会の開催は年１回であり，経営者を監視し続けるということは困難である。さらに，株主総会の決議は多数決であることから持株数の少ない株主が，意見を反映させることも困難である。それに対して，株主の中でも特に大規模な株主である機関投資家は，議決権行使による企業の監視という方法を用いることが可能である。

また，1993年の商法改正により導入された株主代表訴訟も監視機能の1つである。手続きの簡素化や訴訟費用の安さから監視機能を果たしてきたとされる。これまでも法律の改正に伴い，制度の見直しが行われてきた。2014年改正では，特定責任追及の訴えとして親会社の株主が子会社の経営陣に対して訴訟を起こすことが可能とされた。

こうした監視の方法の他に，企業と株主特に機関投資家との対話による監視というものがある。一般社団法人生命保険協会が毎年実施している調査である「株主価値向上に向けた取り組みについて」において，コーポレート・ガバナンスの充実に関する調査が行われている。この調査では，機関投資家，企業ともに「株主・投資家との対話の充実」，「ディスクロージャーの充実・迅速化」がコーポレート・ガバナンス充実に必要であると回答しており，対話の重要性を認識していることがわかる。

3　株主の求める企業価値

企業に企業価値の向上やコーポレート・ガバナンスの充実が求められる契機となったのは，機関投資家の影響力が大きくなったことである。わが国では，戦後から1990年代まで間接金融に依存した資金調達が行われてきた。そこで企業に対する影響力を持っていたのが融資を行う銀行や株式の持ち合い関係にあった企業であった。その後，銀行や企業は持株を売却し，外国人投資家特に機関投資家が売却された株式を取得することにより株式市場においてその影響力を増大させていった。こうした株主が，企業に対して企業価値の向上を求めることとなったのである。

株主は，企業へ投資した資金よりも多くの資金を回収したいと考える。株主が期待するのは，売却益や株主還元などである。

売却益を期待する株主にとっては，株価が高くなることは好ましいことといえる。株価が高くなると，株式時価総額が高まることとなる。それは，株式時価総額が株価と発行済株式数を乗じて求められるからである。そして，この株式時価総額を企業価値と同じとする考え方がある。すなわち，株主の期待する企業価値の向上とは，株価の向上と同じとなる(7)。

また，株主還元として配当や自己株式取得がある。配当は，企業が獲得した利益の一部を分配するものであり，株主にとっては少しでも多く配当されることが好ましい。そして，自己株式取得は，企業が自社の発行済株式の一部を市場等で購入することである。これにより，市場に流通する株式数が減少し，1株あたりの利益が高まること，増配が可能となることや純資産の減少によるROEの向上につながることが期待される。

第5講の通り，2014年2月に公表された「日本版スチュワードシップ・コード」においても，機関投資家が企業に対し適切なガバナンスを行い，企業価値の向上を図ること，また機関投資家に対し投資先企業との対話を通じた受託者責任を果たすことが期待されている。

4　コーポレート・ガバナンスの状況

ここでは，企業のコーポレート・ガバナンスの取り組み状況について，東京証券取引所が発行する「コーポレート・ガバナンス白書」や各企業が公表する有価証券報告書やコーポレート・ガバナンス報告書といった資料等から見ることとする。

(1)　コーポレートガバナンス・コードの取り組み

前述のスチュワードシップ・コードに続いて，2015年6月1日「コーポレートガバナンス・コード」が策定され，2018年6月に一部が改訂され，2021年6月に再改訂が行われた。

スチュワードシップ・コードが投資家に対する原則であるのに対し，コーポレートガバナンス・コードは，上場企業を適用対象としており，企業がガバナンスを効果的に行うことができるようにするための原則と位置づけられている。

この原則は，5つの基本原則（図表6－1），31項目の原則，78項目の補充原則から構成されている。なお，この原則について，「コンプライ・オア・エクスプレイン」という概念により原則を実施しない場合はその理由を説明することが求められており，市場一部および二部上場企業はコーポレート・ガバナン

図表6－1 ● コーポレートガバナンス・コードの基本原則

【株主の権利・平等性の確保】
1．上場会社は，株主の権利が実質的に確保されるよう適切な対応を行うとともに，株主がその権利を適切に行使することができる環境の整備を行うべきである。
また，上場会社は，株主の実質的な平等性を確保すべきである。
少数株主や外国人株主については，株主の権利の実質的な確保，権利行使に係る環境や実質的な平等性の確保に課題や懸念が生じやすい面があることから，十分に配慮を行うべきである。

【株主以外のステークホルダーとの適切な協働】
2．上場会社は，会社の持続的な成長と中長期的な企業価値の創出は，従業員，顧客，取引先，債権者，地域社会をはじめとする様々なステークホルダーによるリソースの提供や貢献の結果であることを十分に認識し，これらのステークホルダーとの適切な協働に努めるべきである。
取締役会・経営陣は，これらのステークホルダーの権利・立場や健全な事業活動倫理を尊重する企業文化・風土の醸成に向けてリーダーシップを発揮すべきである。

【適切な情報開示と透明性の確保】
3．上場会社は，会社の財政状態・経営成績等の財務情報や，経営戦略・経営課題，リスクやガバナンスに係る情報等の非財務情報について，法令に基づく開示を適切に行うとともに，法令に基づく開示以外の情報提供にも主体的に取り組むべきである。
その際，取締役会は，開示・提供される情報が株主との間で建設的な対話を行う上での基盤となることも踏まえ，そうした情報（とりわけ非財務情報）が，正確で利用者にとって分かりやすく，情報として有用性の高いものとなるようにすべきである。

【取締役会等の責務】
4．上場会社の取締役会は，株主に対する受託者責任・説明責任を踏まえ，会社の持続的成長と中長期的な企業価値の向上を促し，収益力・資本効率等の改善を図るべく，
⑴　企業戦略等の大きな方向性を示すこと
⑵　経営陣幹部による適切なリスクテイクを支える環境整備を行うこと
⑶　独立した客観的な立場から，経営陣（執行役及びいわゆる執行役員を含む）・取締役に対する実効性の高い監督を行うことをはじめとする役割・責務を適切に果たすべきである。

こうした役割・責務は，監査役会設置会社（その役割・責務の一部は監査役及び監査役会が担うこととなる），指名委員会等設置会社，監査等委員会設置会社など，いずれの機関設計を採用する場合にも，等しく適切に果たされるべきである。

【株主との対話】

5．上場会社は，その持続的な成長と中長期的な企業価値の向上に資するため，株主総会の場以外においても，株主との間で建設的な対話を行うべきである。経営陣幹部・取締役（社外取締役を含む）は，こうした対話を通じて株主の声に耳を傾け，その関心・懸念に正当な関心を払うとともに，自らの経営方針を株主に分かりやすい形で明確に説明しその理解を得る努力を行い，株主を含むステークホルダーの立場に関するバランスのとれた理解と，そうした理解を踏まえた適切な対応に努めるべきである。

（出所）日本取引所グループホームページ。

ス報告書においてその状況を報告することが義務づけられている(8)。

また，2019年版の「コーポレート・ガバナンス白書」では，2018年12月31日までにコーポレート・ガバナンス報告書を提出した2,621社の78項目の実施状況がまとめられている。

⑵　会社機関の選択

2019年版の「コーポレート・ガバナンス白書」では，2018年７月13日時点で東証の市場第一部，市場第二部，マザーズ，JASDAQに株式を上場している内国会社3,594社を対象とした組織形態のデータをまとめている。

もっとも多い組織形態は，監査役会設置会社の2,635社（73.3%）であり，次いで監査等委員会設置会社の888社（24.7%），そして指名委員会等設置会社は71社（2.0%）となっている(9)。

組織形態を選択した理由としては，意思決定の迅速化，経営の透明化，海外投資家の支持率の向上等が挙げられている。特に監査役会設置会社が多い理由としては以前から採用していた組織形態を維持しているものと考えられる。そして，監査等委員会設置会社を選択した会社は，上記の理由以外に社外取締役による監督機能の強化，さらに指名委員会等設置会社は監督と執行の分離を選択の理由として挙げている[10]。

(3) 有価証券報告書，コーポレート・ガバナンス報告書の利用

個別企業のコーポレート・ガバナンスの状況を知るには，有価証券報告書やコーポレート・ガバナンス報告書を利用することが有用である。有価証券報告書はEDINETあるいは企業のホームページ，コーポレート・ガバナンス報告書は企業のホームページで入手することができる。

有価証券報告書では，「第一部【企業情報】」の中で「第4【提出会社の状況】」の「4【コーポレート・ガバナンスの状況等】」として説明されている。企業によって若干の違いは見られるがその主な内容として，（1）企業統治の体制，（2）内部監査および監査役，（3）社外取締役および社外監査役，（4）会計監査の状況，（5）役員報酬の内容，（6）株式の保有状況，（7）監査報酬の内容等が記載されている[11]。これにより，組織形態を選択した理由や社外役員の氏名や人員等の情報を得ることができる。

コーポレート・ガバナンス報告書では，「コーポレート・ガバナンスに関する基本的な考え方及び資本構成，企業属性その他の基本情報」，「経営上の意思決定，執行及び監督に係る経営管理組織その他のコーポレート・ガバナンス体制の状況」について説明されている。有価証券報告書に記載されている情報もあるが，特にコーポレートガバナンス・コードに関する個別の情報を得ることができる。

このように個別の取り組み状況は有価証券報告書等，全体的な状況は「コーポレート・ガバナンス白書」から知ることができる。

5 企業財務とコーポレート・ガバナンス

前述の通り2021年6月にコーポレートガバナンス・コードの再改訂が行われた。主に補充原則が改訂され，サステナビリティ（ESG要素を含む中長期的な持続可能性）が重要な経営課題であることを認識すること，また気候変動などの地球環境問題への配慮，人権の尊重，従業員の健康・労働環境への配慮や公正・適切な処遇，取引先との公正・適正な取引，自然災害等への危機管理な

どにつき，取締役会にこうした経営課題にどのように取り組むのかを検討すること等が求められている。

2015年以降注目されてきたESG投資の要素の1つにG（ガバナンス）がある。これは，投資家が企業に投資をする際にコーポレート・ガバナンスを重視するということを意味している。企業は，情報開示による経営の透明性を確保したり，社外取締役を導入したり，取締役に女性を登用していくということが求められることになる。

また，2022年4月末に証券市場の再編が行われることが発表され，これまでの「東証一部」という名称が「プライム市場」に変更されることが発表された。新市場に上場する場合の基準として時価総額といった企業規模の他にコーポレート・ガバナンスの取り組み状況について高い水準が求められることになる。

企業財務の視点から見ると，コーポレート・ガバナンスにきちんと取り組む企業は，投資家が安心して資金を提供することができる企業と考えることができる。

注

（1）　JCGRコーポレートガバナンス原則，http://www.cg-net.jp/pdf/jcgr/CG_Principles.pdf。

（2）　桃尾・松尾・難波法律事務所編（2014），p.4-6。

（3）　2002年改正商法により「委員会等設置会社」が導入され，2006年会社法により「委員会設置会社」と名称が変更され，2015年改正会社法では「指名委員会等設置会社」の名称となった。

（4）　各委員会の権限として，指名委員会は株主総会に提出する取締役の選任・解任の議案内容の決定（会社法404条1項），監査委員会は執行役・取締役の監査および監査報告の作成等（同2項），報酬委員会は執行役等の個人別の報酬等の内容を決定（同3項）がある。

（5）　業務執行を担うという点では，代表取締役と執行役は同じであるが，代表取締役が株主総会で解任できるのに対し，執行役は株主総会で解任できないという点で異なる。

（6）　会社法362条4項6号で「取締役の職務の執行が法令及び定款に適合すること

を確保するための体制その他株式会社の業務の適正を確保するために必要なものとして法務省令で定める体制の整備」が求められている。さらに，金融商品取引法24条の４の４において内部統制報告書の提出が義務づけられている。

（７）　企業価値を負債の価値と株式の価値の合計とする考え方に基づき，負債の価値はあまり変動しないとすると企業価値を向上させるためには株式の価値を高めることと同じとなる。また，割引キャッシュフロー法によれば，企業価値とは企業が生み出すキャッシュフローの期待値を企業の資本コストで割り引いた現在価値となる（井出・高橋（2009），pp.579-580）。

（８）　株式会社東京証券取引所（2019），p.10。

（９）　株式会社東京証券取引所（2019），p.66。

（10）　株式会社東京証券取引所（2019），p.69。

（11）　あずさ監査法人編（2015），p.178。

参考文献

あずさ監査法人編『有価証券報告書の見方・読み方〔第９版〕』清文社，2015年。

石山卓磨『会社法改正後のコーポレートガバナンス』中央経済社，2014年。

井出正介・高橋文郎『ビジネス・ゼミナール 経営財務入門〔第４版〕』日本経済新聞出版社，2009年。

株式会社東京証券取引所『東証上場会社コーポレート・ガバナンス白書　2019』㈱東京証券取引所上場部，2019年。

坂本恒夫・松村勝弘編著『現代の財務経営〈８〉日本的財務経営』中央経済社，2009年。

日本コーポレートガバナンス－フォーラム編『OECD コーポレート・ガバナンス改定－OECD 原則の分析と評価－』明石書店，2006年。

桃尾・松尾・難波法律事務所編，鳥養雅夫・大堀徳人・山田洋平編著『コーポレート・ガバナンスからみる会社法－平成26年改正を踏まえて－』商事法務，2014年。

若杉敬明編著『現代の財務経営〈１〉コーポレートファイナンス』中央経済社，2009年。

（澤田　茂雄）

第7講

持株会社制度の導入

1　持株会社の禁止と解禁

- 持株会社とは，株主として別の会社を支配する目的で，別の会社の株式を保有する会社のこと
- 戦前の財閥による支配体制
- 財閥解体と独占禁止法の制定（1945年）
- 規制緩和と独占禁止法の改正（1997年）

2　持株会社に期待される効果

- 持株会社のメリット
  ①　グループ最適の視点で戦略立案・意思決定が可能になる
  ②　責任が明確化される，迅速な意思決定が可能になる
  ③　事業買収・売却等 M&A が容易になる
- 経営統合で用いられる持株会社
- 提携の深化
  事業提携 → 資本提携 → 経営統合 → 合併

3　近年の持株会社の設立状況

- 設立の 2 つのパターン
  組織再編型：親会社が会社内の事業単位を分社化し，自らは持株会社へと転換する
  経営統合型：企業間の経営統合を目的に共同で持株会社を設立し，自らはその傘下に入る
- 2018年時点では累計で事業再編型が445件，経営統合型は123件，合計568件が設立されている

1 持株会社の禁止と解禁[1]

(1) 持株会社とは

持株会社とは，株主として別の会社を支配する目的で，別の会社の株式を保有する会社のことである[2]。持株会社には，事業活動は傘下の子会社が行い，自社はグループの管理運営のみを行う「純粋持株会社」と，自社も事業活動を行いながら，傘下会社の株式を所有して支配している「事業持株会社」という2つの形態がある。

(2) 財閥による支配

第1講で言及した通り，第二次世界大戦前の支配形態は，財閥によるものであった。財閥とは，三井・三菱・住友などの同族が，持株会社を頂点として多角的な経営を行う独占的な企業集団のことで，資本を所有するものが企業を経営し，その利益を占有するという資本家支配の形態である[3]。頂点に財閥一族が100％出資する持株会社を設立し，傘下の会社を支配するというピラミッド型の支配形態である。従来から行ってきた事業については株式会社化して直系会社とし，その直系会社が持っている子会社までも間接的に支配していた。それらの会社の利益は，配当という形態で持株会社の財閥本体に吸い上げられる仕組みになっていたのである[4]。

(3) 財閥解体と個人大株主支配の終焉

極めて大きな影響力を持っていた財閥であるが，第二次世界大戦後，「戦争の経済的基盤」とされ，解体を余儀なくされた。GHQの求めに応じ，日本政府は1945年11月に下記案を提出した[5]。

① 4大財閥の本拠である各持株会社は所有するいっさいの証券およびあらゆる商社，法人，その他の企業に対し有するいっさいの所有権，管理，利権の証憑を日本政府の設置する整理委員会に移管し，これによって解体をうけること。

② この各持株会社の移管財産に対する弁済は10年間換価譲渡を禁ぜられ

た日本政府公債をもってなされること。

③　三井，岩崎，住友，安田財閥のいっさいの成員はすべてその銀行および事業に占める現職から引退すること。

④　各財閥の持株会社の取締役および監査役などの役員も同様にその地位を退くこと。

⑤　各財閥の持株会社はその傘下の銀行，会社などに対する指令権または管理権の行使を停止すること。

GHQ は日本政府案で出されたこれら 4 大財閥だけでなく，浅野，野村などさらに多くの財閥の解体を求め，最終的には83社が持株会社として指定され，順次解体がされた。財閥家族による持株会社は解体され，独占禁止法により設立を禁止された。

⑷　持株会社の解禁

前述のように，事業支配力の過度な集中を防止することを目的として，独占禁止法によって持株会社の設立は禁止されてきた。しかし，経済界からの要請，企業活動のグローバル化，わが国経済における産業の空洞化の懸念といった諸情勢の変化を背景として，規制緩和の一環として1997年 6 月に独占禁止法が改正され，純粋持株会社が解禁された。改正の内容は，以下の通りである(6)。

①　事業支配力が過度に集中することとなる持株会社の設立・転化を禁止する。

②　持株会社を「子会社の株式の取得価額の合計額の会社の総資産の額に対する割合が50% を超える会社」と定義する（子会社は，持株比率50%超の会社とし，間接保有により50% を超える場合を含む)。

③　事業支配力の過度の集中について，定義規定を設ける（持株会社グループの総合的事業規模が相当数の事業分野にわたって著しく大きいこと，資金に係る取引に起因する他の事業者に対する影響力が著しく大きいこと，または相互に関連性のある相当数の事業分野においてそれぞれ有力な地位を占めていることにより，国民経済に大きな影響を及ぼし，公正かつ自由な競争の促進の妨げとなること)。

④　持株会社に関する監視手続きを設ける（持株会社およびその子会社の総

資産の額の合計が3,000億円を超える場合には，毎事業年度終了後にこれらの会社の事業に関する報告を求めることとし，また，この場合に該当する持株会社の新設について届出を求める)。

2　持株会社に期待される効果

(1)　持株会社のメリット

持株会社に移行する主なメリットには，①グループ最適の視点で戦略立案・意思決定が可能になる，②責任が明確化される，迅速な意思決定が可能になる，③事業買収・売却等M&Aが容易になる，といったものが考えられる(7)。①については，中核事業，成長事業，新規事業といったように，複数事業を１つの会社で行っている場合，中長期的には成長事業や新規事業に注力すべき場合でも現在の中核事業の意見に左右される可能性があるが，持株会社であればグループ全体の利益を検討しやすくなるという点である。②は，各事業が単なる一部門ではなく会社として明確化されることで，自立意識が高まることが期待される。③については次項で検討する。

(2)　経営統合に活用される持株会社

経営統合とは，共同の持株会社の完全子会社（あるいは一方の会社がもう一方の会社の完全子会社）となることで，経営を統合する方式である。経営統合には，持株会社を新設し，統合参加企業の株主が保有する全自社株と引き換えに，株主に持株会社の株式を交付する「株式移転」と，２社のうち一方の会社の株主が保有する全株式をもう一方の会社の株式と交換する「株式交換」という２つの方法がある。規模が同程度の企業同士の経営統合には株式移転が用いられ，規模が異なる企業の経営統合には株式交換が行われる場合が多い（これによって小さい会社は消滅）(8)。「買収交渉において，事業会社配下とするより，持株会社配下として事業会社と同格と位置付ける提案の方が，相手先に受け入れられやすい」と指摘されている(9)。

(3)　提携の種類と深化[10]

経営統合は，提携が深化していく過程で行われるものである。一般的にいわれている提携のメリットは，低コストでの新規参入を容易にする，リスクの分散とコストの軽減，低コストでの事業からの退出，などが挙げられる。

提携は相手企業への出資の有無，経営権の独立性の観点から4つに分類できる。それは，関係の弱い出資を伴わない「業務提携」から，最終的には1つの会社となる「合併」までである。具体的には以下の順番で関係が強くなっていく。

提携の最初の形が業務提携である。提携相手に出資をすることのない，書類契約上の提携関係である。次の形態が出資を伴う資本提携である。資本提携には一方の企業のみが相手企業へ出資する場合と，双方の企業が出資をする場合がある。後者の双方の出資が株式持ち合いである。お互いがお互いの企業の株式を取得することで，より強い関係を構築させる。これが，株式持ち合いを行っている多くの企業が，出資を伴わない業務提携ではなく，双方の出資を伴う資本提携を行う理由として挙げていることである。少数の株式を取得する資本提携がさらに進むと，経営統合という形態になる。お互いの企業は存続しつつ，例えば持株会社という形態で統合する形である。これまでは経営権は独立しているが，この段階から経営権が統一の方向へ向かう。最終形態は合併で，完全に2企業が一体化する。

3　近年の持株会社の設立状況

持株会社の解禁以降，設立件数が徐々に増大している。設立のパターンとしては，「組織再編型」と「経営統合型」に分類される。組織再編型とは，親会社が会社内の事業単位を分社化し，自らは持株会社へと転換するタイプであり，経営統合型とは，企業間の経営統合を目的に共同で持株会社を設立し，自らはその傘下に入るタイプである[11]。

解禁後の1999年では，組織再編型の3件のみであったが，それ以降毎年30～50件程度が新規に持株会社を設立しており，2018年時点では累計で組織再編型が445件，経営統合型は123件，合計568件が設立されている[12]。近年では，パナソニックやソニーが持株会社化を行っており，注目されている。

図表7-1 ● 持株会社（組織再編型・経営統合型）の設立件数の推移

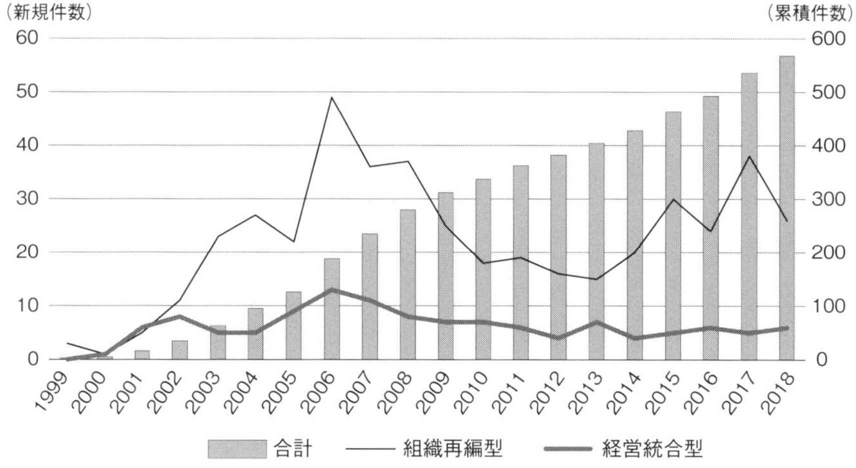

（出所）　下谷・川本（2020），p.14をもとに作成。

● 注

（1）　本節は，鳥居陽介「第14講 個人大株主支配」坂本・大坂・鳥居『テキスト現代企業論』同文舘出版，2015年をもとに作成したものである。

（2）　SMBC日興証券ホームページ，https://www.smbcnikko.co.jp/terms/japan/mo/J0375.html。

（3）　なお，財閥が存在していた時期については，明治期から第二次世界大戦期までとするものや，第一次世界大戦前後の時期には，財閥は自身の資本のみでなくすでに社会的資本を取り入れコンツェルン化していたため，上述の認識は間違いであるという意見もある（橘川（1995）参照）。本章においては，財閥を第二次世界大戦期までとして進める。

（4）　坂本・佐久間編（1998），pp.33-35。

（5）　奥村（2005），pp.32-34。

（6）　公正取引委員会ホームページ，https://www.jftc.go.jp/info/nenpou/h08/02010000.html。なお，子会社が金融機関に限定されている金融持株会社も1997年12月に解禁されている。

（7）　大和総研ホームページ，https://www.dir.co.jp/business/consulting/holding/index.html。

（8）　坂本・大坂・鳥居（2015），p.110。

（9）　注（7）に同じ。
(10)　本項は，鳥居「第3章 バブル崩壊後の株式所有構造と株式持ち合いの財務的役割の変化」『株式所有構造の変遷と経営財務』中央経済社，2017年をもとに作成したものである。
(11)　下谷・川本（2020），p.8。
(12)　同上，p.14。

参考文献

奥村宏『最新版 法人資本主義の構造』岩波現代文庫，2005年。
橘川武朗「戦前日本の産業発展と財閥（一)」『社会科学研究』第47巻第3号，1995年。
橘川武朗「戦前日本の産業発展と財閥（二)」『社会科学研究』第47巻第6号，1996年。
坂本恒夫・大坂良宏・鳥居陽介『テキスト現代企業論』同文舘出版，2015年。
坂本恒夫・佐久間信夫編，企業集団研究会著『企業集団支配とコーポレート・ガバナンス』文眞堂，1998年。
下谷政弘・川本真哉『日本の持株会社 解禁20年後の景色』有斐閣，2020年。
下谷政弘『持株会社と日本経済』岩波書店，2009年。
鳥居陽介『株式所有構造の変遷と経営財務』中央経済社，2017年。

（鳥居　陽介）

第8講

証券市場

1　有価証券と証券市場

- 証券市場：有価証券が発行され，売買される市場のこと
- 有価証券：財産に関する権利を表す証書のこと
  （①　貨幣証券　②　物的証券　③　資本証券）
- 資本証券の種類：①　債券：元本と利息の支払いが契約されている証書（国債／地方債／社債）
  ②　株式：出資者の権利と地位のこと（普通株式／種類株式）

2　証券市場の役割

- 発行市場：証券の発行体が長期資金を調達する市場。金融機関や証券会社が発行体と投資家を仲介して証券の売却と資金調達を円滑化する
- 流通市場：既発行の証券を投資者間で売買する市場
  公社債：その種類が多種多様なため，証券会社での店頭売買が中心
  上場株式：証券取引所を活用した「取引所取引」と「取引所外取引」
  非上場株式：「株主コミュニティ」制度を通じた売買取引

3　金融商品取引所（証券取引所）

- 取引所の目的：高い流通（流動）性の確保／公正な証券価格の形成・公示
- 取引所の種類：（現物取引）東京・名古屋・札幌・福岡の各証券取引所
  （デリバティブ取引）大阪取引所／東京金融取引所
- 大企業・中堅企業向けの株式市場
  東証第一部・第二部／名証第一部・第二部／札幌および福岡の本則市場
- 新興企業・特色ある企業向けの株式市場
  マザーズ／JASDAQ／セントレックス／アンビシャス／Q-Board

4　日本取引所グループによる「ESG投資」普及の取り組み

- ESG要素に関心を持つ投資者層の獲得と証券投資の促進

1　有価証券と証券市場

国民経済の健全な発展に資することが謳われている証券市場の役割を簡潔に説明するならば，「有価証券が発行され，売買される市場」となる。ここでいう有価証券の意味は「財産に関する権利を表す証書」であり，その権利は証券所有者に帰属する。経済的な価値が認められるゆえ，多くの経済主体（家計・企業・政府）がその発行や売買に関わる。

伝統的な見方によれば，有価証券の種類は，小切手や手形といった取引の決済・支払手段に用いられる貨幣証券，商品券や船荷などの物品に対する請求権を表す物的証券，そして債券や株券などの資本提供者の権利を表す資本証券の３つに大別される。このうち証券市場で発行・売買される有価証券とは最後に挙げた資本証券である（図表８－１）。

資本証券のうち債券は元本（借入金額）の返済と利息の支払いが契約されている証券のことである。定められた期日に利息を支払い，定められた満期日に元本が償還（返済）されるため，市場取引されるものの中では価格変動の小さい比較的安全な証券と認識されている。政府が発行すれば国債，地方公共団体が発行すれば地方債，企業が発行すれば社債，まとめて公社債と呼称される。

他方，株式は株式会社から発行される「出資者の地位や権利」のことであり，これを証書としたものが株券，その購入（出資）者を株主という。ただし，上場会社（後述）の株券は電子化されているため，株式と株券を同義と見なすこともある。株式は株主の権利である「議決権」，「剰余金配当請求権」，「残余財産分配請求権」を表すものだが，公社債と異なり満期がなく将来収益の変動に敏感に反応するため，価格変動が比較的大きいリスキーな証券である（図表８－２）。

これら債券・株券（株式）は長期資金を調達するために資金不足状態にある企業・地方公共団体・政府から発行されるため，証券市場は長期金融市場の１つと見なされる（図表８－３）。この証券市場には「発行」と「流通」という重要な役割が課せられている。次節ではこれら２つの役割について解説する。

図表８-１ ● 伝統的な有価証券の分類

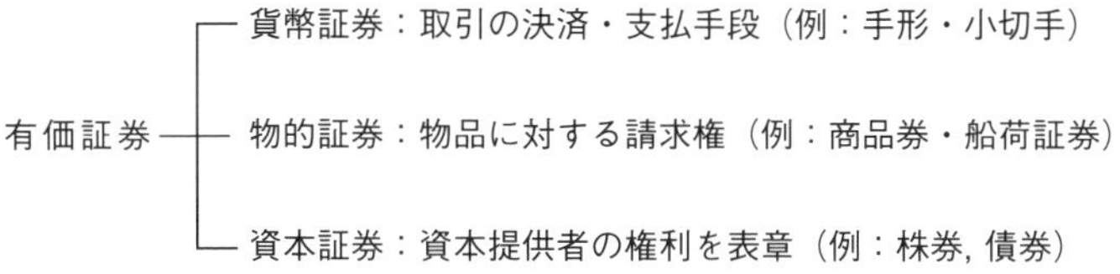

（出所） 著者作成。

図表８-２ ● 公社債と株式（内国証券）

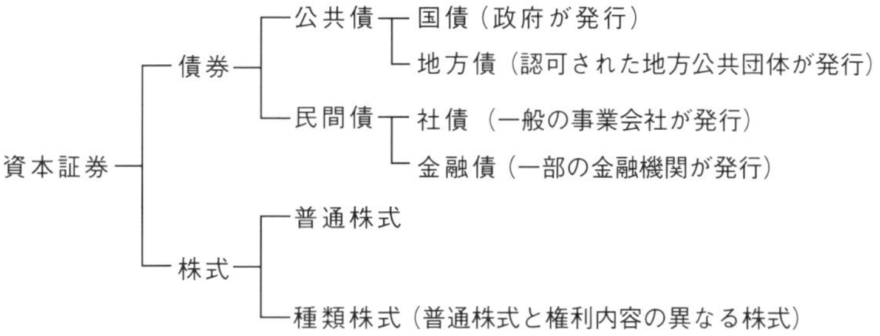

（出所） 著者作成。

図表８-３ ● 金融市場における証券市場の位置づけ

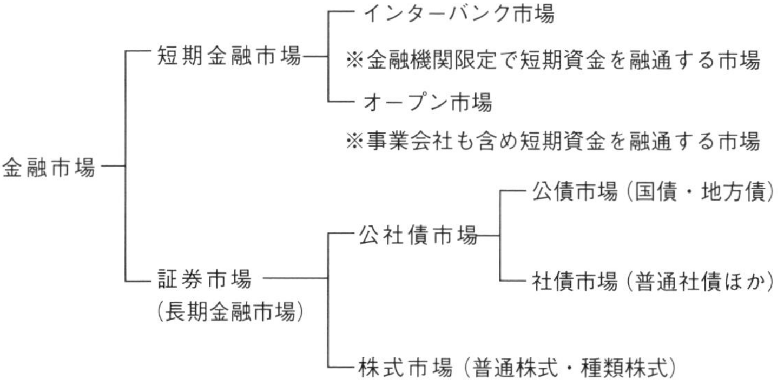

（出所） 著者作成。

2　証券市場の役割

(1)　発行市場

証券市場の第1の役割は証券発行市場として機能することである。この場合の発行市場については，証券の発行者・購入者の両者を仲介する金融機関・証券会社を中心とした仕組みと解釈した方が，理解は容易となろう。

国債発行については市中発行方式と個人向け発行方式について説明しておこう(1)。市中発行方式とは，発行体である政府（財務省）が発行額や利息等についての条件を示し，それに対して入札参加者が落札希望価格および希望額を入札する方法である。個人向け発行方式とは民間金融機関が募集を取り扱う販売方式で，個人向け国債と新型窓口販売の2種類がある。

地方債については総務省が指定した都道府県と政令指定都市による発行が可能であり，地方公共団体と引受金融機関との間で発行条件を検討する形をとり，売れ残りはこれら金融機関が買い取ることになる(2)。

社債については引受証券会社らが中心となり発行条件を決定して募集を行う。

株式発行については，発行体自身が行う直接募集，証券会社が引受業務を担う間接募集の2つがある。間接募集の場合は新規発行分をすべて証券会社が買い取る総額引受け，売れ残りについて証券会社が引き受ける残額引受けの2種類がある(3)。

(2)　流通市場

証券市場の第2の役割は，証券流通市場として機能することである。公社債全般についていえることだが，その種類や銘柄が多種多様であるため，証券会社の仲介によって相対売買を成立させる店頭取引が後述する取引所取引よりも多い(4)。

株式については，上場企業と非上場企業によって流通市場が異なる。上場企業とは，証券取引所が開設する流通市場で売買取引される証券を発行している企業のことで，上場の際には各取引所が開設する市場ごとの上場基準を満たす必要がある。なお，この取引所取引以外に，取引所を介さない民間業者（証券

図表8-4 ◎ 発行市場の概念図

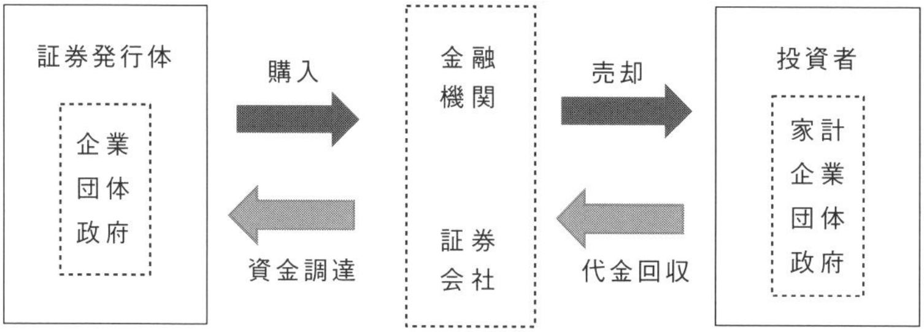

（出所）著者作成。

図表8-5 ◎ 流通市場の概念図

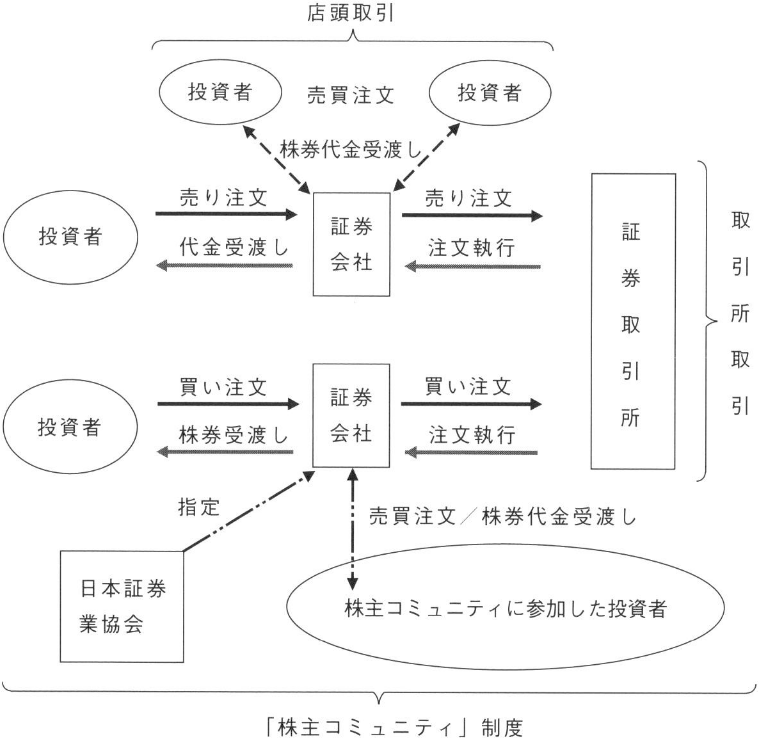

（出所）日本証券業協会ホームページ，日本証券経済研究所編（2020）を参考に著者作成。

会社）による私設取引システム（Proprietary Trading System）を用いた「取引所外取引」も可能となっている(5)。

他方，非上場企業が発行する株式の売買取引を行う場として「株式コミュニティ(6)」がある。この制度は非上場株式の取引・換金ニーズに応えることを目的に2015年に創設された。この制度では，日本証券業協会から指定を受けた証券会社が，非上場株式の銘柄およびそれを発行する企業を審査し，適当と認められた企業が株主コミュニティを組成するところからスタートする。参加勧誘対象者（当該企業の役員・その親族，グループ企業の役員・その親族，元株主・元役員）以外の者に対して証券会社が投資の勧誘をすることは禁じられている（図表８－５）。

3　金融商品取引所（証券取引所）

上場有価証券の売買を取り扱う市場は複数あるが，それを開設する主体の総称を金融商品取引所という。金融商品取引所の基本機能は，①高い流通（流動）性の確保，②高い流通（流動）性を背景とする公正な価格の形成とその公示にある。金融商品取引所は有価証券の取引方法により２種類に大別される。１つは取引時点の価格で有価証券売買を行う現物取引市場を開設する取引所，もう１つはデリバティブ（金融派生商品）取引市場を開設する取引所である（図表８－６）。

東京・名古屋・札幌・福岡の各証券取引所は複数の市場を開設している（図表８－７）。とりわけ東京証券取引所（以下，東証）がより多くの現物市場を開設している背景には，2013年１月に大阪証券取引所（以下，大証）と合併して発足した日本取引所グループの存在がある。この合併後の同年７月に現物市場を東証に集約（2014年３月にデリバティブ市場を大証に集約）したことで東証の主管市場が増加して今日に至っている(7)。

これら市場の中でもっとも注目すべき市場を１つ挙げるならば，日本経済の趨勢を反映する東証第一部となる。東証第一部の価格動向を示す指標としては東証株価指数（TOPIX），流通性が高く株式時価総額が大きい大型株で構成される日経平均株価などがある。

図表８－６ ● わが国の金融商品取引所

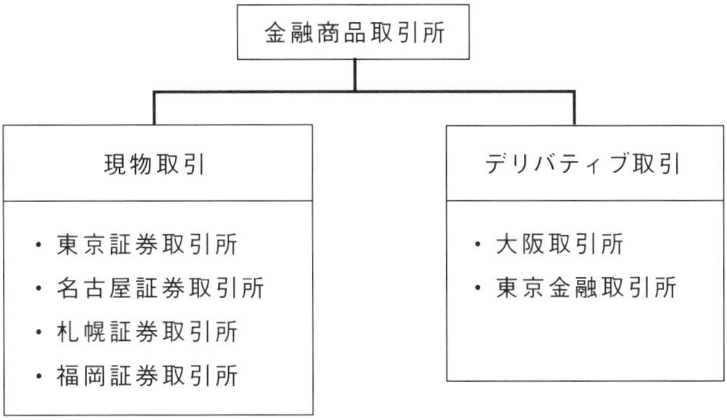

（注）東京金融取引所は1989年に国内主要金融機関の出資により先物取引所として設立され，2007年に金融商品取引所となった。
（出所）東京金融取引所ホームページを参考に著者作成。

図表８－７ ● わが国の証券取引所が開設する現物市場一覧

証券取引所	東　京	名古屋	札　幌	福　岡
大企業向け	第一部（2,187）	第一部（192）	本則市場（48）	本則市場（92）
中堅企業向け	第二部（476）	第二部（82）		
新興企業／特色ある企業向け	マザーズ（347）	セントレックス（13）	アンビシャス（10）	Q－Board（15）
	JASDAQ スタンダード（668）			
	JASDAQ グロース（37）			

（注）括弧内の数字は2021年１月５日時点で著者が確認した上場企業数。上表で省略したTOKYO PRO Market（東証：41社）を加えると東証全体で3,756社となる。なお取引所間で重複上場するケースあり。
（出所）JPX，名古屋・札幌・福岡の各証券取引所のホームページを参考に著者作成。

図表８−７に示される各種市場へ上場するための要件となるのが上場審査基準である。主だった審査基準としては，①株主数，②流通株式の数・比率・時価総額，③時価総額，④事業継続年数，⑤純資産・利益の額，などがある。この図表に示される大企業向けの市場ほど審査基準が厳しく，特色ある企業／新興企業向けの市場ほど基準は緩くなっている。日本経済を支える企業の育成・成長を支援するために複数の市場を設け，株式上場の魅力を高める努力の跡がうかがわれる。

このように近年の取引所統廃合が進んだ結果，東京証券取引所へ上場する企業の数は増加し，そのプレゼンスは圧倒的に増したものの，各種市場の特長が不鮮明になっているとの指摘もある。これを受けて東証は，2022年４月を目処に現物取引の５市場（東証第一部／第二部／マザーズ／JASDAQ スタンダード／JASDAQ グロース）を３市場（プライム／スタンダード／グロース）に区分しなおすことを2020年２月に明らかにした(8)。この改革案は，国内外の多様な投資家からの支持を集める上で，よりいっそう明確なコンセプトによる市場再編が不可欠との認識に基づき計画されたものと理解できよう。

4　日本取引所グループによる「ESG 投資」普及の取り組み

昨今の ESG（環境・社会・ガバナンス）要素に注目した投資姿勢への関心の高まりを受け，日本取引所グループは ESG 投資の普及に向けた取り組みを順次開始している。

同グループは2017年12月から Sustainable Stock Exchanges Initiative（以下，SSE イニシアティブ）という「複数の国際機関によって運営される，持続可能な社会の構築に向けて投資家や上場企業と協働しつつ主体的に取り組む活動」に参加している(9)。この SSE イニシアティブは ESG 投資を促進するための情報交換・学習の場と言い換えることもできよう。

ESG 投資普及に関する具体的な取り組みの代表的なものとして「ESG 情報の報告に関する企業向けモデルガイダンス」日本語版の提供，「ESG 情報開示実践ハンドブック」の公表，「ESG 関連商品」の充実化の３点が挙げられる。

SSE イニシアティブが策定した「ESG 情報の報告に関する企業向けモデル

ガイダンス」[10] の日本語版は上場会社の取り組み支援の一環として2019年6月に公表された。その目的はESGの価値関連性の高まりを背景に，ESG情報報告の指針およびその有用性に関する示唆を提供することにある。

2020年3月に公表された「ESG情報開示実践ハンドブック」[11] では，わが国上場企業全般にとって参考となる，開示作業や開示項目に加えて企業価値に関わるESG課題の情報開示に向けたプロセスが段階的に解説されている。

ここでの「ESG関連商品」[12] とは東証がESG要素を考慮して公表している株価指数，その指数に連動するETF／ETN[13]，その他ファンド等の総称である。ガバナンスを考慮して算出される指数として「JPX日経インデックス400」・「JPX日経中小型株指数」，設備投資および人材投資を考慮した指数として「JPX／S&P設備・人材投資指数」，環境を考慮した指数として「S&P／JPXカーボン・エフィシエント指数」・「S&P／TOPIX150カーボン・エフィシエント指数」などがある。

これらESG投資の普及に関する取り組みは，ESG情報の企業価値関連性についての認識が深まったことを背景に，ESGを含めた非財務情報全般に関心を有する投資者への訴求を通じた投資促進が主たる狙いであろう。

東証は，女性従業員の積極的な雇用を実施している企業群を「なでしこ銘柄」，従業員の健康管理に積極的に取り組んでいる企業を「健康経営銘柄」として選定するなど，非財務的な領域に特徴を持つ企業を投資者に紹介する取り組みも行っている[14]。ESG投資への様々な取り組みが多様な投資者を獲得して証券市場へ活況をもたらす起爆剤となりうるのか，今後の動向を注視したい。

注

（1）　日本証券経済研究所編（2020），p.70。

（2）　同上，p.70。

（3）　同上，p.42。

（4）　同上，p.80。

（5）　同上，p.46。

（6）　株式コミュニティに関する説明は，日本証券業協会ホームページの記述を参考・引用している。
（7）　日本証券経済研究所編（2020），pp.162-163。
（8）　東京証券取引所（2020），pp.5-6。
（9）　日本取引所グループホームページ（2021）「ESG投資の普及に向けた取組み」。
（10）　日本取引所グループ・東京証券取引所（2019），p.2。
（11）　日本取引所グループ・東京証券取引所（2020），pp.1-2。
（12）　日本取引所グループホームページ（2020）。
（13）　ETF（Exchange Traded Funds）とは上場投資信託のことで，日経平均株価や東証株価指数（TOPIX）等の株価指数に連動するよう組成された金融商品である。ETN（Exchange Traded Note）とは指標連動証券（または上場投資証券）のことで，株価指数等に連動する点はETFと同じだが，これを発行する金融機関は裏付け資産を保有する必要はない。その発行体金融機関の信用力を以て運用の保証がなされる点にETNの特徴がある。
（14）　日本取引所グループホームページ（2021）「上場会社の取組み支援－テーマ銘柄の選定－」。

参考文献

落合孝彦「第7章　株式流通市場」坂本恒夫・鳥居陽介編著『企業財務と証券市場の研究』中央経済社，2018年，pp.94-105。

東京金融取引所ホームページ，https://www.tfx.co.jp（2021年1月5日最終閲覧）。

東京証券取引所「新市場区分の概要等について」https://www.jpx.co.jp/corporate/news/news-releases/0060/nlsgeu000004ke6p-att/J_kouhyou.pdf（2021年1月5日最終閲覧）。

日本証券経済研究所編『図説日本の証券市場』日本証券経済研究所，2020年。

日本証券業協会ホームページ，https://www.jsda.or.jp（2021年1月5日最終閲覧）。

日本取引所グループホームページ（2020）「ESG関連商品」https://www.jpx.co.jp/corporate/sustainability/esg-investment/products/index.html（2021年3月29日最終閲覧）。

日本取引所グループホームページ（2021）「ESG投資の普及に向けた取組み」https://www.jpx.co.jp/corporate/sustainability/esg-investment/index.html（2021年3月29日最終閲覧）。

日本取引所グループホームページ（2021）「上場企業の取組み支援－テーマ銘柄の選定－」https://www.jpx.co.jp/corporate/sustainability/esg-investment/support/

02.html（2021年3月29日最終閲覧）。
日本取引所グループ・東京証券取引所（2019）「ESG情報の報告に関する企業向けモデルガイダンス（日本語版）」https://www.jpx.co.jp/corporate/sustainability/esg-investment/support/nlsgeu0000045isq-att/SSE_initiatives_j.pdf（2021年3月29日最終閲覧）。
日本取引所グループ・東京証券取引所（2020）「ESG情報開示実践ハンドブック（概要）」https://www.jpx.co.jp/corporate/sustainability/esg-invest-ment/handbook/nlsgeu000004n8pl-att/summary_j.pdf（2021年3月29日最終閲覧）。

（落合　孝彦）

第9講

ディスクロージャーと財務分析

1　ディスクロージャー制度

- 企業のディスクロージャーとは，その経営内容等に関する情報開示のこと
- 有価証券報告書には，貸借対照表，損益計算書，キャッシュフロー計算書といった財務諸表のほか，沿革，コーポレート・ガバナンスの状況，従業員の状況，業績等の概要，対処すべき課題，事業等のリスクなどの非財務情報も掲載
- 上場企業の有価証券報告書は，企業のホームページやEDINET（Electronic Disclosure for Investors' NETwork）等で閲覧可能

2　財務諸表を用いた財務分析

- 安全性分析
  流動比率（%）＝流動資産／流動負債×100
  当座比率（%）＝当座資産／流動負債×100
  固定比率（%）＝固定資産／自己資本（純資産）×100
  固定長期適合率（%）＝固定資産／固定負債＋自己資本（純資産）×100
  自己資本比率（%）＝自己資本（純資産）／総資本（負債＋純資産）×100
- 収益性分析
  売上高利益率（%）＝利益／売上高×100
  ROE（%）＝当期純利益／株主資本（自己資本）×100
  ROA（%）＝利益／総資産（総資本）×100
- 成長性分析　＊前年同期比の場合
  売上高成長率（%）＝当期売上高／前期売上高
  利益成長率（%）＝当期利益／前期利益
  自己資本成長率（%）＝当期自己資本／前期自己資本
- ROEの向上策：自社株買い，財務レバレッジの活用

3　株価との比較

- PER（倍）＝株価／1株あたり当期純利益（EPS）
- PBR（倍）＝株価／1株あたり純資産（BPS）

4　ディスクロージャーの拡充

- SDGs達成に向けた情報開示の範囲の拡大
- 財務情報に環境活動を含めた非財務情報を合わせて報告する「統合報告書」

1　ディスクロージャー制度

企業のディスクロージャーとは，その経営内容等に関する情報開示のことである。株主，債権者などへ正確な情報を適時に開示することによる投資家保護を目的としており，上場されている有価証券の発行者は，金融商品取引法24条により，国内企業であれば原則として当該事業年度経過後3か月以内に，有価証券報告書を提出しなければならない。

有価証券報告書には，貸借対照表，損益計算書，キャッシュフロー計算書といった財務諸表のほか，沿革（企業史），関係会社の状況，コーポレート・ガバナンスの状況（経営組織），従業員の状況（人事・労務），業績等の概要，対処すべき課題，事業等のリスク（経済情勢，経営環境，業界動向），生産，受注および販売の状況，研究開発活動（生産，マーケティング），株式等の状況（財務），役員の状況（トップ・マネジメント）などの非財務情報も掲載されている。

上場企業の有価証券報告書は，企業のホームページやEDINET（Electronic Disclosure for Investors' NETwork）等で閲覧することができる。EDINETとは，「金融商品取引法に基づく有価証券報告書等の開示書類に関する電子開示システム」のことで，有価証券報告書のほか，四半期報告書，有価証券届出書，大量保有報告書等の法定開示書類についてもインターネット上で閲覧できる(1)。類似の資料として，決算短信があるが，こちらは速報性を重視した書類であり，証券取引所に提出するものである。

2　財務諸表を用いた財務分析

投資家は，これら開示された情報を中心に企業の分析を行うが，まずは財務諸表を用いた定量的分析を行うのが一般的である。分析の視点としては，貸借対照表から企業の支払能力と財務安定性を評価する安全性分析，企業の利益獲得能力を見る収益性分析，企業の将来性を判断する成長性分析などが主に挙げられる。以下でそれぞれの分析手法について紹介する。

(1) 安全性分析

① 流動比率と当座比率：企業の支払能力を見る

流動比率は，流動資産／流動負債×100で算出され，短期的（1年未満）な支払能力を示す。業種によって大きく異なり，絶対的な基準はないものの，一般的に120％程度であれば資金の余裕度から支払能力は良好とされている[2]。

類似の指標としての当座比率は，当座資産／流動負債×100で算出される。当座資産は，現金・預金，受取手形，売掛金，有価証券など，現金あるいは比較的すぐに現金化できる資産を指し，この当座資産を用いて，流動比率よりも厳密に短期的（1年未満）な支払能力を確認する。100％以上であれば，資金の余裕度から支払能力は良好とされている。

流動性が高いということは，企業の支払能力が高いことを意味し，これらの比率は高ければ高いほど安全性が高いと評価できるものの，流動性の過度な上昇は，現預金等の資産を有効活用できていないと判断される場合もあり，適正な流動性を確保しておくことが企業には求められる。

② 固定比率と固定長期適合率：企業の安定性を見る

固定比率は，固定資産／自己資本（純資産）×100で算出され，企業の長期的な安全性を表す。固定資産への資金の投入が，どれくらいの自己資金で賄われているかを見るための指標であり，100％未満が理想的とされる。

固定長期適合率は，固定資産／固定負債＋自己資本（純資産）×100で算出され，固定比率と同様に，企業の長期的な安全性を表す。回収に長期間を要する投資に対して，長期的な資金がどのくらい割り当てられているかを見るための指標であり，こちらも100％未満が，資金繰り面からは理想的とされている。

③ 自己資本比率

自己資本比率では，会社が調達した資本のうち，安定性の高い自己資本の割合がどれくらいあるのかを把握する。業種によって異なるものの，50％程度が一応の目安とされており，数値が大きければ安全性が高い，小さければ安全性が低いといえる。2020年の日本における全産業（金融・保険業除く）での数値は40.7％であった[3]。

⑵　収益性分析

①　売上高利益率

売上高利益率（％）は，利益／売上高×100で算出され，売上に対して，どれだけ効率的に利益を上げたのかをはかる指標である。分子の「利益」は，売上総利益，営業利益等が該当する。売上総利益／売上高×100で売上高総利益率となり，どれだけ効率的に売上総利益を上げたか，営業利益／売上高×100で売上高営業利益率となり，どれだけ効率的に営業利益を上げたか，を見ることができる。業界ごとに平均は異なるため，分析する業界の平均との比較が有効である。

②　ROE

ROE は Return On Equity の略であり，株主資本利益率，自己資本利益率ともいう(4)。当期純利益／株主資本（自己資本）×100で算出され，株主から預かった資金を用いて，どれだけ効率的に利益を上げたかをはかる指標である。ROE が高いほど，株主が投資した元手となる資金で多くの利益を生んでいることになる。分析目的によっては，分子は当期純利益ではなく，営業利益等が用いられる場合もある。

機関投資家が特に重視する指標の１つであるが，日本企業の ROE は主要諸外国と比較して低いことが指摘されている。このことは，日本企業に投資するよりアメリカなど諸外国の企業に投資した方が，効率が良いということを意味する。日本企業をより魅力的なものにし，海外からの投資を集めていくためにも，この比率の上昇が求められている。

政府としてもこの問題を解消すべく，「持続的成長への競争力とインセンティブ ～企業と投資家の望ましい関係構築～」プロジェクトを立ち上げ，2014年８月に出された最終報告書（通称，「伊藤レポート」）において，中長期的に資本コストを上回る ROE を求め，具体的数値目標として，最低８％を上回る ROE の達成を掲げた。

その後，2016年度における TOPIX500を構成する日本企業の ROE の中央値は8.55％となった。日本企業の ROE の低さを問題視し，８％以上の達成を求めた「伊藤レポート」時からは数値が改善しているものの，同年の S&P500を構成する米国企業の中央値は15.68%，Bloomberg European500を構成する欧州企業の中央値は13.18%であった(5)。欧米企業と比較すると，日本企業はいまだ見劣りするといわざるを得ない。新型コロナウイルス感染が拡大していった2020年は，世界的にROEの低下が見られ，日本の東証一部上場企業の平均は7％台となっている(6)。

③　ROA（%）

ROEに類似した指標に，ROAがある。こちらは，Return On Assetの略であり，総資産利益率，あるいは総資本利益率とも呼ばれ，会社が持つすべての資産（＝すべての資本）を用いてどれだけ効率的に利益を上げたかをはかる。分子の「利益」は，営業利益，経常利益，当期純利益，あるいは各種利益に支払利息を調整する場合もある。分子にどの数字を用いるかは，分析者が何を求めたいのかによって変わってくる(7)。

⑶　ROE向上策

第1講で言及したように，外国人機関投資家の台頭によって，日本でも株主利益を考慮することが求められるようになり，株主価値経営が見直され，様々なステークホルダーを重視する経営へ移行している中でも，ROEという指標の重要性は変わらない。ステークホルダーの中には株主も当然含まれるので，株主の利益も継続的に考慮する，ROEという指標の向上に企業は努めなければならない。

では，どのようにROEを向上させるか。単純に考えると，算出式（当期純利益／株主資本）の分子を大きくする，あるいは分母を小さくすればよい。分子を大きくするのは，利益を上げる，ということであるが，売上や利益を上げていくことはそう簡単ではない。そのため，一方の分母を小さくすることが考えられる。具体的な方法が，自社の株式を買い取る「自社株買い」である(8)。

これ以外には，財務レバレッジを効かせる方法もある。

財務レバレッジは，自己資本比率の逆数である。財務レバレッジを効かせるというのは，この数字を高めることである。具体的には，ROEの計算式でも検討した自社株買いによって分母（株主資本（自己資本））を減少させる方法に加え，分子を増加させる方法も考えられる。分子（総資本）を増加させるためには，貸借対照表の純資産の部（株主資本）を増加させると分母も上昇して

図表9－1 ● ROEの分解式（デュポン方式）

ROE（分解式）＝売上高当期純利益率×総資本（総資産）回転率×財務レバレッジ

$$\mathrm{ROE}=\frac{\text{当期純利益}}{\text{売上高}}\times\frac{\text{売上高}}{\text{総資本（総資産）}}\times\frac{\text{総資本（総資産）}}{\text{株主資本（自己資本）}}$$

しまうので，負債の部を増加させるという方法になろう。株主資本を増加させずに借入金や社債などによる資金調達で負債額を増加させ，総資本額を増加させることによってもROEを向上させることができる。ただし，過度の負債額の増加は，企業の安全性を低下させることにもつながるので，注意が必要である。

なお，「伊藤レポート2.0」によると，2016年度におけるTOPIX500を構成する日本企業の売上高利益率は5.30%，総資本回転率は0.82%，財務レバレッジは1.89であったのに対し，同年のS&P500構成米国企業はそれぞれ8.60%，0.63%，2.68，Bloomberg European500構成欧州企業は6.84%，0.70%，2.46であった(9)。欧米と比較して日本企業の財務レバレッジも若干低いものの，それ以上に売上高利益率の相対的な低さが際立っており，日本企業の全般的な低ROEは低い収益性に起因していると指摘されている(10)。

⑷　成長性分析

この分析では，前期，あるいは3～5年間の平均をとり，どの程度成長したのかをはかる。具体的には， 直近の売上高の，前期あるいは数年前の売上高に対する成長率を算出する売上高成長率の他，利益の成長率を算出する利益成長率，自己資本の成長率を算出する自己資本成長率，などが挙げられる。

3　株価との比較

投資判断の際，株価の割高・割安を判断する際の指標として活用されるのが，PER と PBR である。

① PER（株価収益率：Price Earnings Ratio）

利益に比べて株価がどの程度の水準にあるかをはかる指標で，株価／1株あたり当期純利益（EPS：Earnings Per Share）で算出される。EPS は，当期純利益／発行済株式総数で算出する。会社による利益がすべて投資家に配分されると仮定した場合，その会社の株式を購入するのにかかった資金を，その会社が上げる利益の何年で回収できるかを算定する，と考えることもできる。PER が高ければ資金の回収に長期間かかるということで，利益に比べて株価が割高，逆に低ければその回収にかかる期間が短いということで，利益に比べて株価が割安，と判断できる。ただ，一概に高いものはすべて問題とはいいきれず，例えばベンチャー企業のような今後の成長が期待される銘柄の PER は高くなる傾向にある。

② PBR（株価純資産倍率：Price Book-value Ratio）

こちらは，会社の純資産に対して株価がどの程度の水準にあるかをはかる指標である。算出式は，PBR ＝株価／1株あたり純資産（BPS：Book-value Per Share），BPS ＝純資産／発行済株式総数である。PBR の算出式の分母・分子に発行済株式総数をかけると，時価総額／純資産となる。例えば，（会社を買収し，その）会社の負債を同社が保有する資産ですべて返済した後の残額が純資産，つまり会社の解散価値であると考えると，会社の全株式を購入するのにかかる資金（時価総額）と解散価値（純資産）を比較し，1倍を下回れば会社を解散させた方がよい，という判断となる。

4　ディスクロージャーの拡充

企業は，説明責任（アカウンタビリティ）を果たすため，積極的にディスクロージャーを行うようになっている。近年，SDGs 達成に向けた情報開示の範囲の拡大により，法定開示資料である有価証券報告書以外の「CSR 報告書（CSR レポート）」や，ESG 等に関する非財務情報を網羅的に掲載した「サステナビリティレポート」といった資料を開示する企業が増加している。開示資料の中でも特に注目されているのが，「統合報告書」である。これは，財務情報に環境活動を含めた非財務情報をあわせて報告するものである。「サステナビリティレポート」と「統合報告書」の大きな違いは，統合報告書が ESG 等への取り組み（社会的利益）と企業の持続的成長（経済的利益）との関係を明確にしようとしている点にある。

財務諸表による定量的なデータだけでなく，近年ではこれら財務諸表には表れにくい定性的な情報の重要性が増大しており，企業の分析もこの点の考慮が求められるようになっている。

注

（1）　有価証券届出書は金融商品取引法５条により，四半期報告書は同法24条の４の６により，大量保有報告書は同法27条の23により，提出義務がある書類である。

（2）　青木（2012），p.343。

（3）　財務省（2021）「報道発表 法人企業統計調査（令和２年度）結果の概要」p.14, https://www.mof.go.jp/pri/reference/ssc/results/r2.pdf。なお，製造業のみでは48.8%，非製造業（金融・保険業除く）のみでは37.7% であった。

（4）　厳密にいえば「自己資本」と「株主資本」は下記のように異なるが，本講では議論を単純化させるために，純資産も含めて明確に区分せずに扱っている。

株主資本＝資本金＋資本剰余金＋利益剰余金－自己株式

自己資本＝資本金＋資本剰余金＋利益剰余金－自己株式＋その他の包括利益累計額

（5）「伊藤レポート 2.0 持続的成長に向けた長期投資（ESG・無形資産投資）研究会 報告書」p.36。

（6）『日本経済新聞』2021年６月４日付朝刊。

（7）　例えば，経常利益を用いるときの理由としては，会社の資産に対する効率性を検討する際，日本基準でいう「特別利益」の影響を除外することが挙げられる。会社が保有する資産（土地，建物など）を売却したことによって得られた利益は，企業経営者の能力とは関係が薄いので，そのような特殊要因を除いて算出することが多い。しかし，米国基準や国際会計基準を採用している場合，日本基準の「経常利益」に相当する項目がないため，分子は営業利益や当期純利益が主に用いられる。

（8） 詳細は，第20講参照。また，分母の上昇額を抑える方法として，増配も考えられる。通常，配当は，すべての利害関係者に支払いを済ませた，損益計算書では最後に表示される「当期純利益」から差し引かれ，配当としなかった部分は利益剰余金として貸借対照表の純資産の部（株主資本）に蓄積される。配当額を減少させた（増加させなかった）場合，その分だけ株主資本が増加していき，企業内部に留め置いた資金を有効活用できずに利益の上昇がなければ，分母のみが上昇し，結果的にROEが下落することになる。逆に配当額を増加させれば，その分だけ株主資本額の増加を抑制させ，分子である利益の上昇がなかったとしても，ROEの下落を抑えることができる。

（9）「伊藤レポート 2.0 持続的成長に向けた長期投資（ESG・無形資産投資）研究会 報告書」p.36。

（10）「『持続的成長への競争力とインセンティブ～企業と投資家の望ましい関係構築～』プロジェクト（伊藤レポート）最終報告書」p.40。

参考文献

青木茂男『〔四訂版〕要説 経営分析』森山出版，2012年。

経済産業省（2014）「持続的成長への競争力とインセンティブ～企業と投資家の望ましい関係構築～」プロジェクト（伊藤レポート）最終報告書，https://www.meti.go.jp/policy/economy/keiei_innovation/kigyoukaikei/pdf/itoreport.pdf。

経済産業省（2017）「伊藤レポート 2.0 持続的成長に向けた長期投資（ESG・無形資産投資）研究会 報告書」https://www.meti.go.jp/policy/economy/keiei_innovation/kigyoukaikei/itoreport2.0.pdf。

大津広一『企業価値を創造する会計指標入門』ダイヤモンド社，2005年。

日本経営分析学会編『新版 経営分析辞典』税務経理協会，2015年。

（鳥居　陽介）

第Ⅲ部

財務管理と企業経営

第10講

利益管理とEVA®

1　利益管理とEVA®

- 利益管理：目標利益（率）を達成するための「計画（PLAN）⇒ 実行（DO）⇒ 評価（SEE）」からなる一連の継続的過程
- EVA®（Economic Value Added：経済的付加価値）：
  債権者や株主の要求収益率を考慮して求められる経済的な利益

2　EVA®の求め方

- EVA® = 税引後営業利益 － 加重平均資本コスト × 投下資本
- 加重平均資本コスト（Weighted Average Cost of Capital：WACC）

$$\text{WACC} = \frac{\text{有利子負債}}{\text{企業価値}} \times \text{税引後負債コスト} + \frac{\text{株式時価総額}}{\text{企業価値}} \times \text{株主資本コスト}$$

- 投下資本 ＝ 有利子負債 ＋ 純資産（財務アプローチ）

3　EVA®スプレッドと投下資本利益率

- EVA®スプレッド ＝ 投下資本利益率（ROIC）－ WACC

4　ROICの分解―CVP分析と各種資産回転率

- CVP分析：損益分岐点売上高＝固定費／（1－変動費率）
- 目標売上高 ＝（固定費＋目標営業利益）／（1－変動費率）
- 目標営業利益率 ＝ 目標営業利益／目標売上高
- 投下資本の管理：投下資本を各種資産の回転率を用いて管理する
- 各種資産回転率：「売上債権回転率」，「棚卸資産回転率」，「有形固定資産回転率」

5　おわりに―活用上の留意点

- 人的資源に配慮して人件費削減策の過大評価を避けること
- 短期的・近視眼的な視点のみで，投資判断を行わないこと

1 利益管理とEVA®

本講のテーマである利益管理は財務管理の一側面であり，目標利益（率）を達成するための「計画（PLAN）⇒ 実行（DO）⇒ 評価（SEE）」からなる一連の継続的過程のことである（図表10-1）。このプロセスではPLANの段階において目標とする利益額もしくは利益率を設定し，それを実行するための方策を練ることになるが，この目標利益額（利益率）は何を基準に設定されるべきだろうか。

黒字達成は当然として，利益額としては直近3年程度の当該会社の平均的水準，利益率としては直近3年程度の当該会社の平均利益率，あるいは当該会社が属する業種の平均利益率を目安とすることが一般的だろう。しかしながら，不特定多数の投資家から資金を調達する上場会社の場合，彼らの要求収益率を上回る利益率を達成して価値向上を図ることがより重要となってくる。

以上の理解をもとに本講では，上場会社を念頭に，債権者や株主の要求収益率を考慮して求められる経済的な利益であるEVA®（Economic Value Added：経済的付加価値）を利益管理上の重要指標とみなし，その計算構造・業績向上のための活用方法・活用上の留意点等について説明する。

図表 10-1 ● マネジメントサイクルにおける利益管理

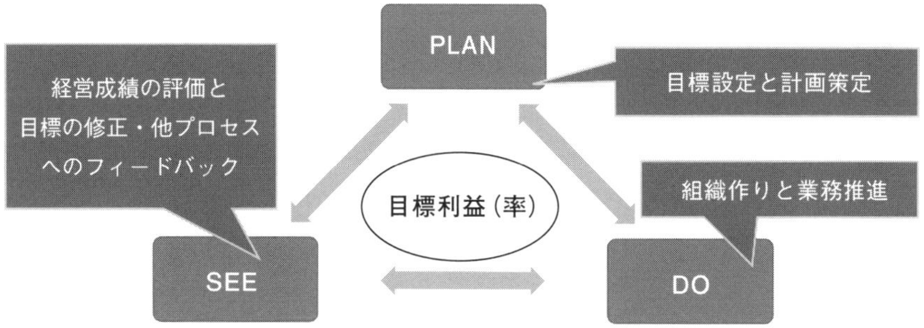

2　EVA® の求め方

スターン・スチュワート社の登録商標であるEVA® の第１の特徴は，これが会計利益ではなく経済利益だという点にある。このEVA® を求める一般式は次の通りである(1)。

EVA® = 税引後営業利益 － 加重平均資本コスト × 投下資本 …… ①

①式から明らかな通り，本業の利益である営業利益（税引ベース）から投下資本に加重平均資本コストをかけた金額を差し引くことでEVA®は求められる。税引後の営業利益が黒字であっても，控除項目の金額次第でEVA® はプラスにもマイナスにもなりうる。

ところで①式の加重平均資本コスト（weighted Average Cost of Capital：以下，WACC）は債権者の要求収益率と株主の要求収益率の加重平均値である。

前者を負債コストといい，一般的には有利子負債利子率で代替される。後者を株主資本コストといい，これら２つのコストを用いてWACCが計算される。

$$\text{WACC} = \frac{\text{有利子負債}}{\text{企業価値}} \times \text{税引後負債コスト} + \frac{\text{株式時価総額}}{\text{企業価値}} \times \text{株主資本コスト} \quad \cdots\cdots ②$$

（注１）　企業価値＝有利子負債＋株式時価総額
（注２）　税引後負債コスト＝有利子負債利子率×（１－法人実効税率）

②式は純資産を株式時価総額に置き換えることで，時価ベースの加重平均値を計算している点に特徴がある。なお①式の投下資本については，流動負債内の無利子負債（仕入債務等）を負債・純資産合計（資産合計）から控除した額とすることが一般的だが，この過程で控除された無利子負債と同額の現預金が流動資産から控除されることになる（図表10-２）。なお，図表10-２右図の数値例に見る貸方は有利子負債と純資産で構成されている。債権者と株主による資本提供額をベースに投下資本を算出する方法を財務アプローチという(2)。

図表10－2 ● 投下資本の概念図（単位：億円）

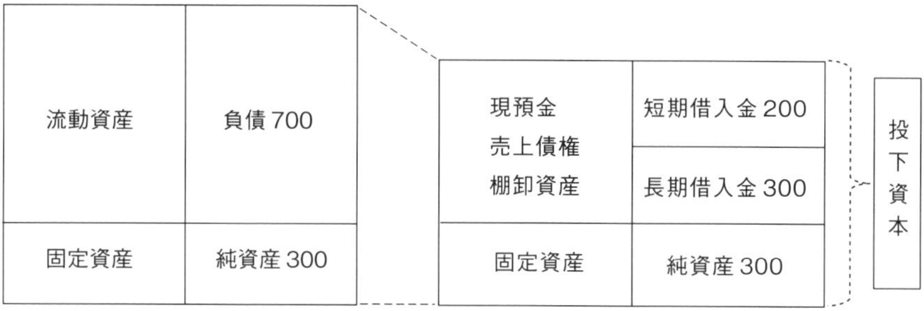

（注1） 無利子負債（仕入債務等）200を負債額から控除した結果が右図となる。
（注2） 右図の現預金・売上債権・棚卸資産の合計を正味運転資本ともいう。

WACCと投下資本の積から求められる金額は投資家からの要求利益額と見なしうるため，この要求利益額を上回る「超過利益額」こそがEVA®の本質といえよう。

3　EVA® スプレッドと投下資本利益率

EVA®を金額ベースでなく資本利益率ベースでとらえるならば，EVA®を投下資本で除すことにより求められるEVA®スプレッドが有用である。これを求めるために①式の両辺を投下資本で除したものが次式である。

$$\text{EVA}^{\circledR}\text{スプレッド} = \frac{\text{税引後営業利益}}{\text{投下資本}} - \frac{\text{WACC}\times\text{投下資本}}{\text{投下資本}}$$

$$= \text{投下資本利益率} - \text{WACC} \quad \cdots\cdots③$$

③式の左辺は右辺の投下資本利益率（Return on Invested Capital：以下，ROIC）とWACCの差である。このスプレッドをプラスにすれば価値向上につながるため，WACCを基準にこれを上回るROICの継続的達成を目指すことが，上場会社の利益管理上，重要となる（図表10－3）。

図表 10－3　EVA® スプレッドの計算と評価

税引後営業利益	ROIC		WACC	スプレッド	EVA®
100 億円	ROIC（12.5%）	>	WACC（10%）	2.5%	プラス
80 億円	ROIC（10%）	＝	WACC（10%）	0.0%	ゼロ
50 億円	ROIC（6.25%）	<	WACC（10%）	－3.75%	マイナス

（注）　投下資本は図表10－2の右図（800億円）を使用。WACC は10%に設定。

4　ROIC の分解 ── CVP 分析と各種資産回転率

EVA® スプレッドをプラスにするためには WACC を上回る目標値設定もさることながら，ROIC 向上の仕組みを理解することが肝要となる。

まず営業利益（税引前ベース）の ROIC は売上高営業利益率（Return on Sales：以下，ROS）と投下資本回転率（Turnover of Invested Capital：以下，TOIC）の 2 指標に分解できる（図表10－4）。どちらの指標を引き上げても ROIC の向上に貢献することから，利益管理上これら 2 指標は重要となる。

(1)　CVP分析

前者の指標は CVP 分析（Cost-Volume-Profit Analysis）に展開できるが，この分析手法は損益分岐点分析とも呼称され，売上高と営業利益の差額である「売上原価＋販管費」を「変動費＋固定費」と捉える点に特徴がある。この作業を起点に営業利益ゼロとなる「損益分岐点売上高」を求めることで，自社（事業）の利益計画を策定する際に必要な収益・費用構造への理解が深まることになる。

損益分岐点売上高を求めるプロセスは次の通りである。まず「ある事業」の変動費を VC（Variable Cost），固定費を FC（Fixed Cost）とし，「ある事業」の売上高 S（Sales）と営業利益 EBIT（Earnings Before Interests and Taxes）の関係を次式で捉える。

図表10－4 ● ROICの分解

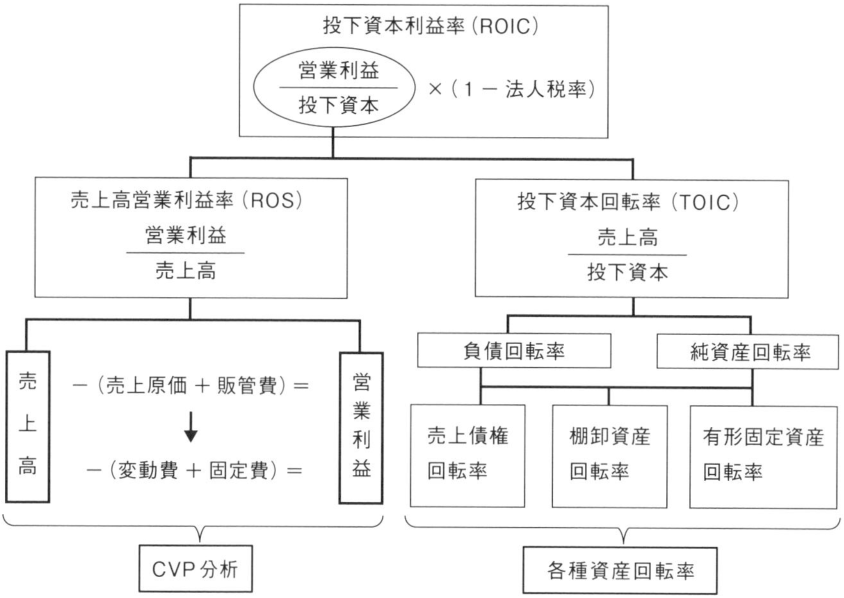

（注）　負債回転率の分母は無利子負債を控除したものを想定している。

図表10－5 ● 損益分岐点売上高

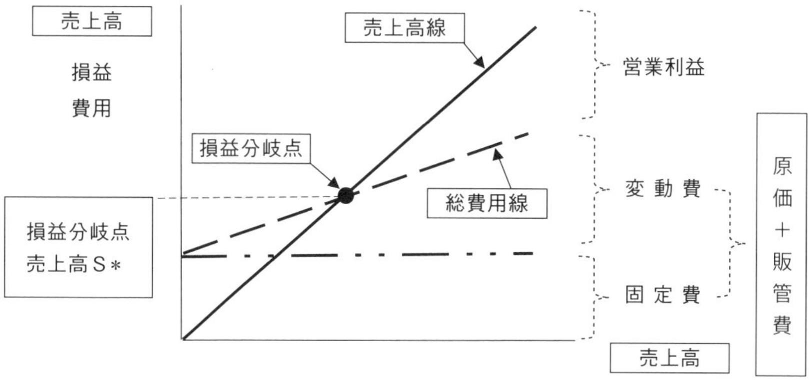

$$S - (VC + FC) = EBIT \cdots\cdots ④$$

損益分岐点売上高は営業利益（EBIT）ゼロの売上高であり，変動費 VC は売上高 S の増加関数であるため，④式の営業利益をゼロとして次式のように変形すると，損益分岐点売上高（S_*）を求める式が導かれる。

$$損益分岐点売上高 S_* = \frac{FC}{1 - VC／S} \cdots\cdots ⑤$$

損益分岐点売上高は図表10－5にも示されているが，図中の営業損益は売上高線（45度線）と総費用線（変動費と固定費の和）の差であり，損益分岐点の右側が黒字ゾーン，左側が赤字ゾーンとなる。なお⑤式は営業利益ゼロの売上高であるため，⑤式の分子に目標営業利益額（EBITt）を加えた次式が，目標売上高（St）を求める式となる。

$$目標売上高 St = \frac{FC + EBITt}{1 - VC／S} \cdots\cdots ⑥$$

この⑥式より，目標営業利益率（ROSt）が求められる。

$$目標営業利益率（ROSt）= \frac{目標営業利益（EBITt）}{目標売上高（St）}$$

仮に TOIC が1.0回ならば，この目標営業利益率を税引ベースとしたものがそのまま目標 ROIC となるため，この目標値の達成は重要となる。

⑵　各種資産回転率

他方，TOIC に注目する場合，ROIC 引上げのための主たる方策は分母である投下資本の引下げとなる。この場合，投下資本を構成する有利子負債や純資産を用いた回転率よりも，借方の各種資産を用いた回転率の方が，資産管理の目的が明確となるため比較的理解しやすい。

ここで紹介する主だった資産は図表10－2に示される売上債権，棚卸資産，そして（有形）固定資産である。よってこれら各種資産に対応する資産回転率は，図表10‐4に示される売上債権回転率，棚卸資産回転率，そして有形固定資産回転率となる。

売上債権回転率は，売掛金や受取手形の現金化の速度が遅いほど低く，速いほど高くなる傾向があるため，売掛金等の回収遅延は回転率を引き下げる方向へ作用する。この状況を避けるには業種平均や過去の水準から基準値を設定するなどして回転率の水準を管理する必要がある。

棚卸資産回転率は，棚卸資産の増加，すなわち在庫が増加するほど低く，在庫が減るほど高くなる傾向があるため，商品・製品は当然のこと，原材料・半製品・仕掛品を含めたこれら資産を適切に調達し，在庫となりうる無駄な資産を保有しない資産管理が肝要となる。

有形固定資産回転率は，工場や店舗の生産性を簡便に測りうるという点で有用である。不採算店舗の撤退や新規出店等の判断材料の1つにもなりうるため，低効率資産の過度の保有を避けるためにも，回転率の変動を注視しつつ有形固定資産を管理する作業は不可欠である。

このように，ROIC引上げのためには，分子に当たる目標営業利益を達成するだけでなく，分母に当たる投下資本の無駄を省くB/S管理も重要となる。

5　おわりに ── 活用上の留意点

最後にEVA®活用上の留意点を2つ指摘しておこう。第1点は本書第1講で取り上げられている株主価値経営批判に基づくもので，その内容を端的に述べるならば，「固定費の変動費化による利益確保」が中長期的な企業成長につながらない可能性を有する点となる。

企業の有力なステークホルダーには債権者，従業員，政府・自治体，株主等がある。EVA®は債権者と株主によって提供される資本の機会費用を会計利益から控除して計算されるものの，近年は負債額の増加を抑制する傾向があるため，EVA®スプレッドの多くは株主に帰属することとなる。以上のことから，EVA®は資本提供者，とりわけ株主に帰属する利益を念頭に置いた指標であり，他のステークホルダーへの分配額の総体を示す指標ではない。

ところで株主も含めたステークホルダーへの分配額の総体を示す指標として

付加価値がある。

付加価値 ＝ 売上高 － 前給付原価 ≒ 固定費 ＋ 営業利益

前給付原価とは他の企業が生み出した価値のことであり，具体的には「原材料費，外注加工費，光熱費，当期商品仕入高」等で，これらを売上高から控除したものが付加価値となる。この付加価値は固定費と営業利益の合計値におおよそ等しくなり，ステークホルダーへの分配額の総体を示すものとなる。

第１講で指摘された「固定費の変動費化」には，固定費削減に伴い営業利益の極端な変動を抑制して安定的な利益（付加価値）確保に貢献する機能がある。ただし，固定費に含まれる人件費削減を通じた営業利益（付加価値）の安定的確保が，従業員への分配額の一部を他のステークホルダー（とりわけ株主）に移転させる点には注意を要する。

なぜなら，このような方法で営業利益を安定確保したとしても，従業員の士気やモティベーションが下がることは容易に想像でき，マクロ的に見ても内需刺激の有効策とはいえないため，従業員への成果配分も中長期的な企業成長もさほど期待できないからだ。法制度の改正によりホワイトカラーだけでなくブルーカラーも非正規雇用の対象になって久しいが，法的に実施可能であっても，非正規雇用を増加させることの弊害について，経営者はより認識すべきだろう。

第２の留意点として，EVA® の水準が投下資本額の影響を受けるため，直近の EVA® をプラスにすることに重点が置かれるあまり，中長期的観点からの投資を抑制する可能性が指摘できる。この場合，将来の成長機会が失われる可能性，そのような投資によって達成された業績に基づき実施される事後評価が企業内部の予算配分に歪みをもたらす可能性が生じるなど，複数の弊害発生が予想される。

以上の理由から EVA® 活用の際には人的資源に配慮して人件費削減策の過大評価を避けること，短期的・近視眼的な観点のみで投資判断を行わないなど，慎重を期す必要がある。

注

（1）　高橋（2001），p.177。
（2）　伊藤（2014），pp.413-416。

参考文献

伊藤邦雄『新・企業価値評価』日本経済新聞出版社，2014年。
落合孝彦「第19講　利益計画と利益管理」坂本恒夫・鳥居陽介編，現代財務管理論研究会著『テキスト財務管理論〔第5版〕』中央経済社，2015年，pp.142-148。
高橋文郎『実践コーポレートファイナンス』中央経済社，2001年。
G.ベネット・スチュワート，Ⅲ著，日興リサーチセンター／河田剛・長掛良介・須藤亜里訳『EVA創造の経営』東洋経済新報社，1998年。

（落合　孝彦）

第11講

リスクマネジメント

1　リスクマネジメントの位置づけと財務管理

- 狭義のリスクマネジメント（Risk Management）：リスクの発生を未然に防ぐ対策（リスクの予防）
- 内部統制（Internal Control）：財務数値の正確性を保証（リスクの診断）
- 危機管理（Crisis Management）：リスクが発生した時の対策（リスクの治療）
- 事業継続計画（Business Continuity Plan）：リスク回復後の事業継続対策（リスクのリハビリ）

2　リスクマネジメントのプロセス（PDCAサイクル）

- Plan　基本方針決定，調査・分析・評価，基本計画
- Do　対策と行動計画
- Check　モニタリング
- Action　改善・是正

3　リスクマネジメント―4つの戦略

- 回避：リスクビジネスの中止・延期（ビジネス売却，生産ラインの廃止，海外移転など）
- 移転：リスクを第三者に移転（各種保険の加入，金融デリバティブなどリスクヘッジ）
- 低減：リスクの発生による損害を軽減（情報セキュリティ，チェック体制の整備など）
- 受容：リスク対策を取らない（低リスクなため対策コストが大きくなる可能性が高い）

4　モニタリングと改善・是正

- 自己監査：各部署が自ら業務をチェックする監査（年1～2回程度）
- 内部監査：監査室などの第三者の立場で社長の命で行う監査（2～3年に1回）
- 監査指摘事項の改善と是正は期限を決めて必ず実行
- 改善・是正事項のフォローアップ

5　リスクマネジメントの効率的な運用

- 経営幹部を含めた全社員に対する教育（トレーニング）の定期的実施
- 事故情報や原因の蓄積と情報の共有化（リスク情報データベース）
- マニュアルの整備

1　リスクマネジメントの位置づけと財務管理

広い意味でリスクマネジメントには，リスクの発生を未然に防止するための狭義のリスクマネジメント，財務諸表の正確性を保証する内部統制，リスク発生時の行動を規定する危機管理，リスクが収束した後の対策を計画する事業継続計画がある。狭義のリスクマネジメント（単にリスクマネジメントという）はリスクの「予防」，内部統制は正確な情報を保証する「診断書」，危機管理はリスクが発生したときに行う「治療」，事業継続計画はリスクから回復した後で行う「リハビリ」である。

2　リスクマネジメントのプロセス（PDCAサイクル）

リスクマネジメントのプロセスは，一般的にPDCAサイクルに従って進められる（図表11-2）。企業を取り巻くリスクを調査し，分析することにより，対策が必要なリスクを抽出する。抽出されたリスクを定量的・定性的に評価し，リスク対策優先順位を決定する。リスクの調査・分析では，リスク管理部署が，関係各部に対して，アンケート調査や面談調査を行い，リスクを把握するとともに，一覧表にまとめる。リスク調査では，多様なリスクを抽出する必要があるので，調査メンバーの選定に当たっては，年齢，性別，役職など分散しているチーム編成が望ましい。

図表 11-1 ● リスクマネジメントの定義

種　類	英語表記	説　　明	簡単にいえば
リスクマネジメント	Risk Management	リスクの発生を未然に防ぐ対策	予防
内部統制	Internal Control	財務数値の正確性を保証	診断
危機管理	Crisis Management	リスクが発生した時の対策	治療
事業継続計画	Business Continuity Plan	リスク回復後の事業継続対策	リハビリ

図表 11－2 ● リスクマネジメントのプロセス

PDCA	手　順	主幹部署	行動内容の説明
Plan	基本方針決定	リスク統括部・各部	• 方針を決定し，社員全員に周知・徹底する
Plan	調査・分析	リスク統括部・各部	• 直面するリスクの抽出・調査・分析
Plan	評価	財務部・各部	• リスクが発生した場合の損失の計算
Plan	基本計画書	各部	• 概要，戦略，目標，対策完了時期，承認者の決定
Do	対策	各部	• 優先順位によるリスク対策の作成
Do	行動計画	各部	• 行動計画（Action Plan）の作成
Check	モニタリング	（内部監査）監査室	• 規則・方針順守の状況，規則・マニュアルの適性の評価，自己監査報告書の確認
Check	モニタリング	（自己監査）各部	• 目標の達成状況，改善すべき事項の指摘など
Action	改善・是正	各部	• モニタリングで発見された問題点の是正・改善
Action	改善・是正	監査室・各部	• トップマネジメントの確認

(1) リスク評価の鍵を握る財務

リスクプロセスの中でもリスク評価はもっとも重要で難しい作業である。リスク評価はリスクの大きさを数値化して評価する定量分析，リスクの数値化が難しい質の部分を主に言葉で評価分析する定性分析がある。すべてのリスクを定量化するのが理想であるが，膨大なコストがかかる。

定量分析は，過去に発生した事故データに基づき損失を計算して分析する方法が一般的である。事故データは自社だけでなく，他社の事故情報をできるだけ多く収集し，そのリスクに関連する費用を推定する。しかし，現在のところリスク定量分析はあまり進んでいない。なぜならば，企業活動には不確実な要素が常に存在しており，情報化が進んでいる現在でも，未来を正確に予測することは不可能だからである。それでも，リスク対策を講じ，最小限に抑えるためには，リスクを数値で表すことが必須である。リスクの定量評価は次のような計算式によって行われる。

リスクの大きさ　＝　事故発生確率　×　損害予測金額(1)

事故発生確率は，同業他社の状況や過去の実績などから予測する。損害予測金額とは，事故の発生によって，自社のビジネスに及ぼす損失影響額を予測したものである。しかし，この方法では，経営判断や環境の変化で発生確率や損害金額に変化が生じた場合，リスクの大きさが変動するので，計算をやり直す必要が常に生じる。

最近では，こうした問題に対処するため，シミュレーションを活用して，経営判断や環境の変化によって起こりうるすべての結果を推定し，リスクの影響を定量的に評価する手法も用いられるようになっている。しかし，こうしたシミュレーションを使っても定量化できない想定不可能なリスクも多い。このようなリスクは一般的に定性評価が用いられる。定性評価の欠点は，恣意的になりやすく，客観的な評価ができない点にある。定性評価ではリスクマトリクスなどが用いられる（図表11－3）。

リスクレベルⅣには，原材料の高騰・供給不足・途絶，資金不足，海外の政情不安，紛争，テロ，強力な競合企業の参入など，リスクが高く，頻繁に起こ

図表 11-3 ● 簡単なリスクマトリクス例

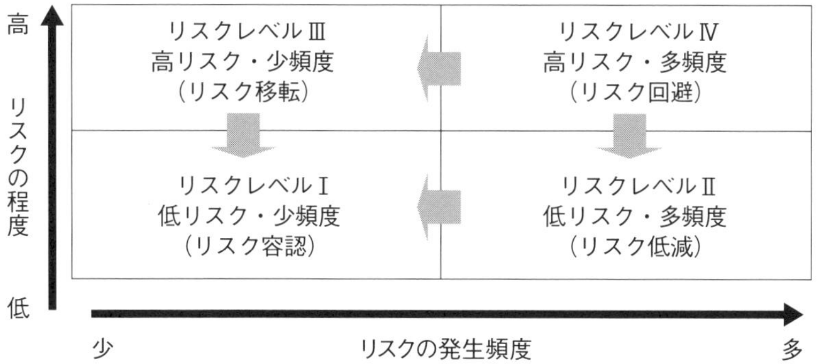

（出所）浦嶋繁樹（リスクコンサルタント）（2006）Nikkei BP コラム「リスクを飼いならせば未来が見える」第17回『リスクの調査分析にはこんな効果がある』から筆者編集。

りうるリスクが該当する。リスクレベルⅢは，自然災害，火災，風評被害，電気・通信・インフラなどの停止，労働争議，伝染病など，発生すれば甚大な損害が発生するが，それほど頻繁には起こらないリスクが該当する。リスクレベルⅡは，為替，金利などの変動，機器の誤操作など，頻繁に発生する軽微な情報システム障害など，リスクは軽微だが頻繁に起こりうるリスクが該当する。リスクレベルⅠは，設備・施設の故障，盗難など，損害金額も小さく，それほど頻繁に発生しないリスクが該当する。

リスクレベルⅣは発生頻度が高く，大きな損失を被る恐れがある。ここではリスクを「回避」し，リスクⅡやⅢへと移動する対策を打たなければならない。具体的には，対象となるビジネスから撤退する，取引先を変更する，海外事業や競合する製品から撤退するなどにより，リスクレベルをⅢに移動する対策を講じる。リスクレベルⅢでは，保険や金融デリバティブなどの財務的手段によって，リスクを第三者に「移転」しリスクの分散化を図る。リスクレベルⅡでは，リスクの発生頻度や大きさを抑制することで，リスクを「低減」する。具体的には，マニュアルの整備，教育，事故情報の共有などによる事故発生頻度を抑制するとともに，バックアップセンターの設置，データの二重保管，複数電源の確保，人員のマルチタスク化（1人の社員が複数業務を行うことを可能にしておく）などの措置により，事故が発生しても損害の大きさを最小限にとどめる。狭義のリスクマネジメントの対象となるのはこのリスクレベルⅡである。リスクレベルⅡおよびⅢでは，リスクの移転や分散，予防や防止対策を講じることで，リスクレベルⅠの低リスク，低頻度へ移動するような対策を講じ，リスクを「受容」できる水準にまで引き下げる。

(2)　リスク損失と対策コストの比較

どんなリスクが企業の損益にどれだけの影響を及ぼすのか。定量的な評価ができない場合には，定性的な評価を行うが曖昧さも残る。リスク対策の優先順位の決定に当たっては，リスクによる損害とリスク対策のコスト比較を行いリスク対策を実施すべきかどうか判断を行う。ここでは財務の判断が重要なカギを握る。

(3) 内部統制――財務諸表の正確性を保証する仕組み

リスクマネジメントで法的に定められているのは，財務諸表が正しく作成されているかどうかをチェックする内部統制だけである。内部統制は，日本では2006年に法制化され，2008年より日本の上場会社すべてに適用された。その法的枠組みは次のように規定されている。

「適正な財務・企業情報の開示を確保するため，上場会社に対して，事業年度ごとに，財務報告に関する内部統制（財務に関する情報の適正性を確保するための体制）の有効性を評価する『内部統制報告書』を義務づけ，公認会計士・監査法人による監査の対象とします（金融商品取引法第24条４-４，第193条２-２-４）。併せて，上場会社に対して，有価証券報告書などの記載内容が法令に基づき適正である旨の経営者の『確認書』の提出を義務づけます（金融商品取引法第24条４-４-１）。内部統制報告書の内容に虚偽があった場合には，個人については５年以下の懲役，500万円以下の罰金，法人については５億円以下の両罰規定（法人に対する刑事罰）が科されることになります（金融商品取引法第197条２-６，第207条１-１）」(2)。

日本の内部統制制度は，米国の企業改革法（SOX）の制定（2002年成立）の影響を受けている。SOX法は，2000年に発覚したエンロン・ワールドコムの不正会計の問題に端を発しているので，不正会計を防止する目的を持っている。このため日本の内部統制制度も正しい財務情報を開示することを目的としており，財務数値の不正な操作や虚偽記載などのリスクを未然に防ぐための対策としての色彩が強い。財務に関連するリスクはすべて内部統制の対象と見なされる。

3　リスクマネジメント――４つの戦略

リスクマトリクスのレベルで述べたレベルⅠ～Ⅳの対策は，リスクマネジメントの４つの戦略に対応している。リスクマネジメントの戦略とリスクレベルは，図表11-４に示すように，リスクレベルⅠ「受容」，レベルⅡ「低減」，レベルⅢ「移転」，レベルⅣ「回避」がそれぞれ対応しており，それぞれの戦略によってリスクレベルを低下させる。

図表 11－4 ● リスクマネジメントの戦略とリスクレベル

リスクレベル	戦略	損失に対する対策	具体的な説明
Ⅳ	回避	リスクビジネスの中止・延期	ビジネスの売却, 生産ラインの廃止, 海外移転など
Ⅲ	移転	リスクを第三者に移転	各種保険の加入, 金融デリバティブなどリスクヘッジ
Ⅱ	低減	リスクの発生による損害を軽減	情報セキュリティ・マニュアル・チェック体制の整備など
Ⅰ	受容	リスク対策を取らない	低リスクなため対策コストが大きくなる可能性が高い

財務は，こうした戦略の決定と対策に重要な役割を担っている。「回避」戦略では，リスクの原因となっているビジネスの採算，損失影響度，将来の損益見通しなどを正確に把握することが必要である。将来性のあるビジネスから撤退してしまうのでは本末転倒である。「移転」戦略は財務が関与するもっとも重要な戦略である。財務的な手段が取れるリスクとそうでないリスクに分類し，財務的手段が取れるリスクについては，コスト比較を行いどのような移転方法が考えられるか十分に検討しなければならない。保険や金融手法の他に引当金など内部でリスク対応のための手段を準備する方法もある。

4　モニタリングと改善・是正

リスクマネジメントにおけるモニタリング（監査）には，リスクの発生部署が自主的に行う「自己監査」と，監査室などが行う「内部監査」がある。

「自己監査」では，リスクの発生する恐れのある業務を担当する者が自らリスクマネジメントを評価するもので，リスクマネジメントの目標の達成状況や前回指摘事項の改善状況などの監査を行う。「内部監査」は社長の命により行われるもので，企業の組織や個人が方針やルールを守って業務を遂行しているか，マニュアルや規定が適切かどうか，自己監査結果について適切かどうか確認する。具体的には，事業戦略のレビュー，リスクマネジメント委員会議事録のチェック，自己監査結果の確認，リスクマネジメント組織図のレビュー，ベスト・プラクティスとの比較研究，対象部門長や従業員との面談などを行う。監査報告書は社長へ提出され承認を得る。

5　リスクマネジメントの効率的な運用

リスクマネジメントを効率的に運用・維持するためには，全社員に対して教育（トレーニング）を定期的に実施し，事故情報や原因を蓄積して，いつでもだれでも情報を共有化しておくとともに，マニュアルを整備し最新の状態にしておくことが必要である。リスクマネジメント教育，情報データベースやマニュアルの整備には多くのコストがかかる。財務管理において，リスクの発生で生じる損害の大きさを正確に把握し，こうした運用のコストと比較し，リスクマネジメントの維持を効率的に行う。ここでも財務管理の役割は極めて重要である。

(1)　トレーニング

リスクマネジメントのトレーニングの目的は，リスクマネジメントのできる人材の育成，多様な専門知識を持つ人材の確保，管理職を含めた全社員にリスクマネジメントの重要性を認識させ，リスクの所在を明らかにして，リスクマネジメントの有効性を周知・徹底させることにある。トレーニングの計画にあたっては，トレーニング方法と対象者の選定，リスクマネジメント講座やワークショップなど，効果的な方法で実施することが必要である。

トレーニングの実施方法としては，定期的な研修のほか，業務の中でリスクマネジメント知識を習得するオン・ザ・ジョブ・トレーニング（OJT），パソコンを利用して，いつでも，1人だけでも学習できるｅラーニング，問題解決方式のワークショップなどがあり，これらを組み合わせて，その職場や組織に適した方法で実行する。トレーニングのポイントは，社員だけでなく，社長や経営幹部を含めた全員を対象に行うことである。そうすることで，「社内意識の低さ」，「専門知識の不足」，「社内コミュニケーション不足」などの障害を克服することができる。

⑵　情報の共有化

リスクマネジメントでは，リスク情報をデータベースに蓄積しておき，誰でも，いつでもリスク情報にアクセスできるようにしておくことが必要である。社内外で実際に起きた事故情報はもちろん，事故にはならなかったが社員が経験した「ヒヤリ・ハット」などの実例情報や社員が日常感じている違和感や変化などのハザード情報などもデータベースに入力して分類する。また蓄積された情報の解析，リスクの損失基準なども登録しておけば，リスクマネジメントの有効なツールとなる。また，こうした蓄積された情報をもとに，マニュアルに反映させることも有効である。また，こうしたリスク・データベースは，日々更新して，常に最新の状態にしておかなければならない。

⑶　マニュアルの整備

リスク管理マニュアルはリスクマネジメントを実行する際にもっとも重要なツールである。マニュアルの内容としては，リスク調査・分析方法，リスク評価基準（定量評価・定性評価），リスク対策シートの作成方法，モニタリング手続きおよび基準，報告，改善，是正基準など，主に方法や手続き，基準などを定める。そして，経営環境の変化，企業を取り巻くリスクの変化に対応して，マニュアルを随時更新し，変化に対応したマニュアルを整備していくことが，リスクマネジメントを効率的に運営するために大切な要素になる。

注

（1）　喜入博（KPMGビジネスアシュアランス株式会社）(2006)「企業にとってのリスクと事業影響度分析」の計算式を参考にして筆者がアレンジしたもので，原文は「リスク＝発生可能性×影響度」である。

（2）　金融庁「新しい金融取引法制について－利用者保護と公正・透明な市場の構築に向けて－」より抜粋。

（正田　繁）

第Ⅳ部

資本運用の新たな動き

第12講

運転資本管理と設備資本管理

1　資本管理の重要性

- 企業が永続企業として成長するためには，日々の資金管理が重要
- 資金回収が長期にわたる設備等への投資は採算性の検討が重要

2　運転資本の管理

- 運転資本とは，日々の業務を円滑に進めるために必要な資金
- 運転資本管理は，支払不能を回避するための手段の確保が重要
- 運転資本管理の基本は，流入する資金が流出する資金を上回るような管理

3　設備資本の管理

(1)　設備資本とは何か

- 設備資本とは，企業活動の物的基盤
  生産力や収益力の基盤となる設備に投下した資本
- 土地，建物，機械装置などに拘束した資金全体
  設備資本として投下された資本は，土地に投下された資本を除いては，減価償却という手続きによって運転資本に徐々に還流

(2)　設備投資と資金繰り

- 新たな設備の増強により売上債権や在庫品も増大
  設備投資はそれに伴う運転資本の管理も重要
- 設備投資が内部資金の範囲内であれば，資金繰りの問題は顕在化しない
- 借入金によって設備投資を進める場合は，資金の回収とその返済との関係が重要

(3)　設備投資案の評価基準

- 資本回収期間法
- 純現在価値法
- 内部利益率法

1 資本管理の重要性

企業は事業活動に必要な資本[1]（資金）を投資家（株主等の資金供給者）や債権者（金融機関等の資金提供者），さらには国・地方公共団体等の助成金といった外部からの資金と，企業自らの事業活動によって生み出される，いわば内部からの資金によって賄われている。

一方，企業業績は発生主義に基づいて把握されるが，多くは信用取引を行っていることから，業績と資金の動きとは必ずしも一致しない。資金繰りに失敗すれば企業は信用を失い，倒産に至ることもある。企業が永続企業として成長していくためには，日々の資金管理が重要になる。

他方，多くの企業活動では，長期間にわたる経済的効果を期待して資金を投下する。具体的には，例えば建物の新設・拡張や新たな生産設備への資金支出が考えられる。こうした投資決定は企業の戦略的意思決定であることから，投

図表 12－1 ● キャッシュフローから見た企業活動

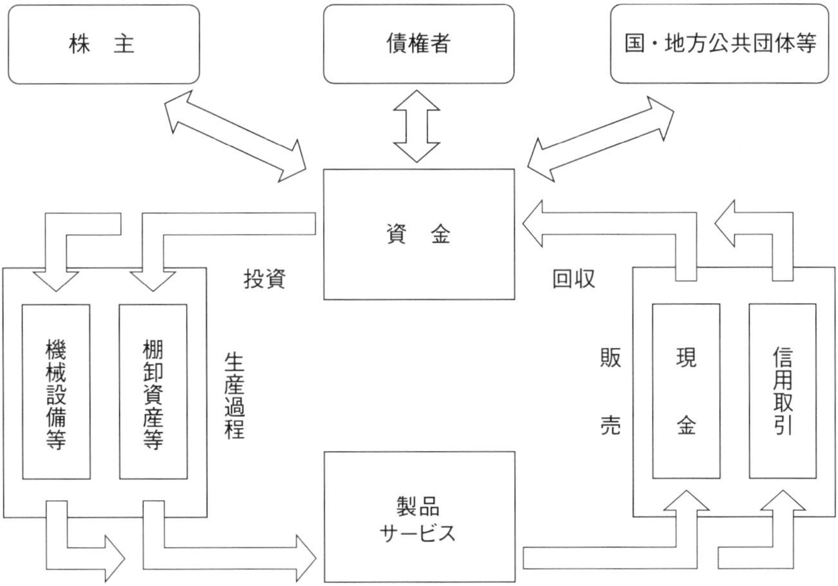

資がいったん行われると長期間にわたって企業活動は拘束され，企業の基本構造を決定することになる。そのため設備等への投資は資金回収が長期にわたることから採算性の検討が重要になる。

2　運転資本の管理

図表12-1に表したように，調達された資金は，さまざまな資産形態に姿を変えながら，生産過程を経て製品・サービスを生み出し，販売されて再び資金へと環流する。資金がどの資産項目にとどまるかは，その資産の性質に依存する。

滞留した資金が再び解放され資金に戻るまでの時間の長さによって，流動資産と固定資産に分けられる。1年以内に現金化される資産を流動資産と呼び，流動化に1年以上の時間を要する資産は固定資産と呼ばれる。

流動資産に投下する資金を総運転資本と呼び，その総運転資本から流動負債を差し引いた差額が正味運転資本である。運転資本管理の主要な課題は支払不能を回避する手段の確保である。

運転資本は日々の業務を円滑に進めるために必要な資金である。例えば，通常，企業は販売の対価として現金を取得するが，多くの場合，販売した日と資金回収する日が異なるため（売掛金），その間の資金の手当てが必要となる。

また在庫を保有するにも資金が必要となる。販売に支障を来さないため予め商品を買い置きしておくためである。さらに，仕入代金の支払いにも資金が必要となる。しかしこれは，販売時とは逆に買掛金となるケースが多く，その分だけ資金に余裕が出ることになる。

いずれにせよ運転資本は，貨幣がその形状を様々に変えながら事業活動を循環するものと見ることができる。そしてその金額は，売掛金の回収条件や在庫保有の条件，買掛金の支払条件によっても大きく変動することになる。とはいえ，いかなる場合であっても流入する資金が流出する資金を常に上回るよう管理しなければならないのはいうまでもないことである。

図表 12－2 ● 正味運転資本

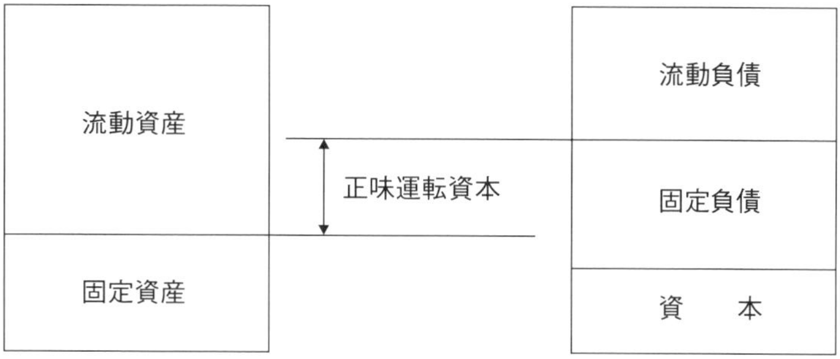

3 設備資本の管理

(1) 設備資本とは何か

設備資本は運転資本とならんで，企業における資本運用の基本形態をなしている。企業財務のここでの区分は，資本運用が長期的・固定的であるか，企業内を貫流して流動的な形で支出されることになるかによる。

このうち設備資本は，多くの場合，企業活動の物的基盤をなし，生産力や収益力の基盤となる各種設備に投下される資本のことをいう。この設備資本は，長期にわたり設備として企業に拘束されている資本の運用部分であって，個別の設備資産そのものではなく，土地，建物，機械装置などに拘束された資金全体を指すことになる。

なお，設備資本として投下された資本は，土地に投下された資本を除いて，永久に設備資産に固定化されるものではなく，減価償却という手続きによって運転資本に徐々に還流するとの考え方に従い処理されることになる。

(2) 設備投資と資金繰り

企業は設備投資によって飛躍的な発展を遂げることもあれば，設備投資の失敗から経営が破綻することも珍しくない。近年の恒常的な労働力不足は人件費の高騰を招き，深刻な問題となっている。いずれの企業においても労働生産性の向上に迫られており，そのための投資が増大している。しかも，新たな設備の増強により売上債権や在庫品も増大するので，設備投資は設備資本の管理だけでなく，それに伴う運転資本の管理も重要になることから，資金繰りにはいっそうの留意が必要となる。

設備投資に当てる資金については，企業主体の観点から，内部資金と外部資金とに区分して検討するのが効果的である。

このうち内部資金は留保利益と減価償却費とからなる。設備投資がこの内部資金の範囲内で行われれば，資金繰りの問題が顕在化することはない。しかし，その多くを内部資金に依存することとなれば，設備投資は大きな制約を設けることになる。

外部資金，とりわけ借入金によって設備投資を進める場合は，借入金によって設備に投じられた資金の回収とその返済との関係が重要となる。借入金返済の財源は，新たな設備の活用から生じる利益とその減価償却費で賄うことになるからである。返済額がその範囲内に収まるならば，資金繰りに問題は生じない。やむを得ず返済期限が到来するようであれば，予めその資金の借換えを検討しなければならない。

(3)　設備投資案の評価基準

提案された設備投資案をいかに評価し，いずれの投資案を選択するか，あるいはいかなる投資規模にするかの決定は極めて重要な問題である。なぜなら，設備投資に必要な巨額な資本を長期間にわたり固定化することになるからである。

以下では，設備投資の評価方法として，主なものを取り上げてみよう。

①　資本回収期間法

資本回収期間（payback period）とは，投下された資本が，毎年流入するキャッシュフロー（償却前利益）によって回収される期間をいう。これは，

資本回収期間＝投下資本／キャッシュフロー

という式で表される。

この方法によれば，資本回収期間の短い投資案が有利なものとして順位づけられる。

②　純現在価値法

純現在価値法とは，純現在価値（Net Present Value: NPV）を投資の評価基準として，NPV がプラスであるかマイナスであるかによってその投資の採否を決定する方法である。ここでの NPV とは，将来のキャッシュフローの流入を資本コストで割り引いて求めた現在価値から，同じく資本コストで割り引いた投下資本額を差し引いたものである。

この方法は，投資の収益性を重視し，時間価値にも適切に配慮した投資決定方法である。ただし，割引率として機能している資本コストにどんな値を取るかによって見解が分かれてくるので，割引率の決定は非常に重要である。

③　内部利益率法

内部利益率とは，投資によって生じる毎年の増分現金流入額の現在価値の合計額と投資に必要な増分現在流出額の現在価値の合計とが等しくなる割引率のことである。内部利益率法は，この内部利益率が資本コストより大きければ有利な投資，小さければ不利な投資として判断される。

注

（1）　一般に，価値を生み出すために事業活動に投入される貨幣を「資本」と呼ぶ。また，何かに使用するための目的をもった貨幣は「資金」とも呼ばれる。事業活動という価値を創出する過程に投入するという意味では「資本」と「資金」は類似する場合があるが，そこでの「資本」は「資金」の総体という意味で使用している。

参考文献

水越潔編『テキスト株式会社財務』中央経済社，1992年。
岡部政昭『企業財務論』新世社，1990年。
古川浩一他『コーポレート・ファイナンス』中央経済社，1999年。
赤石雅弘他『財務管理』有斐閣，1993年。

（大坂　良宏）

第13講

キャッシュフロー管理

1　キャッシュとキャッシュフロー

- キャッシュとは：現金および現金同等物
- キャッシュフローとは：キャッシュの増減
  キャッシュフロー ＝ キャッシュイン－キャッシュアウト
- キャッシュフローの3区分
  ①　営業活動によるキャッシュフロー（営業CF）
  ②　投資活動によるキャッシュフロー（投資CF）
  ③　財務活動によるキャッシュフロー（財務CF）
  キャッシュフロー ＝ 営業CF ＋ 投資CF ＋ 財務CF

2　キャッシュフロー管理のポイント

(1)　営業CFの最大化
- 当期純利益の最大化
- バリューチェーンの最適化

(2)　適切な投資の実行とフリーキャッシュフロー創出
- 事業の維持，将来の成長のための適切な投資
- 継続的なフリーキャッシュフローの創出

(3)　適切な資金調達と返済，分配

3　キャッシュフローと企業価値

(1)　DCFモデル
- 将来の期待キャッシュフローを資本コストで割り引き，現在価値を求めること

(2)　キャッシュフロー経営と企業価値最大化
- 将来の期待キャッシュフローを最大化するための経営
- 企業価値最大化の経営あるいは価値創造経営であり，株主価値経営にも合致

4　キャッシュフロー管理の今日的課題

(1)　自然環境・社会環境とキャッシュフロー管理
(2)　情報とキャッシュフロー管理
(3)　格差と貧困とキャッシュフロー管理

1 キャッシュとキャッシュフロー

2020年，人類は新型コロナウイルス感染拡大という未曽有の事態に直面した。世界的規模で人々の移動や活動が制限され，様々な局面で経済活動が一時的・部分的に停止を余儀なくされた。コロナ危機に直面した企業にとって，財務の喫緊の課題は，平常時のような利益や売上の確保，拡大ではなくなった。当面の資金の確保こそが最優先となった。多くの優良企業はウイルスとの戦いの長期化，すなわち営業制限と売上低迷の長期化に備え，当面の資金の確保に走り(1)，キャッシュフロー管理をよりシビアに行うようになった。資金の確保に失敗した企業は倒産に追い込まれた(2)。パンデミックによる危機は財務管理におけるキャッシュフロー管理の重要性を改めて浮き彫りにしたといえる。

キャッシュとは「現金に極めて近い資金」，または「ほぼ現金」と捉えてよいが，正式には次のように定義される。キャッシュとは現金および容易に換金可能な現金同等物のことであり，そこには，手許現金に加えて，要求払預金(3)と，容易に換金可能で価値の変動について僅少なリスクしか負わない短期の投資(4)が含まれる。

そしてキャッシュフローとはキャッシュの流れ，もしくは増減のことである。キャッシュの増加ないしキャッシュによる収入をキャッシュイン，キャッシュの減少ないしキャッシュによる支出をキャッシュアウトと呼び，この差額がキャッシュフローである。

キャッシュフロー ＝ キャッシュイン － キャッシュアウト

キャッシュフローはその内容により大きく3つに区分することができる。第1に営業活動によるキャッシュフロー（以下，営業CF），第2に投資活動によるキャッシュフロー（以下，投資CF），第3に財務活動によるキャッシュフロー（以下，財務CF）である。それぞれの定義を図表13－1に示した。

キャッシュフロー ＝ 営業CF ＋ 投資CF ＋財務CF

図表13－1 ●キャッシュフローの区分

区　分	内　容
営業活動による キャッシュフロー （営業CF）	企業の本業である営業活動の成果を示したもので，売上高と売上原価，販管費などの営業損益計算の対象となった取引のほか，営業活動により生じた債権債務から生ずるCF，さらに投資活動および財務活動以外の取引によるCFを含む。
投資活動による キャッシュフロー （投資CF）	将来のリターン獲得のため支出・回収された投資と資金運用を示すもので，固定資産の取得・売却，貸付金の支出・回収，現金同等物に含まれない短期投資の取得・売却等によるCFが含まれる。
財務活動による キャッシュフロー （財務CF）	営業活動と投資活動を維持するために調達・運用されたキャッシュを示すもので，借入による資金調達および返済のための支出，社債発行による資金調達および社債償還のための支出，株式発行による資金調達など，資金の調達および返済により生じるCFが含まれる。

営業CFは，商品の売買，製品の製造・販売，サービスの提供に関連するキャッシュフローであり，本業による現金創出能力と捉えることができる。営業CFがプラスの場合，外部からの資金調達に頼ることなく，事業継続のための投資や新規の投資を行ったり，借入金を返済したりする能力がある。逆にマイナスの場合は，事業活動を継続していくために必要な資金を本業で稼ぐことができない状態である。そのため，銀行から追加で資金を借り入れたり，手持ちの有価証券や土地などを売却して資金を捻出する必要がある。

投資CFは，新たな資産への投資とその回収のCFであり，具体的には，企業の営業能力を維持・拡張するための設備投資，資金運用を目的とした証券投資，第三者に対する融資に関連する活動から発生するキャッシュの増減である。投資を実行するとキャッシュはマイナス，回収するとプラスの値となる。投資によるキャッシュの減少は，現在の事業活動の維持に加え，企業の成長や将来のCF獲得のためには不可避的なものと見ることができる。

財務CFは，企業経営に必要な資金調達（借入，社債発行，株式発行）や株主に対する配当金の分配に関連する諸活動に関連するキャッシュの増減である。営業活動と投資活動の維持のために必要なキャッシュが不足する場合は資金調達を行って資金を補い，キャッシュが余剰である場合は返済や分配に充てることになり，財務CFは営業CFと投資CFのいわば調整弁としての機能を有している。

2 キャッシュフロー管理のポイント

(1) 営業CFの最大化

キャッシュフロー管理のポイントは，第1に，プラスの営業CFを確保し，その最大化に努めることである。営業CFは，通常，損益計算書の当期純利益からキャッシュの増減を伴わない項目を調整して求められるため(5)，営業CFの最大化は，何よりも当期純利益の最大化によりもたらされる。キャッシュフロー管理は，財務管理の主要役割である財務収益性の確保・維持の役割そのものであるといえる。

キャッシュの増減を伴わない調整項目には，原価償却費や貸倒引当金など支出を伴わない費用項目のほか，売上債権や仕入債務の増減額，さらには在庫の増減額が含まれる。売上債権の回収と仕入債務の支払いのタイミングを最適に管理することで営業CFを増加させることが可能となる。また，在庫を減らすことができれば営業CFを増加させることができる。これらを適切に管理するためには，取引先や仕入先との関係性について再構築し，在庫管理やひいては商品の価格政策やロジスティクスに至るまで，バリューチェーン全体の見直しが必要となる。キャッシュフロー管理にはバリューチェーンの最適化といった戦略的視点も求められる。

(2) 適切な投資の実行とフリーキャッシュフロー創出

事業を維持し，成長させ，将来にわたって営業CFの最大化を目指すためには，キャッシュの流出が伴われるとはいえ，設備への投資は避けては通れない。キャッシュフロー管理のポイントは，第2に，事業の維持，将来の成長のための投資を適切に行い，その上でフリーキャッシュフロー（以下，FCF）を継続的に創出することである。

営業CFの範囲内で事業維持のための投資が賄うことができることが理想的であるが，それは，事業維持のために投資をしてもなおCFに余剰がある状態であるからである。そして営業CFに投資CFを加えた余剰がFCFである。FCFは事業の継続運営への投資が行われた上で残るキャッシュフローであり，事業の継続運営から自由（フリー）なキャッシュという意味が込められている。

FCF ＝ 営業CF ＋ 投資CF

継続的にFCFを創出することがキャッシュフロー管理において重要なポイントとなる。プラスのFCFは，企業が戦略的な事業展開を行う際の元手となる。したがって，継続的なFCFを生み出す能力は，企業の本業による現金創出能力であり，債権者や投資家などの資金提供者へ資金を還元する力であるといえる。

(3) 適切な資金調達と返済，分配

キャッシュフロー管理のポイントは，第3に，資金調達と返済，分配について適切に意思決定することである。

営業活動と投資活動を維持するためのキャッシュが不足する場合，つまり，営業CFで投資CFが賄いきれずFCFがマイナスになる場合は，何らかの方法で資金調達をして賄わなければならない。必要資金の把握と調達，また財務流動性の確保という財務管理の重要役割もキャッシュフロー管理を通して果たすことができる。

一方，FCFに余剰がある場合，これは借入金の返済によって財務健全性を高めたり，あるいは投資家へ分配するための原資となる。とりわけ，株主価値重視の時代においては，株主への配当や自社株取得などの株主還元を厚くすることで，経営者の株主重視の姿勢を示す重要な施策となる。株主還元政策の決定は株主価値経営時代のキャッシュフロー管理においてとりわけ重要なポイントとなっている。

3 キャッシュフローと企業価値

(1) DCF モデル

資産や投資プロジェクト，さらには資産や投資プロジェクトの総体として企業全体に関して，その適正な価値を求めることができるのだろうか？　このファイナンスの主要な問いに対する理論実践的な解答として，DCF (Discounted Cash Flow，割引キャッシュフロー）モデルが一般的である(6)。DCF モデルとは，①資産や投資プロジェクト，企業から将来発生することが期待されるキャッシュフローを予測し，②その期待キャッシュフローを資金提供者が最低限要求するリターンとしての適切な割引率，つまり資本コストで割り引くことにより，③資産や投資プロジェクト，企業の現在価値を求めるものである。

DCF の一般式は次の通りである。

$$DCF = FCF_0 + \frac{FCF_1}{1+WACC} + \frac{FCF_2}{(1+WACC)^2} + \frac{FCF_3}{(1+WACC)^3} + \cdots\cdots + \frac{FCF_n}{(1+WACC)^n}$$

ここで，FCF_t は t 年後の FCF のことであり，*WACC* (Weighted Average Cost of Capital，加重平均資本コスト）は資本コストの代表的な推計方法で，借入にかかるコストと株式調達にかかるコストを加重平均したものである。DCF モデルを使うと，将来の期待 FCF を加重平均資本コストにより割り引いて現在価値を計算することで，資産や投資プロジェクトの価値，ひいては企業価値を算出することができる。

(2) キャッシュフロー経営と企業価値最大化

DCF モデルは資産や投資プロジェクトの価値，さらに企業価値について，将来の期待 FCF を割引して現在価値に換算することで推計する手法である。それは当該資産や投資プロジェクト，企業全体が将来にどれだけのキャッシュフローを生む能力があるかを評価するものである。つまり，将来にわたる現金創造能力ないし価値創造能力が問われるのである。

DCFの評価基準に従うと，企業の価値は期待キャッシュフローが多いと予測されるほど高くなる。したがってキャッシュフロー経営とは，将来に期待されるキャッシュフローを最大化するための経営であり，それは企業価値最大化の経営あるいは価値創造経営ということができる。これは株主価値最大化の経営にも合致する。それは株主価値が企業価値から負債価値を差し引くことにより求められるためである。

4　キャッシュフロー管理の今日的課題

(1)　自然環境・社会環境とキャッシュフロー管理

冒頭で述べた通り，コロナ危機に伴う企業環境の激変はキャッシュフロー管理に大きな影響を及ぼした。危機の長期化を見越した十分な資金の確保が企業の最重要課題となり，企業の財務のうちキャッシュフロー管理が喫緊の課題となった。これは臨時的，一時的な現象というよりは，コロナ以降も引き続き重要な視点として引き継がれると考えられる。なぜなら，自然環境および社会環境の変化は，より早く，より激しく，より頻度を増しているからである。そうした企業環境の激変に対応するためには，コロナ危機の経験と教訓はコロナが収束した後の時期，いわゆるアフターコロナ期にも活かされるであろう。

また，リーマンショック以降，投資基準として重要視されるようになり，コロナショックにより一層定着した「ESG」や「SDGs」の視点はキャッシュフロー管理に大きな影響を及ぼしている。消費者，顧客を中心とした社会の変化により，これらの視点なくして営業キャッシュフローを高めることはますます困難になっている。他方，財務活動を行う上で，この視点からの投資家側の要求がいっそう高まっている。環境重視，ソーシャル重視のキャッシュフロー管理を行わなければ資金調達にも悪影響が出ることになり，企業の存続を左右する事態になりかねない。環境やソーシャルへの取り組みが資本コストを低減することも可能となろう。

(2)　情報とキャッシュフロー管理

コロナショックにより一気に加速したDX（デジタルトランスフォーメー

ション）の波は企業経営に劇的な変化を及ぼした。あらゆる企業においてDXが戦略的課題となり，したがってDX投資のためのキャッシュフローの確保が求められるようになった。今後は，DX投資の成果が，将来の営業CFの創出にどのように貢献するかが問われることになる。

(3)　格差と貧困とキャッシュフロー管理

キャッシュフロー管理は，本質において，不断なる収益性と効率性を追求し，企業および株主に帰属する価値を最大化させるための財務手法である。そのため企業によるキャッシュフロー管理は，格差と貧困を克服するものとはみなすことはできない。むしろそれ自体が原因の1つと捉えなければならない。企業によるキャッシュフロー管理の徹底はいっそうの富の集中をもたらし，格差を助長する財務施策であるという本質的視点を常にもっておくことが求められる。

注

（1）　売上の減少の長期化を懸念した㈱オリエンタルランドが2,000億円の融資枠（コミットメントライン）を確保したのをはじめとして，銀行の融資枠契約は契約件数，金額ともに急増し過去最高を更新した。

（2）　コロナ危機後，初の上場企業倒産となった㈱レナウンは親会社グループへの売掛金の回収に失敗したことにより，資金がショートし倒産することとなった。一方，コロナにより最大の打撃を受けることとなった航空業界では，ANAやJALが巨額の損失を計上したが，キャッシュフローが確保されており，依然として非常に厳しい状況にあるとはいえ，2020年末時点で倒産には至っていない。

（3）　顧客が，事前の通告なしで，または数日の事前通知により，元本を引き出せるような期限の定めのない預金であり，当座預金，普通預金，通知預金が該当する。

（4）　取得日から満期日または償還日までの期間が3か月以内の定期預金や譲渡性預金，コマーシャル・ペーパー，売戻し条件付現先，公社債投資信託などのことである。

（5）　営業CFの計算方法には，本文で紹介した間接法のほか，主要な取引（営業収入，原材料または商品の仕入れのための支出など）ごとに総額で表示する直接法があるが，日本では実務上，間接法が一般的である。

（6）　ファイナンスの一般理論はBrealey and Myers（2003）を参照せよ。

参考文献

R.A.Brealey and S.C.Myers, Principles of Corporate Finance, Seventh Edition, McGRAW-HILL, 2003（第6版，藤井眞理子・国枝繁樹監訳『コーポレートファイナンス〈上・下〉』日経BP社，2002年）。

（趙　　丹）

第14講

株価と投資評価

1　現在価値と割引

(1) **貨幣の時間価値**

同一の金額の貨幣であれば受け取るタイミングが早いほど価値がある：金利

(2) **将来価値と複利計算**

将来価値を計算する方法：複利計算

(3) **現在価値と割引計算**

●現在価値を計算する方法：割引計算，割引キャッシュフロー（DCF）法

(4) **複数のキャッシュフローがある場合の現在価値**

$$PV = \frac{C_1}{1+r} + \frac{C_2}{(1+r)^2} + \frac{C_3}{(1+r)^3} + \cdots + \frac{C_n}{(1+r)^n}$$

(5) **特殊なキャッシュフローの現在価値**

2　正味現在価値と投資の評価

●正味現在価値（NPV）：現在価値から諸費投資額を引いたもの

$$NPV = PV - I = -I + \frac{C_1}{1+r} + \frac{C_2}{(1+r)^2} + \frac{C_3}{(1+r)^3} + \cdots + \frac{C_n}{(1+r)^n}$$

● NPV による投資判断：NPV がプラスであれば投資を実行

3　株価の評価

(1) **株式市場における株価形成**

株式市場における株価は需給で決まり，その変化はランダムであり予測不可能

(2) **配当割引モデル（DDM）**

配当割引モデル：「株式の理論価格は将来期待される配当を投資家の要求する収益率によって割り引いた現在価値である」という考え方と手法

$$P_0 = \frac{D_1}{1+r} + \frac{D_2}{(1+r)^2} + \frac{D_3}{(1+r)^3} + \cdots + \frac{D_n}{(1+r)^n} + \cdots$$

4　株価と投資評価の今日的課題

(1) **自然環境・社会環境と株価，投資評価**

(2) **情報と株価，投資評価**

(3) **格差と貧困と株価，投資評価**

1 現在価値と割引

(1) 貨幣の時間価値

現在の100万円と，３年後の100万円では，どちらの価値が高いか。この問いのように，受け取るタイミングの異なる貨幣価値を比較するためには，貨幣の時間価値（Time Value of Money）を考慮しなければならない。

貨幣の時間価値とは，貨幣は時間の経過とともに価値が変化し，同一の金額であれば，受け取るタイミングが早いほど価値があるということである。例えば，現在の100万円は３年後の100万円より価値がある。その理由は，金融資産の購入や投資によって利子や配当などのリターンを得ることができるためである[(1)]。現在の100万円で金融資産に投資を行えば，毎年，金利相当分のリターンを生み出すことができる。

(2) 将来価値と複利計算

将来価値（Future Value：FV）は，現在の一定額の貨幣が将来いくらになるかということを意味し，複利計算（Compounding）によって計算することができる。

例えば，現在の100万円を金利５％で運用した場合，３年後にはいくらになるか。これは，「金利５％で３年間運用した100万円の将来価値はいくらか」と言い換えることができる。１年後から順を追って見てみよう。

１年後：$1{,}000{,}000 \times 1.05 = 1{,}050{,}000$
２年後：$1{,}000{,}000 \times 1.05 \times 1.05 = 1{,}102{,}500$
３年後：$1{,}000{,}000 \times 1.05 \times 1.05 \times 1.05 = 1{,}157{,}625$

このように，１年後には元金100万円に対する金利５万円を得て105万円となる。２年後には110万2,500円になるが，その内訳は，元金100万円の金利２年分（10万円）に加えて，１年目に得た金利５万円に対する金利2,500円である。ここで，元金100万円に対して毎年発生する金利は単利と呼ばれ，１年後以降に得た金利に対して生じる金利は複利と呼ばれる。さて，３年後には元金100

図表 14-1 ●単利・複利と将来価値（元金 100 万円，金利 5%）

年	元金	金利			将来価値（期末残高）
		単利	複利	小計	
1	¥1,000,000	¥50,000	¥0	¥50,000	¥1,050,000
2	¥1,000,000	¥100,000	¥2,500	¥102,500	¥1,102,500
3	¥1,000,000	¥150,000	¥7,625	¥157,625	¥1,157,625
4	¥1,000,000	¥200,000	¥15,506	¥215,506	¥1,215,506
5	¥1,000,000	¥250,000	¥26,282	¥276,282	¥1,276,282
6	¥1,000,000	¥300,000	¥40,096	¥340,096	¥1,340,096
7	¥1,000,000	¥350,000	¥57,100	¥407,100	¥1,407,100
8	¥1,000,000	¥400,000	¥77,455	¥477,455	¥1,477,455
9	¥1,000,000	¥450,000	¥101,328	¥551,328	¥1,551,328
10	¥1,000,000	¥500,000	¥128,895	¥628,895	¥1,628,895

万円の金利３年分（15万円），１年目に得た金利５万円に対する金利２年分（5,000円），さらに２年目に得た金利2,500円に対する金利125円の計115万7,625円を得ることになる。

元金と単利，複利の関係を10年後まで示すと図表14-１の通りである。

ここまでの説明を一般化すると，複利計算の一般式は次の通りとなる。

$$FV = I \times (1 + i)^n$$

FV：将来価値　I：投資額　n：運用期間　i：金利

⑶　現在価値と割引計算

現在価値（Present Value：PV）とは，将来の一定額の貨幣価値を得るために現在いくらの投資が必要かということを意味する。

いくつかの数値例を考えてみよう。１年後に100万円を得るためには現在いくらの投資が必要であろうか。金利は５％を仮定する。言い換えると，金利５％の条件のもとで，１年後の100万円の現在価値はいくらであろうか。前項で示した複利計算の一般式を用いて計算すると次の通り，現在価値（PV）は約952,381円である。現時点で95万2,381円を５％の金利で運用すると１年後に100万円を受け取ることができる。

$$1{,}000{,}000 = PV \times 1.05$$

$$PV = \frac{1{,}000{,}000}{1.05} = 952{,}381$$

それでは，100万円を得るタイミングを３年後とする場合，現在いくらの投資が必要であろうか。金利の条件に変更はない。同じように複利計算の一般式を用いて現在価値を計算すると，次の通り，３年後に得られる100万円の現在価値は約86万3,838円となる。

$$1{,}000{,}000 = PV \times 1.05^3$$

$$PV = \frac{1{,}000{,}000}{1.05^3} = 863{,}838$$

このように将来価値と逆の考え方で，現在価値を計算する方法は割引（Discounting）と呼ばれ，割り引く割合は割引率（Discount Rate）(2) と呼ばれる。また，将来のキャッシュフローを割り引いて現在価値を計算することから，この割引計算の手法は，割引キャッシュフロー（Discounted Cash Flow：DCF）法と呼ばれる。

さて，n 年後に得られるキャッシュフローを C，割引率を r とすると，現在価値は次の式で計算することができる。

$$PV = C \times \frac{1}{(1+r)^n}$$

ここで，右辺第２項の $\frac{1}{(1+r)^n}$ は，n 年後に得られる１円の現在価値を示し，割引ファクター（discount factor）と呼ばれる。

図表14-２には，期間と割引率の違いによる１円の現在価値（割引ファクター）を示した。割引率を１％と仮定した場合，１年後の１円の現在価値は0.9901円であり，10年後の１円の現在価値は0.9053円である。また，割引率

図表 14-2 ◉期間と割引率の違いによる１円の現在価値（割引ファクター）

期間	割引率									
	1％	2％	3％	4％	5％	6％	7％	8％	9％	10％
1	0.9901	0.9804	0.9709	0.9615	0.9524	0.9434	0.9346	0.9259	0.9174	0.9091
2	0.9803	0.9612	0.9426	0.9246	0.9070	0.8900	0.8734	0.8573	0.8417	0.8264
3	0.9706	0.9423	0.9151	0.8890	0.8638	0.8396	0.8163	0.7938	0.7722	0.7513
4	0.9610	0.9238	0.8885	0.8548	0.8227	0.7921	0.7629	0.7350	0.7084	0.6830
5	0.9515	0.9057	0.8626	0.8219	0.7835	0.7473	0.7130	0.6806	0.6499	0.6209
6	0.9420	0.8880	0.8375	0.7903	0.7462	0.7050	0.6663	0.6302	0.5963	0.5645
7	0.9327	0.8706	0.8131	0.7599	0.7107	0.6651	0.6227	0.5835	0.5470	0.5132
8	0.9235	0.8535	0.7894	0.7307	0.6768	0.6274	0.5820	0.5403	0.5019	0.4665
9	0.9143	0.8368	0.7664	0.7026	0.6446	0.5919	0.5439	0.5002	0.4604	0.4241
10	0.9053	0.8203	0.7441	0.6756	0.6139	0.5584	0.5083	0.4632	0.4224	0.3855

を10％と仮定した場合，１年後の１円の現在価値は0.9091円，10年後の１円の現在価値は0.3855円である。この図表からわかることは，次の２点である。

① １円を受け取るタイミングが早いほど現在価値は高く，タイミングが遅いほど現在価値が低い。

② 割引率が低いほど現在価値は高く，割引率が高いほど現在価値は低い。

⑷ 複数のキャッシュフローがある場合の現在価値

次のケースについて考えてみよう。１年後に30万円，２年後に30万円，３年後に40万円を得られる場合についてである。３年間の受取総額は100万円であるが，受け取るタイミングが異なることから単純に合計するのは適当ではない。このように，将来のキャッシュフローが複数の期間にわたって得られる場合は，将来のキャッシュフローをそれぞれ割り引いて現在価値を計算し，それを足し合わせるとよい。

割引率を５％とした場合，次のように計算される。

$$PV = \frac{300{,}000}{1.05} + \frac{300{,}000}{1.05^2} + \frac{400{,}000}{1.05^3} = 285{,}715 + 272{,}109 + 345{,}535 = 903{,}359$$

さて，t 年後に得られるキャッシュフローを Ct，割引率を r として一般化すると，次のような現在価値の一般式が得られる。

$$PV = \frac{C_1}{1+r} + \frac{C_2}{(1+r)^2} + \frac{C_3}{(1+r)^3} + \cdots + \frac{C_n}{(1+r)^n}$$

(5) 特殊なキャッシュフローの現在価値

① 毎期のキャッシュフローが一定の場合

まず，毎期のキャッシュフローが一定の場合を考えてみよう。イギリスで発行された公債で，償還しない代わりに永久に利子が払われるコンソル公債と呼ばれるものがある。毎年1,000ポンドの利子が支払われるコンソル公債の現在価値はいくらであろうか。市場の金利は５％と仮定する。

PV の一般式ではキャッシュフローが無限に続くため計算不能であるが，毎期のキャッシュフローが一定の場合の現在価値の計算は，次のように非常に単純な形に要約することができる(3)。毎期のキャッシュフローを C とすると次の通りである。

$$PV = \frac{C}{r}$$

したがって，上で例示したコンソル公債の現在価値は次の通り，２万ポンドとなる。

$$PV = \frac{1{,}000}{0.05} = 20{,}000$$

② キャッシュフローが一定の割合で成長する場合

ある事業に投資をすると，１年後に100万円のキャッシュフローが得られ，その後は毎年３％のキャッシュフローの増加が期待できる。割引率を５％と仮定すると現在価値はいくらであろうか。

このケースのように，通常の事業や企業では，時間の経過に従って成長し，キャッシュフローが増加していく方が自然である。ここで，キャッシュフローが一定の成長率 g によって増加するとしよう。この場合，現在価値の計算式は次のように簡素化することができる。

$$PV = \frac{C_1}{r - g} = （ただし，r > g）$$

上記ケースでは，現在価値は次のように5,000万円と計算される。

$$PV = \frac{1{,}000{,}000}{0.05 - 0.03} = 50{,}000{,}000$$

2 正味現在価値と投資の評価

現在価値の考え方は，資産の評価や投資プロジェクトの評価の際の判断基準として有用である。

次のケースについて考えてみよう。現在，100万円を投資すると，1年後に50万，2年後に40万，3年後に15万円のキャッシュフローが発生する。割引率を5％と仮定すると，この投資は行った方がよいのだろうか。単純合計では100万円の投資が105万円になることから投資した方がよいように見える。しかし，キャッシュフローを受け取るタイミングが異なるため，現在価値を求めて比較する必要がある。

$$PV = \frac{500{,}000}{1.05} + \frac{400{,}000}{1.05^2} + \frac{150{,}000}{1.05^3} = 476{,}191 + 362{,}812 + 129{,}576 = 968{,}579$$

こうして求めた現在価値は96万8,579円であり，初期投資の100万円を下回るため，投資をしない方がよいという判断ができる。

これらをまとめて行うには，現在価値から初期投資額をマイナスして，その符号によって判断するとよい。このように，現在価値から初期投資額を引いたものを正味現在価値（Net Present Value：NPV）という。

現在価値を PV，初期投資額を I，t 年後に得られるキャッシュフローを Ct，割引率を r として一般化すると次のような NPV の一般式が得られる。

$$NPV = PV - I = -I + \frac{C_1}{1+r} + \frac{C_2}{(1+r)^2} + \frac{C_3}{(1+r)^3} + \cdots + \frac{C_n}{(1+r)^n}$$

NPVによる投資評価は，NPVがプラスであれば，現在行う投資よりも将来キャッシュフローの現在価値が高いため，投資を実行した方がよいと判断をすることになる。逆にNPVがマイナスの場合は，投資を行わない方がよいという判断となる。

NPVの手法は，株式や不動産など各種資産や事業プロジェクト，さらには企業の価値を算定する主要な評価手法として有用性が高い。

3　株価の評価

(1)　株式市場における株価形成

上場企業の株式は，日々，株式市場で売買がなされており，その売買によって，つまりは売り注文と買い注文が一致し取引が成立する水準で株価が形成される。したがって，株価は市場の価格メカニズムに基づき需給関係により決定される。需要（買い）が多いと価格が上昇し，供給（売り）が多いと価格が下落する。市場における株価の変化は原理的にランダムであり，十分に機能している資本市場のもとでは，株価は予測不可能である。

しかしながら，本講で見た現在価値の概念を用いると，該当株式の理論価格なしに理論株価を推定することができる。ただ，これはあくまで推定値であり，市場における株価の変化や他の銘柄との相対的な比較など，現在の株価を理解するための１つの参考値に過ぎないことに注意する必要がある。

(2)　配当割引モデル（DDM）

株式の評価に現在価値の考え方を取り入れた代表的な推計手法は，配当割引モデル（Dividend Discount Model：DDM）として知られている。配当割引モデルは，「株式の理論価格は将来期待される配当を投資家の要求する収益率によって割り引いた現在価値である」，という考え方と手法のことである。

さて，株式を保有する投資家は，１年間の経営の結果である利益の分配として配当を受け取り，また株価が上昇している場合は当該株式を売却することでリターンを得ることができる。

ある株式の今期末の配当の期待値が5円，今期末の株価110円と予想される場合，株式市場の投資家がこの投資から15%の収益率を要求する場合，この株式の現在価値はいくらか。次のように計算され，100円となる。

$$\frac{5}{1.15} + \frac{110}{1.15} = 100$$

1年後の配当の期待値をD_1，1年後の予想株価をP_1とし，この株式に対する要求収益率をrとした場合，この株式の現在価値P_0は次の通りとなる。

$$P_0 = \frac{D_1}{1+r} + \frac{P_1}{1+r}$$

この式が意味することは，株式の現在価値は1年後に期待される配当と株価によって決まるということである。では，1年後の株価P_1はどのように評価できるか。将来の株価を直接予測するのは簡単なことではない。しかし，上で見た株式の現在価値の考え方を用いると，翌年の株価を決定するのは何かを考えてみることはできる。さきほどの式を次期にも当てはめてみよう。

$$P_1 = \frac{D_2}{1+r} + \frac{P_2}{1+r}$$

1年後の株価は，2年目の配当と2年目の期末の株価によって決まるということであり，これを前式に代入すると次の式が得られる。

$$P_0 = \frac{D_1}{1+r} + \frac{D_2}{(1+r)^2} + \frac{P_2}{(1+r)^2}$$

以上により，株式の現在価値は2年間の予想配当と2年目の期末の株価と関連させて評価することができる。以下，同様の考え方で，2年後の株価，3年後の株価を考えて代入していくと，最終的には次の式が得られる。

$$P_0 = \frac{D_1}{1+r} + \frac{D_2}{(1+r)^2} + \frac{D_3}{(1+r)^3} + \cdots + \frac{D_n}{(1+r)^n} + \cdots\cdots$$

以上から，株式の現在価値は，将来の配当の期待値を投資家の要求収益率で割り引いて推計することができる。それはすなわち，株式の理論価格は将来期待される配当によって決まるということである。なお，将来の株価が式には表れていないが，これは，推計期間を無限とした場合に最終の株価の現在価値は限りなるゼロに近くなるからである。

割引配当モデルは，「株式の理論価格は将来期待される配当によって決まる」という非常にシンプルなモデルではあるが，ここには次のような意味も含まれており，株式の評価や株価の形成に様々な示唆を与えるものである。

まず，配当の原資は利益であり，当然ながら，将来の利益が株価に関係するということである。次に，利益のうち一部は配当され，一部は内部留保として再投資される。したがって，株価は利益のみならず，配当政策にも関連してくるということである。近年では，配当のみならず自社株買いによる株主還元も一般的に行われるようになり，株主還元政策が株価と関連するということである。また，配当政策は裏を返すと内部留保の意思決定であり，将来のための存続，維持，成長のための投資の決定とかかわっている。つまり，株価は企業の存続，維持，成長戦略や設備投資計画とも関連するということである。さらに株主還元や維持存続のための原資は，基本的には前講で見たように，フリーキャッシュフローであり，キャッシュの流れもまた，株価に影響を与えるものといえる。

4　株価と投資評価の今日的課題

(1)　自然環境・社会環境と株価，投資評価

現在価値の考え方は，将来期待されるキャッシュフローを投資家の要求収益率で割り引くことにより，事業やプロジェクト，ひいては株式や企業価値の評価を可能とするものである。企業を取り巻く自然環境と社会環境の変化は，将来の期待キャッシュフローの側面においても，また，投資家側の要求収益率の

側面においても，その双方に大きな影響を与えている。

現在，環境や社会的な課題への取り組みがコストを減らしたり，顧客の購買行動を促進するような価値を生み出したりするケースが増えており，この流れはコロナ禍でいっそう定着してきた。企業や事業が将来にわたってキャッシュフローを生み出すには必須となりつつある。また，それと並行するように，投資家側の投資選別基準として「ESG」がいっそう重視されてきている。投資家がESGの評価において優れた企業に投資を行うということは，そうした企業の資金調達が有利に行われることを意味し，これは資本コスト，つまりは要求収益率の低減としてあらわれてくると思われる。

⑵　情報と株価，投資評価

株価や投資評価において，情報という側面は，推計をより精緻にする方向で影響を及ぼすと考えられる。株価や投資評価において，将来のキャッシュフローを予測する局面でも情報の処理能力の拡大はプラスに働くと考えられ，また，要求収益率の推計においてもより大きなデータを処理することでいっそう精緻な要求収益率の推計につながると考えられる。

⑶　格差と貧困と株価，投資評価

格差，貧困との関連でいうと，先に挙げた社会的課題の一環として貧困や格差を捉えた場合，これらへの取り組みが株価や投資評価に大きな影響を及ぼすと考えられる。つまりこうした投資評価手法による経済的価値拡大と貧困，格差を克服するような社会的価値の創出は，企業の取り組み次第では同時に達成できる可能性がある。

一方で，ここで取り上げた株価や投資評価の考え方はそれ自体が，株主資本主義を前提とした原理であり，近年においてこうした評価手法が一般化してきた背景と，貧困や格差を拡大させてきた社会的背景は，本質的に同一のものと考えねばならない。

注

（1）　他にも次の理由が挙げられる。貨幣自体の価値が変動するためであり，多くの場合，インフレにより貨幣価値が減価する。また，一般的に将来得ることが期待される貨幣は不確実であるためである。

（2）　本講の設例では単純に金利を割引率として設定しているが，割り引くキャッシュフローのリスクに応じて割引率を調整する必要がある。一般的には将来キャッシュフローの変動幅，つまり投資のリスクが高いほど割引率は高くなる。

（3）　PV の一般式に，毎期のキャッシュフローC を代入すると，$1/(1+r)$ を公比とする無限等比級数となり，本文の式に簡素化することができる。

（趙　　丹）

第V部

資本調達の新たな動き

第15講

借入金の調達

1　借入金の形態

(1)　**商業手形割引による借入**
取引に基づく手形を銀行に持ち込み融資を受ける
(2)　**手形借入**
企業振り出しの手形に基づき融資を受ける
(3)　**当座勘定借入**
当座預金のある企業に融資
(4)　**証書借入**
借用書を取り交わし融資を受ける

2　利子はどう決まるか

(1)　**以前の基準金利―公定歩合**
優良企業の商業手形の日本銀行の再割引率
(2)　**短期プライムレート**
1年以内の融資で優良企業に貸し出す利率
(3)　**長期プライムレート**
長期に融資する優良企業への貸出利率
(4)　**預金口座の有料化**

3　メイン・バンク・システム（1950～1990）

(1)　**系列大企業融資**
企業集団における都市銀行の一般的な融資形態（1950～1970）
(2)　**系列大企業生産物需要補完融資（1970～1980）**
国家，中小企業および消費者を巻き込んだ融資
(3)　**財テク・土地テク融資（1980～1990）**
株式，土地などへの投機的資金融資

4　BIS 規制（1990～現在）

(1)　**自己資本比率規制**
国際的巨大銀行の守るべき自己資本比率
(2)　**貸出資産の証券化**
米国を中心とする巨大銀行融資資産の証券化
(3)　**リーマンショック**
ローン債権不良化による銀行の経営破綻と経済危機

5　DX と資金調達

- 経営のデジタル化に伴う資金は，自己資金やファンドなどにより調達されて借入金の存在価値が相対的に低下

1 借入金の形態

企業の資金調達で，もっとも一般的なものは銀行借入である。

借入金は，個人あるいは企業，公的借入金など，もちろん様々なものがあるが，規模的にも量的にも一般的なものは銀行からの借入金である。

われわれ個人の場合は，住宅ローンやオートローンなどであるが，ここでは企業，とりわけ株式会社の借入金について説明していきたい。

(1) 商業手形割引による借入

企業は，日常的に原材料の仕入れや製品の販売をしているが，購入に際して現金で支払うことよりも手形で代替することが一般的である。しかし代金を受け取るべき企業は手形で受け取ると，資金不足で次の生産活動に入れない。そこで，企業はそれを銀行に持ち込み，現金化するのであるが，これを，われわれは商業手形の割引と称している。100万円の手形であれば，例えば5％の割引率で，95万円の融資を受け取るのである。これを，われわれは，商業手形割引の方法による借入金と呼んでいる。

割引率は，商業手形形式での金利ということになるが，この金利については，後ほど説明をする。

(2) 手形借入

企業が手形を振り出し，銀行が受取人になって，融資をする形態である。企業は手形にサインと捺印をするだけで，融資を受けることができるので，運転資金が不足したときには，極めて便利な借入金である。銀行との約定書を予め取り交わしておき，借入を実行する。

手形借入の返済は1年後に一括返済，金利は融資の際に前払いとして差し引かれている。

(3) 当座勘定借入

銀行は，当座預金のある企業に対し，一定の限度額で，小切手などの支払いに応じるものである。

当座勘定借入金は，利息は一定期間に支払うが，明確な返済期日はないので，銀行としては，信用上の審査を行わなければならない。

カードローンも一種の当座勘定借入である。

⑷　証書借入

「金銭消費貸借契約書」，いわゆる借用書を取り交わして，融資を受けるのが証書借入である。われわれの住宅ローンはこれにあたる。長期の借入金には，これが利用されるが，連帯保証人（例えば団体信用保険）を立てなければならないし，また印紙税などの手数料もかかるので，短期の借入では一般的に利用しない。

元金は分割して支払い，利子も一定期間ごとに支払う。

借入金は，このように４つの形態があるが，国や経済状況により，どの借入形態が一般的であるかは規定される。

例えば，日本や英国など長い経済活動が存在する国では，商業活動が広くいきわたっているので，商業手形割引の利用が一般的である。しかし，米国やオーストラリアのように歴史が短い国は，それまでの商業活動の一般化が見られないので，当座勘定借入からスタートし，その他の借入形態へと拡大していく。したがって，借入金は経済活動の歴史，産業構造の形態，そして社会関係などの国々の特殊性によって，様々な発展・変化をしている。

2　利子はどう決まるか

⑴　以前の基準金利 ── 公定歩合

借入金には，利子の支払いという問題がある。

利子は絶対的なものではなく，次講で述べるように，古代ローマでは利子自体を取ることを悪徳な行為として見ていたし，日本でも第二次大戦前までは貧しい人から金を貸した富裕者が利子をとることは，善的な経済行為としては見られていなかった。これが正当な行為として定着してくるのは，金銭のやり取りが利益を生み出すということが一般化してきたからである。

現代社会では，資金は利益を生み出すという考え方が定着しているので，当然，果実の中で一定部分を利子として支払うという考え方が一般化している。

ところで，利子の形態も時代とともに変遷してきているが，ここでは今日の利子形態を整理して，説明しておこう。

利子は，かつては「公定歩合（優良企業の商業手形の日本銀行における再割引率）」を基本に決められていた（2006年に「基準割引率および基準貸付利率」に名称変更）。中央銀行である日本銀行は，経済・企業活動が不活発であれば，再割引率を引き下げて，銀行の融資活動や企業の借入金の増額を刺激して，経済活動を活発化させた。また逆に，経済活動が過熱していれば，再割引率を引き上げて，景気を抑え込んだりしたのである。

しかし，企業の自己金融比率が上昇し，資金調達が多様化すると，金融政策が企業に強い影響を及ぼさなくなるので，公定歩合政策の役割は低下したのである。

⑵　短期プライムレート

銀行が1年以内の融資として貸し出す際の金利が，短期プライムレートである。これに，企業の業績や返済の確実性を加味して，相談の上，決められる。

⑶　長期プライムレート

銀行が，長期の融資として貸し出す際の金利が，長期プライムレートである。これに加えて，企業の業績や返済の確実性の他に国際金融市場の影響なども加味して決められる。

⑷　預金口座の有料化

ところで近年，預金口座有料化の動きが出ている。みずほ銀行では，2021年1月から，通帳1冊あたり1,100円の手数料を課すとしているし，三井住友銀行は，2021年4月から新設口座年550円の通帳手数料を取るとしている。また三菱 UFJ 銀行も，2021年7月より2年以上入出金なき場合は1,320円の管理料を徴取するとしている。こうした動きは，地方銀行にも同様な広がりを示している。

預金口座有料化の背景は，日銀のマイナス金利の中で預金の獲得に魅力なしと判断したためとしている。また，日銀への手数料負担やマネーロンダリング（資金洗浄）の管理に手間とコストがかかり過ぎるからともいわれている。

3　メイン・バンク・システム（1950～1990）

(1)　系列大企業融資

借入金の行為は，これまで述べてきた通り，一般的には，経営環境や金利の情勢によって決定されるが，日本では第二次世界大戦前の財閥の構造を前提にして，大戦後の新たな金融環境によって，企業の借入金が展開された。それが，財閥，戦後は企業集団での系列融資，あるいはメイン・バンク・システムである。

三菱，三井，住友などの企業集団では，主要企業が借入金を借り入れる場合は，まず主要銀行に相談をする。例えば三菱重工業が借入をする場合は，三菱銀行と，金額，形態，金利などを相談する。この三菱重工業と三菱銀行の両社は借入・貸出の関係だけではなく，預金関係でも緊密である。したがって，借入の返済時期がきても「つなぎ」融資が受けられるし，金利でも「歩積み」両建てで，借入コストを節約できる。

当時，このような借入・融資形態を「系列大企業融資」と呼び，これを支える制度を「メイン・バンク・システム」と呼んでいた。

このシステムは，大量の資金調達を保証したし，また返済リスクを解消し，さらに金利コストの負担を軽減し，そして融資による経営権の侵害も回避できた。

このようにして，日本企業はメインバンクの財務的支援を受けて急速に成長したのである。

(2)　系列大企業生産物需要補完融資

しかし，このメイン・バンク・システムは，大企業の自己金融の拡大，国債の大量発行による金融ルートの変化，中小企業の成長，そして個人金融資産の拡大で，1970年代には大きな構造変化や機能変化を起こした。

これまでの大企業融資は相対的に低下し，都市銀行は国債の大量引受け，中小企業への融資の拡大，消費者への住宅ローン・消費者ローンの拡充を図った。

このことは結果的に，消費が低迷していた大企業の生産物の需要を喚起することになったので，これを「系列大企業生産物需要補完融資」と呼んだ。

(3) 財テク・土地テク融資

1980年代になると，都市銀行および系列大企業の資金は過剰化の様相を見せてきた。融資資金は収益を求めて，海外に展開すると共に，株式投機＝財テク，土地投機＝土地テクに投資された。株価および地価が高騰し，バブルの様相を呈したが，日本銀行の金利引上げ，後述のBIS規制により，金融の引き締めが行われて，株価および地価は暴落した。

その後，欧米ファンドの日本上陸によりメイン・バンク・システムの非効率性が問題視され，強い改革が求められ，この面での構造変化が進展した。

4 BIS規制（1990～現在）

(1) 自己資本比率規制

1990年代，大銀行の貸出政策に，もっとも大きな影響を与えたのは，BIS規制である。これは，スイスのバーゼルに本拠を置く国際決済銀行に，OECDなどの主要国の金融政策の担当者が集まり，国際的な金融政策を話し合うことから，バーゼル規制やBIS規制などと呼ばれている。

1988年，この国際決済銀行での話し合いで，英米両国から国際的な金融業務を行っている主要な巨大銀行は，自己資本比率を８％にするように提案があった。これは，国際的な銀行破綻などのリスクを軽減しようとするものであったが，実際はメイン・バンク・システムの中で，都市銀行の金融力をバックに世界的に勢力を伸ばす日本のプレゼンスを抑制しようとするものであった。

このBIS規制によって，貸出政策には急ブレーキがかけられ，日本の拡大戦略は頓挫した。

(2)　貸出資産の証券化

BIS規制は当初，日本の企業や銀行のオーバープレゼンスを抑制するものと見られたが，自己資本比率規制は欧米の巨大銀行の経営政策にも大きな影響を与えた。それが「証券化」である。

例えば，米国の巨大銀行は，自己資本比率規制のもとでは，貸出資産を増やすことができないので，まず相対的に低収益の資産を特別目的を通じて証券化して売却した。日本をはじめ世界中の国でこの証券化商品が売却されたが，この証券は低い金利政策を基盤としつつ，中低所得者向けの住宅ローン債権を中心に構成されていた。米国政府・中央銀行当局が低金利政策を継続すれば問題はないが，2005年頃から加熱を警戒した金融当局が金利引上げに舵を切った。中低所得者はたちまち住宅ローン金利の支払いに窮し，この住宅ローン債権を基本としていた証券化商品は不良債権化した。

リーマンブラザーズをはじめとする金融機関は経営破綻し，いわゆる「リーマンショック」と呼ばれる世界的金融危機が勃発した。

(3)　リーマンショック

リーマンショックは，単なる証券化商品の不良債権化ではなかった。これは，大銀行および大企業の株主価値経営に起因するものであった。

株主価値経営は株価成長主義であり，株主，具体的には機関投資家へ利益を収斂させるものであり，ROE経営を基本とする効率経営というものである。

銀行はROEを引き上げるために資産の縮減・効率化を促進する。このプロセスで貸出債権を圧縮する。企業への貸出債権は，もちろん企業へのものも存在するが，特にここで問題になったのはサブプライムローンと呼ばれる低所得者への住宅ローン債権であった。利益を稼ぐために低所得者への住宅ローンを販売し，それを証券化して，あたかもリスクが低いかのようにして世界の投資家に販売して，ROEを引き上げ，株価を釣り上げていたのである。

このプロセスで儲かったのは機関投資家であり，それを演出した経営者であり，そして証券化商品を売りまくった巨大銀行，金融会社であった。しかし，金融当局の金利引上げで，この証券化商品の仕組みは崩壊してしまった。金融破綻の連鎖で，投資家は巨額の損失を被り，銀行などの金融機関は破綻し国家管理となり，銀行の貸出政策は大きな曲がり角にきたのである。

5　DXと資金調達

企業の借入および銀行の貸出政策の基本的でかつ根本的な変化は，産業構造の情報化である。

情報化は情報産業および情報サービスの発展と共にもたらされた。ビジネスの領域では，当初はIT化による便益の追求であったが，しだいにコストの削減に移り，現在では利益を生み出すところにまで展開している。

こうした動きは，単なるIT化ではなく，デジタル化あるいはデジタルトランスフォーメーション（以下，DX）と呼ばれて，産業構造の高度化の中核をなしている。

DXは，膨大な情報投資を必要とするが，その資金はGAFAと呼ばれる情報巨大企業の自己資金かまたはファンド資金で賄われており，銀行融資によって提供されてはいない。銀行もBIS規制で縛られており，DX投資資金は，融資よりもファンドの形態で資金形成されることが多い。ただ一時的な運用のプロセスで銀行融資が利用されることもありうるし，不足の部分を補うこともありうる。

いずれにしても，産業構造の高度化＝DX化の動向とその調達資金の内容について，十分に精査していかねばならない(1)。

注

（1）日本の第二次世界大戦後の経営財務の動きは，坂本恒夫『企業集団財務論』泉文堂，1990年，同『企業集団経営論』同文館，1993年，同『戦後経営財務史　成長財務の軌跡』T＆Sビジネス研究所，2000年を参照せよ。

（坂本　恒夫）

第16講

銀行業の発展と今日的課題[1]

1　銀行業の誕生と発展 ― 銀行はどのようにして生まれたのか

古代社会において，貨幣鋳造や両替などの銀行業務の原型あり

2　商業圏の拡大と銀行業の発展

(1) **家門銀行 ― 16世紀，都市国家の銀行**
政治・商業上の有力家門，イタリアなどで銀行業

(2) **為替振替銀行 ― 17・18世紀，北西ヨーロッパの銀行**
北西ヨーロッパ，とりわけアムステルダムにおいて，振替銀行が成長
安全性，利便性において，高い信用を確立

3　軽・重工業の発展と銀行業の展開

(1) **マーチャント・バンク ― 19世紀の銀行と産業の発展**
織物業の発展を背景に，貿易手形の引受業務と海外証券の発行業務を中心にロンドンにおいて発展

(2) **銀行の合併と集中**
イギリス，ロンドンに本拠を置く大手銀行が地方銀行を集中化
ドイツ，ベルリンに本拠を置くドイツ銀行などが地方銀行を集中
フランス，三大銀行が支店網を拡大

(3) **アメリカ大手銀行の発展**
JP モルガン銀行，個人的手腕で産業王国を構築

4　両大戦間における世界的恐慌と国際金融秩序の破綻（20世紀前半）

(1) **第一次世界大戦と銀行の国策化**
金本位制の離脱，銀行券の金兌換の放棄，金の輸出制限

(2) **金融恐慌とグラス・スティーガル銀行法**
アメリカ，預金保険制度，投資銀行業務を商業銀行業務から分離

(3) **第二次世界大戦と米国主導の国際秩序（20世紀前半）**
ブレトンウッズ体制，国際通貨基金（IMF），世界銀行の設立

5　ファンド化・情報化すすめる銀行経営（20世紀後半～現在）

(1) **株主価値経営の台頭と破綻**
機関投資家の台頭，日本の都市銀行の国際市場での活躍，リテール業務の拡大

(2) **社会的価値経営の模索**
環境問題および多様性への対応と取り組みを求められる

(3) **DXとファンド化**
銀行業務のデジタル化，融資業務からファンド組成業務へ，「脱銀行化」の動きが進展

1　銀行業の誕生と発展 ——銀行はどのようにして生まれたのか

銀行がどのようにして，なぜ誕生したのか，この素朴な質問は経済，財務の研究者なら誰でももつ基本的でかつ当然な疑問である。

エドウィン・グリーン著（石川通達監訳）『銀行の歴史』によれば，「古代世界においても，貨幣鋳造や両替，貸付は行われており，そこにはすでに銀行業としての多くの特徴が認められる」と述べている。

銀行はこのように有史以来の歴史をもち，貨幣の歴史と同じぐらいの歴史を有している。したがって，銀行は人間の存在と共に出現したということができるが，それでは，銀行がなぜ誕生したのか，どうして誕生したかの解答にはならないであろう。

銀行と呼ぶかどうかは別として，例えばおカネを貸す「カネ貸し」を銀行とするか，人からカネを預かる「金庫業」をもって銀行とするか，あるいは遠隔での相互振替の「両替商」をもって銀行とするかは，いずれか１つをとって概念化することはできない。貸付，預金，為替の業務は相互補完的であり付随的である。例えば，為替の業務の中には貸付業務が内在しているのが通例であり，貸付業務にはそれに対応して預金業務が存在している。したがって，貸付，預金，為替は相互不可分，相互補完的であり，一体と見るのが妥当である。

したがって，銀行の主たる業務は，貸付，預金，為替の３つであるが，これらの実質的起源は12世紀後半から14世紀中頃のイタリアだといわれている。

銀行業（banking）という用語は，中世イタリアの市場で用いられた商人の取引台（bench），すなわちイタリア語の banco に由来する。

2　商業圏の拡大と銀行業の発展

銀行業の本格的な展開は，16世紀に始まるが，最初はイタリアやあるいはその後の北西ヨーロッパやアジア・アフリカを経済的基盤とするものであった。主に商業的取引に基づくものであり，産業の発展を基盤とする今日的銀行業は

19世紀の織物業などの軽工業の発展を待たねばならなかった。したがって，銀行業の担い手は，メディチ家などの名家やアムステルダムなどの商業の中心地であった。

(1) 家門銀行――16世紀，都市国家の銀行

16世紀以前の銀行は，君主への融資と家族的な財務基盤に依存していた。

例えば，メディチ家およびメディチ銀行は，金融技術の面では，17世紀末までもっとも進んだ金融機関であった。フィレンツェ出身であったメディチ家は，14世紀には，政治・商業上の有力家門となり，1397年には同家は銀行を設立した。メディチ家は，国内および海外における情報ネットワークを形成していて，支店網が維持され，ベネツィア，ナポリ，ジュネーブそしてリヨンといった主要な交易の中心地に６～10の支店を開設していた。また，支店網を補完するために，ヨーロッパ全土に地元の代理店ないしコルレス契約店を開設し，信用に関する情報入手だけでなく国際的な信用機構をも作り上げた。こうした有力家門のいずれについても，当初民間企業を相手に銀行業で成功を収めたが，その地位は君主や教皇への融資によって強化されていた。

この国家への信用供与における企業家的融資の顕著な特徴は，資金源の脆弱さを物語っていた。決済の諸手段がいっそう広範に利用されるようになったときに，ヨーロッパにおいて銀行業者の数はさらに減少した。フィレンツェでは，ペスト（黒死病）の前には80行あった銀行が16世紀はじめにはわずか８行しか残っていなかった。同じように1585年には，それまでベネツィアで設立された103行の民間銀行のうち96行が閉店するか破産したと見られている。銀行の破産は16世紀後半まで続き，信用供与の源泉はより大きな銀行の手に集中していった。

君主への融資という銀行家の弱点は，14世紀以降，銀行業の初期の発展にとって大きな課題であった。フィレンンツェの有力家門は，銀行業をすべて個人または家族事業として営んでいたため，最終的には大きな被害を被った。

君主への融資と家族事業としての財務基盤の脆弱さは，これらの銀行業の特徴と成長の限界を示していた。

(2) 為替振替銀行 ──17・18世紀，北西ヨーロッパの銀行

イタリアの銀行が成功を収めたとはいっても，それはイタリアの都市国家によるものであり，当時のヨーロッパの経済・金融の中心からは外れていた。イタリアの伝統的な羊毛工業は，イギリスやオランダ産の輸入毛織物製品の前に後退を余儀なくされていたし，大市もアントワープ，アムステルダム，セビーリャ，ロンドンの新興取引所にとって代わられた。こうした状況下にあってイタリアの都市国家は，金融・銀行業の指導権を喪失していった。金融技術や制度がいかに高度化しても，イタリアの都市国家は，拡大しつつある国民国家と成長過程にある経済の要求に応えられなかった。17世紀において，こうした要求によりよく対処できたのは，北西ヨーロッパのロンドン，パリ，バルト海諸港，そしてとりわけアムステルダムであった。

無名の都市に近かったアムステルダムは，これ以降，海運，商品・資本取引に関するもっとも重要な国際市場となった。その海上・陸上交易の影響は，ヨーロッパ全土に加え，アジア・アフリカ・新大陸に新設された商業にも及んだ。他に類を見ないアムステルダムのこうした急速な発展は脆弱な基盤に支えられたものではなかった。その優位を確立するやいなや，アムステルダムとその市民は，制度と規則にのっとった商業への取り組みを心掛けた。例えば，アムステルダム保険院が1598年に設立され，株式会社としての連合東インド会社が1602年，そして新しい取引所は1608年に設立された。このようにしてアムステルダムは，驚くべきスピードで金融の中心地としての地位を確立した。

こうした制度の核となったのは，アムステルダム振替銀行であった。同行は1606年に市参事会により認可され，1609年に開行した。アムステルダム振替銀行は，預金と為替手形の受け入れ，顧客口座間での振替支払業務を認可された。貸付業務はアムステルダム市，ホラント州，そして連合東インド会社に限定された。だがこの制限は1683年に緩和され，振替銀行は，預け入れ金銀を担保にすることで個人客への融資が可能となった。

アムステルダム振替銀行は広範な地域で優位を保ったが，その基盤は公的機関とアムステルダム商人に支えられた強固な国内市場にあった。同行のアムステルダム市への直接融資は，銀行資産の5分の1に達していた。わけても安全性と利便性について高い信用を確立したため，外国政府や国際的商人の取引が

ここに引きつけられた。

3 軽・重工業の発展と銀行業の展開

(1) マーチャント・バンク ― 19世紀の銀行と産業の発展

19世紀初めまでに驚くべき数の個人所有の国際的銀行がつくられた。これらの銀行は，19世紀および20世紀の金融市場で重要になっていた多目的かつ企業家的役割を広げていった。

これがマーチャント・バンクである。卓越した手腕をもつマーチャント・バンカーたちは，アムステルダムおよびロンドンの経済力に負うところが多きかった。18世紀までに，この2か所は国際金融市場としての構造，態度，慣習を備えるようになり，さらに改革を生み出す素地，進取の意気に飛んでいた。1795年のフランス軍侵攻によりアムステルダムの経済力が衰えるとロンドンの存在が大きくなってきた。

貿易手形の引受業務と海外証券の発行業務を中心にロンドンの長・短金融市場で中心的役割を果たしたのがマーチャント・バンクである。19世紀初頭，ナポレオン戦争の終結とイギリス産業革命の進展を背景に，ロンドンが国際金融の中心となろうとする頃，有力な貿易商人であるヨーロッパ大陸の富豪たちが来住した。彼らは，その資力と名声をもとに，まず手形引受商社として貿易商人のためにロンドンあて為替手形の引受け，つまり支払保証を行ったが，国際的に信用のあるマーチャント・バンクが引受けた手形は優良な銀行手形（イングランド銀行再割引適格手形）とされ，割引市場で容易に資金を入手しうることとなったから，彼らの引受業務はイギリス短期金融市場の発達を支え，貿易金融を円滑にして国際的な貿易の拡大に貢献した。

マーチャント・バンクの業務の分野において，国際金融業界における最強の存在は，ドイツ，フランス，そしてイギリスを股にかけていたロスチャイルド家であった。この一族の中で，ネイサンは1798年にイギリスへ移住し，その後，マンチェスターで織物輸出を大々的に手掛けた。1804年にロンドンに彼の会社が設立されると，その業務の中心は，銀行業，とりわけ金・銀地銀取引と政府債の引受契約になった。このマーチャント・バンクとしての役割によって，ネイサン・ロスチャイルドはイギリス国内および国際間の事業支配権を握ることになる。その事業には，1818年のプロイセンの債券発行，1819年のロスチャイルドにとっては初めての経験であったイギリス政府のための融資契約などが含まれる。

政府のために資本を集めるという役割とともに，マーチャント・バンクはまた，19世紀の大規模な鉄道や公益事業向けの新資本獲得の出発点ともなった。もっとも典型的な例は，フランス，ドイツ，オーストリアにまたがる鉄道建設にロスチャイルドが参入した例である。ヨーロッパ各地のロスチャイルド銀行が新規の鉄道株を発行し，購入した。1848年には，フランスの鉄道資本全体の10％までもがロスチャイルドによるものであった。

ヨーロッパのマーチャント・バンクが全世界規模の市場で競争することによって，金融業の新たなる領域が切り開かれた。その野心と相互の結び付きは，金融界の国際化に大いに役立った。だが，視点を変えれば，マーチャント・バンクは経済生活の比較的狭い分野を扱っていた。マーチャント・バンクの顧客は，政府，商社，鉄道会社，公益事業，そして他行との相互取引であった。他方，多くの個人や小規模事業主，小売商店，知的職業従事者との取引は活発ではなかった。銀行業がこの境界を越え，事業を拡大し，社会でよりはっきりと見てとれる役割を担うようになったのは，19世紀に入ってからのことである。それを可能としたのは株式会社を基盤とする商業銀行の発展であった。

(2)　銀行の合併と集中

イギリスでは，1880年代以来，銀行の合併と集中が進行していた。当初は地方の有力銀行が個人銀行や小規模銀行を吸収するという形で行われていたが，後には全国的に知られ，ロンドンに本拠を置く銀行が地方銀行を合併する形で進んでいった。その結果，銀行業界の様相は一変し，1900年までには最大手の10行がイギリスの銀行預金の40％以上を占めるにいたった。これらの最大手銀行には，ロイズ銀行とミッドランド銀行，ナショナル・プロビィンシャル銀行，バークレイズ銀行（1896年にバークレイズの名称で20行の個人銀行が合同した株式銀行）ならびに，ロンドン・アンド・カウンティ銀行が含まれていた(2)。

アメリカでは，銀行業のもっとも際立った特徴は，ニューヨークの優越性であった。実際，1909年までにアメリカの銀行預金の４分の１がニューヨークの銀行に預けられていたし，ニューヨークの手形交換所は小切手交換の60％を取り扱っていたのである。また，ニューヨークは最大の国法銀行，特にナショナル・シティー銀行，３つの主要信託会社（ギャランティー・トラスト，バンカーズ・トラストおよびマニュファクチャー・トラスト）およびモルガン，クーン・レープ，ブラウン・ブラザースが率いる強力な個人銀行グループの本拠地でもあった。

ドイツでは，ベルリンが銀行集中の中心となった。ドイツ銀行，ディスコント・ゲゼルシャフトおよびドレスナー銀行をはじめとする８銀行のグループは小規模な地方銀行や個人銀行を買収し，強固な財務体質を築いた。1911年までには，50行を超える銀行が吸収され，さらに30行の銀行がディスコント・ゲゼルシャフトの子会社によって取得された。小規模銀行はまだ多数残っていたが，そこでさえ大銀行が協調融資や，小規模な地方銀行の株式取得を通じて，優越的地位を占めつつあった。この意味では，ドイツの銀行は「系列銀行」方式の先駆者だった。株式の相互持ち合いにより，最大手の銀行は子会社の資産を活用することができたが，それはドイツ銀行とディスコント・ゲゼルシャフトが1911年以前に地方銀行と結んだ提携関係にもっとも明確に見られた。

これとは対照的に，フランスでは銀行業における集中は合併や提携よりも支店網の拡大に負うところが大きかった。三大銀行―クレディー・リヨネ，ソシエテ・ジェネラルおよびコントワール・ナショナル・デスコント―は，1908年には総計1,150の支店をもっていた。これらの総預金高は43億6,000万フランに達したが，その額は最大手の地方銀行全体の総預金高８億6,000万フランをはるかにしのぐものであった。

大手商業銀行業務集中の形態と時期は，先進工業国においてそれぞれ異なっていた。それでも20世紀初頭までには，こうしたプロセスの中から規模や資力の点でほぼ対等ないくつかの大銀行が設立されていた。

⑶　アメリカ大手銀行の発展

人物やその戦略も，上位銀行の発展に重大な寄与をした。最大手銀行の多くが合併交渉や法人組織の拡大計画の手腕に長けた個人に支配されており，その手腕は銀行業務で遺憾なく発揮された。

アメリカ合衆国では，JPモルガン（1837－1913）が，こうした興味深いタイプの人物の好例である。彼は，JPモルガン銀行の最高責任者だっただけではなく，1890年代以降は，ニューヨーク・ファースト・ナショナル銀行の中心人物であり，またナショナル・シティー銀行の主要株主でもあった。これらをよりどころに，モルガンは巨大なUSスティールや北太平洋鉄道といったいくつかの産業王国を調整し，支配した(3)。

金融逼迫時にもモルガンは大きな力をふるった。1895年の金危機に際しては，アメリカの銀行シンジケートを動かしてアメリカからの金流出を阻止した。そして，銅に対する大規模な投機の失敗が銀行取付を誘発した後の1907年，モルガンは再び大衆の信頼の失墜を回避する上で極めて重大な役割を果たした。この危機の発生とこの難問を処理しようとするモルガンの提案が，1913年のアメリカ連邦準備制度創設の重要な要因となった。モルガンが亡くなる1913年までには，モルガン銀行は，ナショナル・シティー銀行，バンカーズ・トラスト，ギャランティー・トラストを含む112社の取締役会に代表を出していた。

モルガンをはじめ銀行業界の指導者たちのこうした拡張主義的なやり方は，いくつかの有力銀行が仕事を自分たちだけで分け合い，公正な競争を排除する金融トラストを形成している可能性があるのではないかということが問題になった。下院における1912年の金融トラスト公聴会では，モルガン銀行が銀行集中の原動力であったことが，強く問題視された。

4　両大戦間における世界的恐慌と国際金融秩序の破綻（20世紀前半）

(1)　第一次世界大戦と銀行の国策化

1914年8月の第一次世界大戦勃発によって，交戦国の有力銀行はそれぞれの政府との交渉に巻き込まれた。政府の指導者たちは，戦争財源の確保ならびに通貨と支払決済の維持というもっとも日常的な課題のいずれについても，銀行の助言に著しく依存した。イギリスを除き，主要な交戦国は一様に金本位制から離脱した。銀行券の金兌換の原則は放棄され，金の輸出は制限された。

国際貿易と伝統的な引受けおよび発行業務の中断は，マーチャント・バンクを守りの姿勢に入らせた。特に，ロンドン市場ではドイツと深いつながりがあるマーチャント・バンクが舞台から姿を消した。

大戦では，アメリカの銀行が大きな役割を担った。戦争当初では，JP モルガン社が英仏に対するドル借款をすべて扱っていた。

銀行の集中は一段と強まった。1918年，イギリスでは，バークレイズ，ロイズ，ミッドランド，ウエストミンスター，プロヴィンシアルの５行に集約された。ドイツは，ドイツ銀行とディスコント・ゲゼルシャフトとの合併で結びつけられた。

⑵　金融恐慌とグラス・スティーガル銀行法

1920年代後半，主要国経済は，過剰な資本，在庫，そして雇用を抱えていた。一方，主な金融の中心地では投機が株価の上昇をいっそうあおっていた。1929年ウォール街の株価暴落によって，世界的な大恐慌が勃発した。

アメリカの銀行は，公的な制裁を受けざるをえなかった。1932〜1934年の間に，上院の小委員会が，証券市場での銀行の役割を綿密に調査し，その結果，合衆国議会は銀行制度に新たな規制を導入した。1934年のグラス・スティーガル銀行法は，連邦準備銀行の監督や介入に大きな権限を与えると共に，銀行の顧客を保護するため預金保険制度が導入され，投資銀行業務を商業銀行業務から分離することが求められた。

⑶　第二次世界大戦と米国主導の国際秩序（20世紀前半）

1939年，第二次世界大戦が始まった。当初はドイツが優位であったが，ソビエト連邦が連合国側に転じ，また日米の太平洋戦争も米国の勝利となり，1945年，戦争は終結した。

大戦直後の国際経済は，アメリカのドルに支配され，アメリカの経済と銀行制度は，アメリカの軍事費を賄い，連合諸国の債務の大部分を引き受ける能力を有していたため，ドルは20世紀中期における金の等価物となった。その結果，1944年までには，アメリカは戦後の金融問題の処理に主導的影響力をもつ存在になっていた。ブレトンウッズ会議，国際通貨基金（IMF），国際復興開発銀行（世界銀行）などの設立は，アメリカ主導の国際的秩序作りであった。

5 ファンド化・情報化すすめる銀行経営（20世紀後半〜現在）

(1) 株主価値経営の台頭と破綻

第二次世界大戦後，欧米日の巨大銀行の動きは，国際金融市場での激しい競争に特徴づけられる。特にアメリカおよび欧州の銀行は，その卓越した経済力を基盤に20世紀の後半の1980年頃までは，国際金融市場で圧倒的な存在感を示した。

しかし，成長・拡大のプロセスを経て，株式市場で台頭してきた機関投資家の発言力の大きさ，急激に成長した日本の都市銀行の国際市場での活躍，経営面におけるリテール業務の拡大などで，国際的な銀行業界においては大きな構造変化が生じた。

こうした中，BISによる自己資本比率規制は，量的競争から質的競争への転換を招き，英米の巨大銀行は，証券化による資産減量化の政策に舵を切ることになった(4)。

証券化は，資産減量には有効であったが，証券化商品の大量発行は，その後の金利引上げで，株価の大暴落を引き起こし，「リーマンショック」を現出させた。

その結果，銀行は大量の不良債権を抱え，倒産の危機を迎えることになり，この結果，多くの主要銀行は厳しい政府の管理下に置かれ，長期の冬の時代を迎えることとなった。

(2) 社会的価値経営の模索

その後，徐々に立ち直りを見せたが，激しい構造変化―コロナによる低金利，そして金融の大幅緩和，加えて情報化の進展で，主要銀行は新たな方向を模索している。

リーマンショック以降，銀行経営に求められているのは，まず環境問題への取り組みとそれへの金融支援である。

一般的な環境問題もさることながら，銀行には脱炭素の融資・投資行動が求められている。石炭や石油の大量消費の企業には，銀行融資や株式投資を控えるように，機関投資家がチェックをかけているのである。

日本でも温暖化ガスの排出が多い石炭火力発電所向けの融資については，主要銀行はそろって残高をゼロとする目標を掲げている。石炭火力を巡っては，気候変動への取り組みを重視する投資家や環境団体から批判が集まっているのである。

また，これだけではない。米国では黒人向け融資の拡大，格差是正を促進するような投資，融資にも積極的に対応するよう圧力がかけられている。そうした状況の中で社会貢献債発行急増という動きも見られる。

以上のように，主要銀行は株主価値経営から社会的価値経営にも配慮する姿勢に転換しつつある。

⑶　DXとファンド化

現在，銀行は一言でいえば，「脱・銀行」の経営を模索しているといわれる。

この背景には，産業構造の変化がある。情報革命によるデジタル化の動きは，GAFAと呼ばれるプラットフォーム企業の台頭を生んでいる。生産過程でもデジタル化の動きが進展しているし，また販売過程においてもアマゾン効果と呼ばれるようなデジタル化が進行している。したがって銀行もビジネスの基盤を情報産業・デジタル産業へとシフトしていかねばならないのである。

また，融資業務も低金利下で，収益の増加に貢献しない。したがって，協調的融資に代わり，協調的ファンドを組成することにより，成長の見込まれるデータビジネスや環境ビジネスに運用の機会を求めて活動を本格化している。

しかし，こうした金融取引は，大きなリスクを伴うものである。米証券取引委員会は，米投資会社アルケゴス・キャピタル・マネジメントとの取引で，日米欧の金融機関が巨額損失を計上したことを重く受け止めている。テクノロジーの進化に対応した監督体制の整備を進めるとしている(5)。

注

（1）　本講は，エドウィン・グリーン著，石川通達監訳『図説　銀行の歴史』原書房，1994年に多くを依存し解説されている。また，歴史的推移については，羽田明他『解明　世界史〔改訂版〕』文栄堂，1969年を参考にした。

（2） イギリスの4大銀行については，坂本恒夫『イギリス4大銀行の経営行動 1985-2010　株主価値経営の形成・展開・崩壊』中央経済社，2012年を参照せよ。
（3） アメリカの主要銀行の変遷については，坂本恒夫「ウェルズ・ファーゴの不正営業と米銀の経営環境」『経営論集』明治大学経営学研究所，2017年，同「リーマンショック以降におけるJPモルガン・チェースの経営行動（2000年前後から今日まで）－ポスト株主価値経営の行方－」『明治大学社会科学研究所紀要』第57巻第2号2019年3月，同「リーマンショック以降におけるシティグループの経営行動（2000年前後から今日まで）－ポスト株主価値経営の行方－」『熊本学園商学論集』第23巻第2号，2019・3を参照せよ。
（4） BIS規制については，坂本恒夫「日米英巨大銀行の経営戦略とBIS規制」『明治大学社会科学研究所紀要』第55巻第1号2016年10月号を参照せよ。
（5）「米，金融監視強化にカジ」『日本経済新聞』2021年5月8日付を参照。

（坂本　恒夫）

第17講

今後の証券化商品市場の行方

1　証券化商品とは何か

- 証券化とは，収益を生み出す資産，例えば，不動産，クレジット債権，売掛債権，貸付債権などを，バランスシートから切り離すことによって，単体（不動産の場合），もしくは複数の債権を1つにプールした上で，将来，生み出されるキャッシュフローを裏付けに債券を発行すること
- 証券化の基本的な仕組みとは
  特別目的会社（Special Purpose Company：SPC）とは
  優先劣後構造とは → 優先債，メザニン債，劣後債

2　なぜ，証券化商品が信用されなくなったのか

- 2007年のサブプライム問題とは，何であったのか
- 再証券化が市場に与えた影響 → 証券化商品の組成が激減
- 再証券化による CDO（Collateralized Debt Obligation）→ 高金利，高格付け → 機関投資家の購買意欲が高まる → 金融危機により，リスクの所在が不明 → リーマンショックが話題に

3　日本の金融機関が被った証券化商品のリスク
―レバレッジドローン

- ここ数年，自動車ローンなどの小口債権の証券化商品の組成に回復の兆し → 再活性化を狙う → 欧州では，回復のための法整備が完成
- レバレッジローンを裏付けとした証券化商品の組成 → 日本の金融機関にも多大な影響

4　今後の証券化商品市場の行方

- 現在，米国の債券市場では，ハイイールド債の発行に積極的に取り組む傾向
- 今後，新型コロナウイルスの感染収束が見通せず，企業に対する金融機関が抱えるモニタリング・コストも多大なものになると推測→経済環境によって証券化商品市場は左右されるのではないか

1 証券化商品とは何か

証券化とは，収益を生み出す資産，例えば，不動産，クレジット債権，売掛債権，貸付債権などを，バランスシートから切り離すことによって，単体（不動産の場合），もしくは複数の債権を1つにプールした上で，将来，生み出されるキャッシュフローを裏付けに債券を発行することである。

証券化の基本的な仕組みについて見る（図表17-1参照）。例えば，発行体（証券化に取り組む企業）である銀行は，複数の貸付債権を1つにまとめ，特別目的会社（Special Purpose Company，以下SPC）に，その資産を売却する。SPCは，投資家に販売しやすくするために，その資産が将来生み出すであろうキャッシュフローを裏付けに債券を発行する。

SPCが債券を発行する際には，優先劣後構造，つまり，リスクおよび支払優先順位が異なる債券を発行する仕組みが用いられる。発行される債券は，優先債（シニア債），メザニン債，劣後債と大きく3つに分類される。優先債は，ローリスク・ローリターン，メザニン債は，ミドルリスク・ミドルリターン，劣後債は，ハイリスク・ハイリターンの債券である。このように，性質が異なる債券を発行することにより，投資家の様々なニーズに合致させることができ

図表17-1 ● 証券化の仕組み

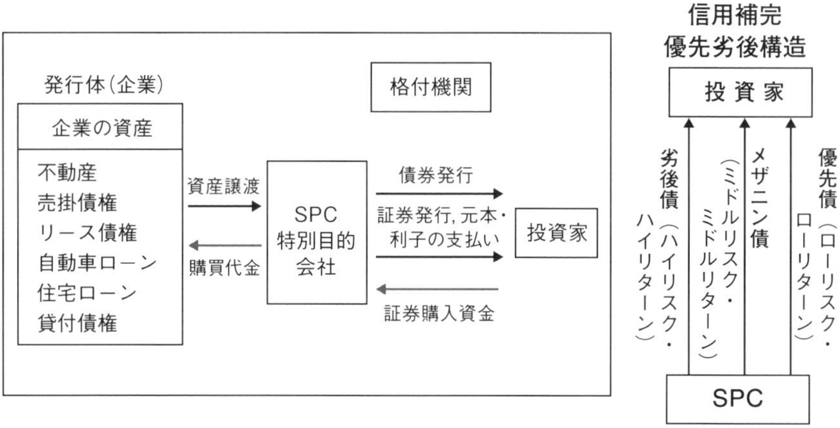

る。さらに，投資家を保護するための施策として，この優先劣後構造の他に，超過担保，現金準備などの信用補完が準備されている。

次に，証券化商品の信用力について見る。証券化される資産のもつ信用力は，発行体の信用力とは切り離されている。そのため，発行体の格付けが投資不適格であったとしても，裏付けとなる資産が収益を生み出すものであるならば，発行される債券は，格付会社から高い格付けを取得することができる。発行体は，証券化する際の対象となる資産として，最初から格付会社からの高い格付けを取得するためにも，確実に収益が生み出される資産が対象となっている(1)。証券化は，企業によって活用目的がそれぞれ異なる。例えば，事業会社の場合には有利子負債を返済するため，そして銀行の場合には新たな資金を調達し，新しい取引先に融資をするため，というように目的が相違している。

証券化は，裏付け資産もしくは企業が取り組む目的や動機によって，いくつかの形態に分類される。それは，「資産の証券化」と「負債の証券化」である。さらに，資産の証券化は「金融資産の証券化」および「固定資産の証券化」に区分される。金融資産の証券化は，クレジット債権，貸付債権などを，そして固定資産の証券化は不動産を裏付けとするものである。資産の証券化は，バランスシートからそれらの資産を切り離すオフバランス化によって，第三者にリスクを移転し，新たに資金を調達することができる(2)。これにより，資産圧縮，有利子負債の返済を実現することができる。同時に，資産の証券化はROAおよびD/Eレシオなどの財務指標を改善する効果を有している。

一方，負債の証券化は，複数企業の社債が裏付け資産となる。1991年のバブル崩壊以降，貸し渋り・貸し剥がしに対する一時的な解決策として，中小企業の新たな資金調達手段として活用されたこともある(3)。負債の証券化は，プールされる社債の数および業種を多くすればするほど，リスク分散が可能となりデフォルト率を最小限に抑えることができる。そのため，低格付企業や無格付企業，とりわけ，信用力が低いと評価されている中小企業は，この証券化のプールに参加することにより，直接金融としての資金調達が可能となった。

以上から，証券化は，流動性が乏しい資産をバランスシートから切り離すことによって，企業が抱える資産のリスクを軽減し，経営指標を改善する手段として，そして，資産やキャッシュフローを裏付けとした資金調達手段として，現代の企業経営にとって大きな意義を有する金融技術の１つである。

2　なぜ，証券化商品が信用されなくなったのか

証券化は，重要な経営指標を向上することができるという効果を有しながら，2007年のサブプライム問題以降，証券化商品の組成が減少している。なぜ，証券化商品が組成されなくなったのか。サブプライムとは，信用力の低い層を意味しているのだが，米国では，それらの住宅ローン債権を裏付けにした証券化商品（Mortgage Backed Securities, 以下 MBS）を組成したのである。このような層は，返済・完済へのリスクが高いため，金融機関にとっては高い金利収入が期待できる。また，住宅バブル（特に，カリフォルニア，フロリダ，ボストン，ニューヨーク）が生じていたため，返済・完済できなくても，住宅を処分することにより貸し出した資金を回収できると見込んでいたものと考えられる。

しかしながら，信用リスクの高い債権が裏付けとなったMBSは，投資家から敬遠される。そのため，MBSを組成した後，別の証券化商品，社債，貸付債権とともにプールすることによって，どのような資産が裏付けとなっているのか不明確なものに作り上げたのである（図表17-２参照）。つまり，再証券化という手法となる，様々な証券化商品がプールされたCDO（Collateralized Debt Obligation：合成債務証券）を組成し，投資家に販売するに至った(4)。再証券化された証券化商品は，通常のものよりも高金利かつ高格付けということで，機関投資家などの購買意欲が高いものであったと考えられる。

しかしながら2006年以降，サブプライムローンの延滞率が急激に上昇することとなり，この現状に関する問題が表面化した。この問題が発端となり，セカンダリーマーケットにおいて，サブプライムローンが組み込まれた証券化商品に売値が付かない事態へと陥った。このような証券化商品の組成などをしていた投資銀行は大きな損失を被ることになった。

2008年の金融業界を見ると，３月にはJPモルガン・チェースがベアー・スタンズを，９月にはバンク・オブ・アメリカがメリルリンチを買収した。また，再編されることもなく破綻に追い込まれることになったリーマンブラザー

図表17-2 ● 再証券化の仕組み

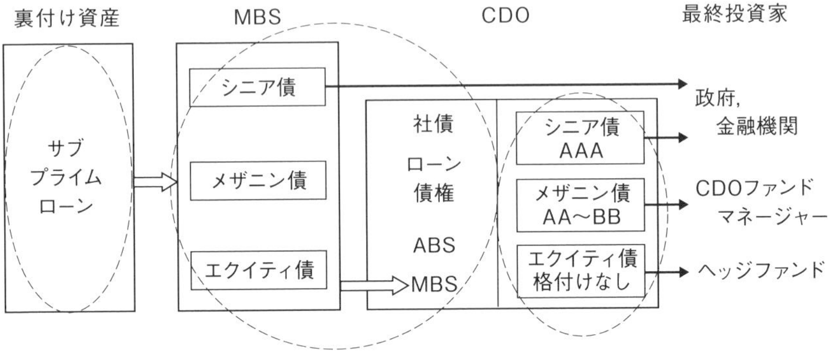

ズも金融危機の中で話題となり，リーマンショックとも呼ばれるようになった。もちろん，米国ばかりではなく，日本の機関投資家なども損失を被ることで大きな影響を受けた。このことから，証券化商品への投資は，リスクが高いものと認識され，投資家からの需要が減少することに至ったものと考えられる。では，現在の証券化商品市場は，どのような状況になっているのかについて次に説明する。

3　日本の金融機関が被った証券化商品のリスク ――レバレッジドローン

ここ数年，米国および欧州における証券化商品市場に変化が見えつつあった。その際，確実にキャッシュが生み出されるであろう裏付け資産を対象に証券化商品が組成されている。例えば，自動車ローンを裏付けとした証券化商品の発行額が一定の規模を維持している（図表17-3参照）。その理由として，自動車ローンであるならば完済できるものとして位置づけられていると考えられる。

さらに欧州では，欧州中央銀行などが中心となり，ここ数年，証券化商品市場の再活性化への動きを強めている。また，欧州委員会および欧州保険・企業年金監督局も，証券化商品市場を再活性化させる提案に賛同している(5)。その一方，欧州における再活性化は，イギリス，オランダ，アイルランド，スペインといった限定的な国々にとどまるのではないかという意見も発表されてい

図表17-3 ● 米国における証券化商品の発行額の推移

単位：百万ドル

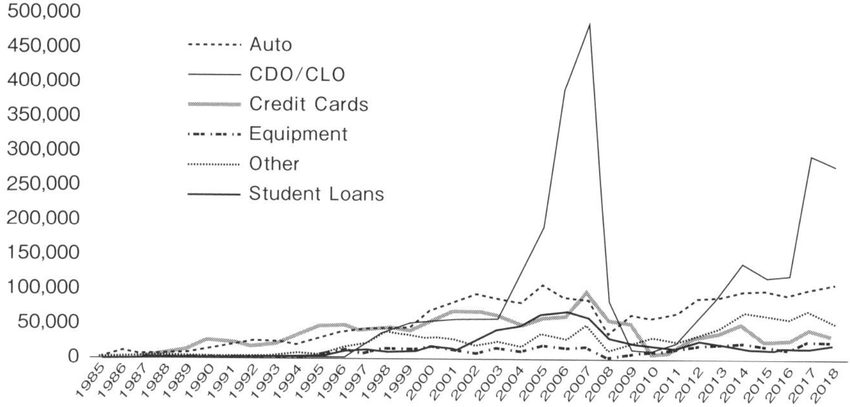

（出所） Sifmaホームページ，https://www.sifma.org/resources/archive/research/statistics（2019年10月30日アクセス）。

る(6)。このような見解が述べられているものの，フランスでは，証券化商品市場への回帰が期待されている。

このように明るい兆しが見えている中，日本の金融機関を巻き込む米国投資銀行におけるレバレッジド・ローンを裏付けとするCLO（Collateralized Loan Obligation：ローン担保証券）が組成されることになり，漸増している（図表17-3参照）。レバレッジド・ローンとは，投資不適格な企業の貸付債権，つまりリスクの高い債権を意味している。現在では，CLOおよびCDOの発行額が米国の証券化商品市場の半分を占めている。2018年秋以降，BIS（Bank for International Settlements：国際決済銀行）による米国発のCLOへの警戒に関するレビューが発表され，日本の金融庁では，これらの証券化商品を保有する金融機関に調査を実施し，強い監視機能が発動された。その結果，農林中央金庫は，保有額を減少させたものの，2019年夏には，再度，保有額を増加させる傾向が見られる。さらに，Bloombergによると，ここ最近まで農林中央金庫は6,000億ドルの規模に達するCLOマーケットにおいて大きな存在として君臨していたと述べている(7)。さらに，Bloombergが推計したものでは，欧米のCLOマーケットではもっとも高格付けの債券を多くても半分相当保有していた時期もあり，欧米のCLO市場を急速に成長させた原動力になっていたと指摘している(8)。

2019年12月に入ると，再度，金融庁局長がCLOに関する集中リスクへの警戒を言及するまでに至った。記憶に残っている2008年のサブプライム問題を思い浮かばせる状況が再来するのではないかと懸念を抱くが，今回は，かなり前からBISなどが警告を促していることもあり，リスク管理について深刻な問題として大々的に取り上げられない局面もあった。しかしながら，日本の金融機関は運用難という課題を抱えている状況の中，運用利回りの確保も重要なことであるが，投資金融商品のリスクを考慮したポートフォリオの構築が必要になってくると考えられる。

では，今後，どのような証券化商品市場になっていくのか，その行方を検討する。

4　今後の証券化商品市場の行方

前述したように，米国では低格付企業の貸付債権を裏付けとしたCLOが発行されている。このCLOは，高い運用利回りが見込めることから，日本の金融機関も積極的に投資するような行動を展開した。

そして現在，米国の債券市場では，ハイイールド債の発行に積極的に取り組む傾向が見られる（図表17-4参照）。ハイイールド債とは，リスクが高いが，その分，リターンが高いという特性を有するいわゆる投資不適格債である。2008年には，その発行額が減少したものの，ここ数年，横ばいが続いているとはいえ，金融危機前を上回る取り組みに発展している。このことから，ハイイールド債に投資をする投資家からの需要も高いものと考えられる。

問題となっているCLOが組成され続けているが，投資側からも高い利回りの金融商品が求められるようになっているものと推測される。このことから，将来，ハイイールド債を含めた証券化商品が組成されることになるのではないかと懸念を抱くところである。

米国のS&Pグローバルは，「債務不履行（デフォルト）率（直近12か月）は6.2%とリーマンショック以来の高水準」(9)であることが報告されている。こ

図表17－4 ● 投資適格債およびハイイールド債の発行額の推移

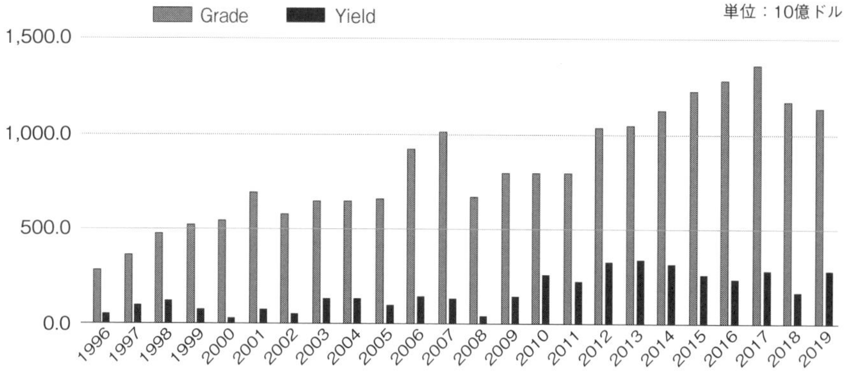

（出所）Sifma ホームページ，https://www.sifma.org/resources/research/us-corporate-bond-issuance/（2020年9月30日アクセス）。

のことから，新型コロナウイルスの影響だけとはいえないが，今後，収束が遅くなるにつれ，債務不履行（デフォルト）率も上昇していくのではないかと考えられる。サブプライム問題，金融危機のような状況に陥ることがないようにするためにも，証券化商品の裏付け資産のいっそうの透明性が求められるであろう。

また，現在に至っても，日本でも証券化商品が組成され続けている。その発行額は，金融危機前と同等とはいえないものの，住宅金融支援機構による住宅ローンを裏付けとした証券化商品が継続的に発行されている。また，ここ数年では，ショッピング・クレジットを裏付けとした証券化商品の残高が拡大している(10)。これまで，日本で組成された証券化商品が債務不履行（デフォルト）になり大きな打撃を受けたということはないに等しい。このことから理解できるように，安全性が高いため，ローリスク・ローリターンの金融商品ということができるであろう。そのため，米国で組成されているCLOへの投資に魅了されるのではないかとも考えられる。

他方，今後，新型コロナウイルスによる倒産件数および失業率が，これまで以上に拡大することにより，欧米の証券化商品の組成にも何らかの影響が生じるのではないかと推測される。しかしながら日本では，現時点において，新型

図表17－5 ●住宅金融支援機構による住宅ローンの証券化商品の残高および案件の推移

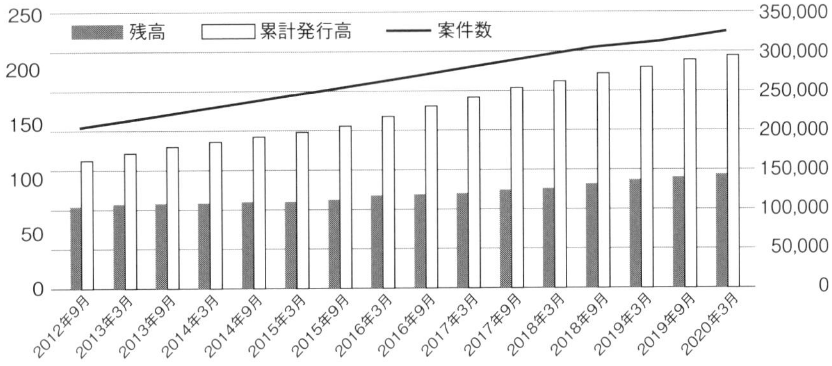

（注）　左軸：案件数　右軸：残高および累計発行高　単位：億円。
（出所）　証券業協会ホームページ『証券化市場の残高調査』https://www.jsda.or.jp/shiryoshitsu/toukei/zandaka/index.html（2020年10月1日アクセス）。

コロナウイルスによる金融危機は生じていないため，経済の回復を期待したいとの意見もある(11)。さらに，倒産件数について前年同期と比較すると減少している県も存在している(12)。例えば，千葉県の倒産件数を見ると，不況に直面しているが２年連続の減少傾向が見られる(13)。新型コロナウイルスの影響を受け，大手企業の倒産が生じたものの，地方金融機関をはじめ，中小企業に対して迅速な融資を実施したため，その成果を高く評価する意見もあるであろう。他方，今後，新型コロナウイルスの感染収束が見通せず，さらに不況も続くことによる企業倒産，失業率の上昇による格差問題もしくは住宅ローンの延滞率が発生する可能性もあり得ることから，融資を実行した金融機関が抱えるモニタリング・コストも多大なものになると推測される。新型コロナウイルスの影響を受けた企業の貸付債権が，万一，証券化商品の裏付け資産の一部として組成された場合，この不況が続く中では，それらが不良債権になり，その債券のデフォルト率が高まることが予測される。

また，金融機関がさらなるAIを積極的に導入することにより，店舗やATMの在り方も変貌することになると，雇用面にも影響を及ぼすことになる。金融機関側にとっては，コスト削減につながるというメリットを有することになるが，従業員や顧客側から見ると大きな打撃を受けることになる。このような状況から，環境が変化することにより格差社会も生じるものと考えられる。そこで，これらの問題を解決するためにも，企業の資金繰りが重要となるであろう。そのため，健全な資産を裏付けとした証券化商品の組成が望まれる。

また，新型コロナウイルスの影響を受け困窮している個人および個人事業主に対して，借入の免除および減額という特別措置を設定することが発表された(14)。今後も，このような支援策が提供されるのではないかと思われる。日本銀行を中心とした金融機関の迅速な対応が，ポストコロナまで継続されるものと考えられる。

注

（1）渡辺宏之「資産流動化証券（ABS）の販売・勧誘時における『説明』の問題～『開示規制』と『説明義務』の交錯」『資産流動化研究』VOL.IX，2003年3月，p.209参照。

（2）ただし，発行体である企業が発行された債券のうち5％以上を保有する場合，会計上オフバランスは認められない。

（3）東京都は中小企業の直接金融を促すため，そして資金調達を支援するために2003年3月に中小企業の社債を1つにプールした社債担保証券（Collateralized Bond Obligation：CBO）を発行した。また大手金融機関は，中小企業の資金調達を支援するために，中小企業の私募債を1つにプールしCBOを発行している。

（4）CDOは通常，「債務担保証券」のことを指すが，ここでの様々な証券化商品がプールされたCDOは「合成債務証券」と呼ばれる（編者注）。

（5）Reuters (2014), "European policymakers seek to reshape bundled debt market", April 9（http://www.reuters.com/assets, 2014年4月14日アクセス）参照。

（6）Dubel (2014), p.121. また欧州の金融機関は，バランスシート上に信用力の高い貸付債権を計上したいという意思が強い。そのため，カバード・ボンドに積極的になるものと考えられる。

（7）Bloomberg (2019), "CLO Market Whale Is Back After Regulatory Scrutiny Drove Retreat"（https://www.bloomberg.com/news/articles/2019-07-08, 2019年7月12日アクセス）参照。

（8）同上。

（9）『日本経済新聞』2020年9月25日付朝刊。

(10)　日本証券業協会(2019)『証券化市場の残高調査のとりまとめ－2019年3月末時点から－』(https://www.jsda.or.jp/shiryoshitsu/toukei/zandaka/files/2018zandaka2.pdf, 2020年9月28日アクセス)，5月31日参照。
(11)　『日経 MJ（流通新聞)』2020年10月11日付。
(12)　『日本経済新聞（地方経済面)』2020年10月7日付。
(13)　千葉県における2020年4月～9月の倒産件数について前年同期と比較すると，12.9%に留まっている（『日本経済新聞（地方経済面)』2020年10月7日付)。
(14)　『日本経済新聞』2020年10月31日付朝刊。

参考文献

伊豆　久「レバ・ローンは第二のサブプライムか？」『証研レポート』1715号，2019年。
森谷智子「サブプライム危機以降の証券化商品市場の現状と今後の課題」『嘉悦大学研究論集』第57号第1巻，2014年。
森谷智子「欧州における STS securitisation が市場に及ぼす影響」『経営学論集』明治大学経営学研究所第65巻第1号，2018年。
Dubel, Hans-Joachim (2014), "Transatlantic mortgage credit boom and bust", Wachter, Susan., Cho, Man., Tcha, M.J., "The Global Financial Crisis and Housing", Edward Elgar Publishing, Inc.

（森谷　智子）

第18講

社債と格付け

1　社債とは何か

- 公社債は，国および地方自治体が発行する債券を公共債，民間企業が発行する債券を社債，海外の公共および民間企業が発行する債券を外国債に分類
- 社債は，負債であり，発行体は償還日に社債を保有している社債権者に元本を返済
- 従来，社債は優良な株式会社だけが発行することができたが，会社法が施行されたことで，合名会社，合資会社，合同会社も発行でき，さらに特例有限会社も発行可能に

2　多様化する債券

- 2019年は，社債の発行額が21年ぶりに過去最高を記録するほど盛況
- ここ最近では，日本国内でもグリーンボンドやソーシャルボンドの発行額が拡大
- 目標が達成されたかどうかがクーポン・レートに影響する SDGs（Sustainable Development Goals：持続可能な開発目標）債も注目
- 中小企業および貧困層を支援する目的で ESG 債を発行する新たな動き

3　債券の格付けとは何か

- 債券格付けとは，返済能力などの信用力を，単純にアルファベットで示したもの
- 企業は，発行体格付けを取得し，自社の信用力や財務内容を第三者にアピール
- アルファベットによる債券の安全性を見ると，AAA から BBB までが投資適格債，BB 以下は投資不適格債
- BB 以下の格付けが付与された社債を，ジャンクボンドもしくはハイイールド債という

4　新型コロナウイルスによる社債市場への影響

- 新型コロナウイルス禍以降も社債の発行が積極的に実施されている
- 2020年 4 月時点 → 世界の社債の発行額が最高になる → この時期には，手元資金が枯渇することを恐れ，確保したいということを目的として発行 → 今後は，低コストで資金調達を行うことができる社債市場が大きな役割を果たす

1　社債とは何か

国，地方自治体，民間企業などが債券を発行しているが，これらの発行体が発行している債券は総称して公社債と呼ばれている。このうち，国および地方自治体が発行する債券は公共債，民間企業が発行する債券は社債（民間債・事業債），海外の公共および民間企業が発行する債券は外国債に分類される。

社債は，負債であり，発行体は償還日に社債を保有している社債権者に元本を返済しなければならない。社債は，設備投資のような，回収するまで長期にわたる莫大な資金を調達するために発行される。また，社債は議決権がないものの，会社の業績が落ち込んだとしても確定利子を受け取ることができる。

例えば，社債の券面には利札（クーポン）が付き，その利札と引き換えに（年２回の利払いのものが多い）利息が支払われることになっている。額面金額に対する割合として，この利札のかたちで償還日まで同じ率で約束されている利率のことを表面利率またはクーポン・レートと呼ぶ。債券には，確定利子債のほかに，変動利率債もある。

このことから，株式とは異なった性質を有しているといえる。従来，社債は優良な株式会社だけが発行することができたが，会社法が施行されたことで，合名会社，合資会社，合同会社も発行できるようになった。さらに特例有限会社も発行することができる。

社債は，普通社債，新株予約権付社債（ワラント債），転換社債型新株予約権付社債などに分類される。新株予約権付社債とは，普通社債に新株予約権（ワラント）が付与されたものである。つまり，株式を一定期間内に行使価格で取得するための権利が付与された社債である。新株予約権が行使された場合には，社債に相当する金額分が新株を引き受けるために払い込まれたものと認識される。さらに，転換社債型新株予約権付社債とは，あらかじめ決められた転換価格で，社債を発行会社の株式に転換できる権利が付与されたものである。そのため，普通社債よりも低い金利で発行される。転換社債型新株予約権付社債は，株価（時価）が転換価格を上回っている際には権利を行使し，受け取った株式を資本市場で売却することによりキャピタルゲイン（売却益）を獲得することができる。転換社債型新株予約権付社債は，株価が上昇しているときに，投資家にとっては有利なものになる。他方，転換価格が株価（時価）を下回っている場合には，社債の償還日まで保有することができる。さらに，1年未満で返済するCP（コマーシャルペーパー）も社債の1つとして位置づけられている。

債券は，借用証書であるが，流動性を兼ね備えた有価証券でもある。発行体である企業から見ると，長期間にわたる資金を入手することができ，投資家から見ると，債券市場においていつでも換金できるため，迅速に資金を回収することが可能となる。しかしながら，この流動性の有無は，個々の債券によって異なっている。例えば，発行残高が大規模な国債は流動性があるが，同じく公共債であっても地方債は発行残高が小規模であるため，償還日まで保有することがある。

2　多様化する債券

2019年は，社債の発行額が21年ぶりに過去最高を記録するほどの賑わいを見せた（図表18-1参照）。日本国内での発行額は，16兆円を上回ることになることになったと伝えられている[(1)]。この時期の社債発行の目的は，買収，設備投資，海外投資，自社株買いの実施などであり，企業のポジティブな動きが見られた。例えば，ブリヂストンは買収や自社株買いのために，そして日本製鉄はインドの鉄鋼メーカーの共同買収および設備の改修のために社債を発行している[(2)]。

さらに，ここ最近では，日本国内でもグリーンボンドやソーシャルボンドの発行額も拡大し，目標が達成されたかどうかがクーポン・レートに影響するSDGs（Sustainable Development Goals：持続可能な開発目標）債も注目され続けている。グリーンボンドとは，環境の取り組みに特化した資金を調達するための債券であり，ソーシャルボンドとは，社会的な課題に取り組むための資金を調達する債券である。グリーンボンドに関して世界的に見ても，右肩上がりの発行額を記録している[(3)]。2019年に発行されたグリーンボンドについて見ると，欧州の取り組みが積極的であり，全体の4割を占めている[(4)]。SDGs

図表18－1 ●普通社債の発行額の推移

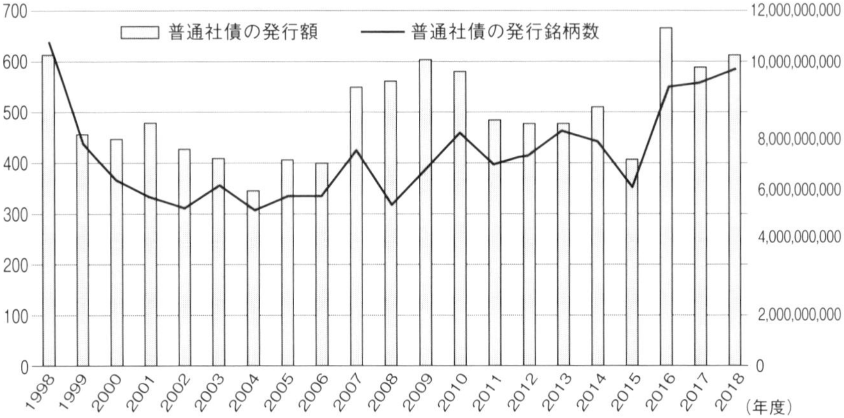

（注）　右軸：発行額（単位：千円）　左軸：銘柄数
（出所）　日本証券業協会ホームページ，https://www.jsda.or.jp/shiryoshitsu/toukei/hakkou/index.html（2020年10月11日アクセス）。

債は，2016年から2030年にかけて目標として取り組む17項目が挙げられている。例えば，健康や福祉，質の高い教育，ジェンダー平等の実現，エネルギー問題，気候変動の対策などの多岐にわたる項目を掲げている。また欧州では，30兆円を上回るESG（環境・社会・企業統治）債の発行を展開しようとしている(5)。このESG債の発行の目的は，環境のための資金調達が中心であったが，現在では社会貢献のための資金調達も増大している。

ソーシャルボンドは，日本でも積極的に発行されつつある。例えば，2020年には東京大学が先端的な研究施設などの整備のために40年物のソーシャルボンドを発行した。「投資家の購入希望額は発行予定額の6倍を超える(6)」という状況が生じた。投資家にとっては長期にわたる投資であるため，需要が非常に高かったとも推測される。機関投資家ばかりではなく，NEC，住友林業などの企業や大学もソーシャルボンドに投資をするようになっている。また，新型コロナウイルスが収束しない中，経営の悪化という打撃を受けているものの回復することを念頭に置いている中小企業および貧困層を支援する目的でESG債を発行する新たな動きも見られる。

2019年以降，劣後債の発行も積極的に行われている。この劣後債とは，普通社債と比較すると支払順位が低いものの，利率が高いという性質を有している。そのため，運用難という課題を抱えている機関投資家などにとっては魅了される金融商品の１つになっている。さらに，劣後債は，負債であるものの資本という面もある。企業にとっては，資本という面を兼ね備えているため，経営の悪化を回避することができるというメリットを有している。また，償還期限がない永久劣後債というものも発行されており，債券の多様化が進んでいる。このような債券に投資する際には，格付けが重要な指標となる。そこで，格付けとは何かについて説明する。

3　債券の格付けとは何か

債券格付けとは，社債などの債券について，「その元利払い能力を第三者である格付機関が評価したうえで，投資家に理解しやすいようにアルファベットや数字を組み合わせて表し，その理由を文章情報で説明したもの(7)」と定義されている。つまり，格付けとは返済能力などの信用力を，単純にアルファベットで示したものである(8)。

格付会社が債券を評価するアルファベットに関しては，現在のところ，統一された定義がない。しかしながら，日米における格付会社のアルファベットの定義および意見を見て理解できるように，それらの説明については大部分が類似している（図表18-２参照）。

格付けの対象となる債券は，国債，地方債，社債（民間債），CP（コマーシャルペーパー），そして証券化商品などが挙げられる。また，債券だけではなく，シンジケートローンに関しても，格付けを付与するようになってきている。

これまで企業は，資本市場での資金調達コストを削減するために債券格付けに注目してきた。しかしながら今日，企業は自社が発行する債券だけではなく，発行体そのものに対する格付けを依頼するようになってきている。その理由として，債券格付けは，社債の償還期限を迎えると消滅するが，発行体格付けは，定期的に見直されるが継続的に付与されることが挙げられる。つまり，企業は，発行体格付けを取得し，自社の信用力や財務内容を第三者にアピールすることができる。このような発行体格付けは，民間企業ばかりではなく，大学法人や医療法人も取得するようになってきている。

格付けのアルファベットには明確な定義はないが，債券の安全性を把握する尺度は統一している。アルファベットによる債券の安全性を見ると，AAA からBBB までが投資適格債，BB 以下は投資不適格債と呼ばれている。また，BB 以下の格付けが付与された社債は，ジャンクボンドもしくはハイイールド債と呼ばれている。投資適格債は安全性が高いということから，金利は低く設

図表18－2 ● R&I および S&P の格付けの定義

R&Iの格付けの定義

ローリスク ローリターン	AAA	信用力はもっとも高く，多くの優れた要素がある
	AA	信用力は極めて高く，優れた要素がある
	A	信用力は高く，部分的に優れた要素がある
	BBB	信用力は十分であるが，将来環境が大きく変化する場合，注意すべき要素がある
ハイリスク ハイリターン	BB	信用力は当面問題ないが，将来環境が変化する場合，十分注意すべき要素がある
	B	信用力に問題があり，絶えず注意すべき要素がある
	CCC	信用力に重大な問題があり，金融債務が不履行に陥る懸念が強い
	CC	発行体のすべての金融債務が不履行に陥る懸念が強い
	C	発行体のすべての金融債務が不履行に陥っているとR&Iが判断する格付け

S&Pの格付けが示す一般的な意見

ローリスク ローリターン	AAA	債務を履行する能力は極めて高い。スタンダード＆プアーズの最上位の格付け
	AA	債務を履行する能力は非常に高い
	A	債務を履行する能力は高いが，事業環境や経済状況の悪化からやや影響を受けやすい
	BBB	債務を履行する能力は適切であるが，経済状況の悪化によって債務履行能力が低下する可能性がより高い
	BBB−	市場参加者から投資適格水準の格付けのうち，最下位と見なされている
ハイリスク ハイリターン	BB	短期的には脆弱性は低いが，事業環境，財務状況または経済状況の悪化に対して大きな不確実性を有している
	B	現時点では債務履行能力を有しているが，事業環境，財務状況または経済状況が悪化した場合には債務を履行する能力や意思が損なわれやすい
	CCC	債務者は現時点で脆弱であり，その債務の履行は，良好な事業環境，財務状況および経済状況に依存している
	CC	債務者は現時点で非常に脆弱である
	C	破産申請あるいは同様の措置が取られたが，債務返済は続いている
	D	債務者は全面的に債務不履行に陥っている

（出所）R & I および S&P ホームにページにより作成。

定されている。他方，BB 以下の投資不適格債は，安全性が非常に低いため，金利が高く設定されている。日本では，このようなハイリスク・ハイリターンの社債を引き受けるリスクテーカーが存在しないため，投資不適格債は現在のところ発行されていない(9)。

これまでの日本における社債市場を振り返ると，1996年に適債基準が撤廃されたものの2001年に至るまで AAA や AA が付与された高格付企業の社債が中心に発行されていた。その後，格下げが多発したこともあり，AA や A が付与された社債が大部分を占めるようになったものの依然として高格付債が発行されている。なぜ，低格付けの社債が発行されないのか。その理由として，リスクを選好しない金融機関（銀行や保険会社）が投資主体であることが挙げられる。

そのような環境の中，投資適格債のもっとも低ランクである BBB が付与された企業も機関投資家向けに社債を発行するケースが見られるようになった。さらに2010年，日本銀行は BBB の社債を購入することで社債市場の機能を回復させようという動きが見られた。このような行動により，BBB の社債の発行額が増加することになった。

また2008年以降，個人投資家向けの社債の発行に取り組む企業が台頭し始めた。その発行額を見ると，2009年８月には１兆5,000億円を超過し，前年度の発行額を５か月間で上回ることになったことが話題となった(10)。その当時，個人投資家向けの発行体は，約８割が金融機関によるものであり，それらの金融機関は劣後債を発行していた。前述したが，劣後債は「元本の返済順位が低く，一定割合を自己資本に計上できる(11)」というメリットを有している。そのため三井住友銀行，みずほコーポレート銀行（現みずほ銀行）などのメガバンクばかりではなく，横浜銀行や千葉銀行のような地方金融機関も劣後債を発行していた。さらに，金融機関ばかりではなく小田急電鉄や北陸電力でも，個人投資家を魅了するような抽選や景品を付与した社債の発行に積極的に取り組む姿が見られた。ここ最近も，個人投資家向けの社債発行が盛況化を迎えている。社債への投資は国債よりも高い利回りが見込めるということが理由として挙げられた時期もある。今後も個人投資家向けの社債が継続的に発行されるであろうことを考慮すると，入手する情報が少ない個人投資家にとって格付けは重要な投資指標の１つになると考えられる。

4　新型コロナウイルスによる社債市場への影響

前述したが，新型コロナウイルス禍以降も社債の発行が積極的に実施されている。2019年は，設備投資を実施するために社債を発行することにより，負債を増やすことでROEを高めようという狙いもあったであろう(12)。しかしながら，新型コロナウイルスによって財務に大きな影響を与え，それをたてなおすために社債の発行に踏み切った企業も存在するであろう。2020年４月時点で，世界の社債の発行額が最高になるということで大きな話題になった。この時期には，手元資金が枯渇することを恐れ，その資金確保目的で発行されたものと考えられる。今後は，低コストで資金調達を行うことができる社債市場が大きな役割を果たすものと考えられる。

また，経営が悪化した企業に対し，行政や金融機関が支援を続けている一方，日本銀行では社債の購入を拡大している。このことは日本だけのことではなく，米国においても連邦準備理事会が社債を購入している。連邦準備理事会は，もともとは，投資適格債であったものの投資不適格債に格下げされた社債までも購入している(13)。

新型コロナウイルスの収束が進まない中，今後，企業は生き残りを考慮しながら，経営に対する判断に迫られるであろう。そのような環境の中で，例えば日立製作所は，ノンコア事業の売却によりスリム化経営を実現しようとしているものと推測される。さらに，同社は前向きな社債の発行に踏み切り，今後，その資金はM＆Aなどに活用される予定である(14)。

新型コロナウイルスは，金融危機よりも大きな打撃を企業に与えている。世界中の有名な企業が倒産に追い込まれる事態が発生した。しかしながら，社債市場の活性化，金融機関による融資によって企業の生命線が存続できるものと考えられる。また，多様化する社債市場でグリーンボンド，ソーシャルボンドなどが発行されることにより，環境問題や社会貢献に力を注ぐことができると考えられる。さらに，SDGs債の積極的な発行によっても，貧困や飢餓の問題を解決することになり，格差社会を見直す契機にさらにつながると推測される。

注

（1）『日本経済新聞』2019年12月28日付参照。
（2）『日本経済新聞』2019年12月７日付朝刊参照。
（3）『日本経済新聞』2020年10月27日付朝刊参照。
（4）同上。
（5）同上。
（6）『日本経済新聞』2020年10月９日付朝刊。
（7）岡東・川口（2003），p.3。
（8）返済能力を把握するために，D/E レシオが代表的な指標として活用されている。D/E レシオとは，自己資本に対して何倍の有利子負債を抱えているかを示すものである。一般的に，D/E レシオは１倍以下（製造業）が望ましい。
（9）日本経済研究センター金融研究班（2010）によると，「米国では比較的格付けの低い社債の発行が多く，例えば09年には発行額全体の約20％をハイイールド債が占め，その発行額でも同年における日本の社債発行額全体を上回った」（p.4）。
（10）『日本経済新聞』2009年８月11日付朝刊。
（11）同上。
（12）ROE は，当期純利益÷自己資本×100により算出されるが，３つの式に分解することもできる。それは，売上高当期純利益率×総資本回転率×財務レバレッジである。３つの資金に分解されることにより，収益性，効率性，有利子負債の有効利用度を把握することができる。特に，負債を拡大することにより，財務レバレッジが高まるので，自ずと ROE が高まることになる。
（13）『日本経済新聞』2020年５月21日付朝刊。
（14）『日本経済新聞』2020年３月６日付朝刊。

参考文献

岡東務・川口史麻『実例にみる債券格付けの方法』税務経理協会，2003年。
日本経済研究センター金融研究班「社債市場活性化への５つの提言－個人に投資機会，市場規律ある銀行経営にも貢献－」『金融リポート』2010年12月10日公表。
森谷智子「証券化と格付機関のあり方」『証券経済研究』第74号，2011年６月。
Becker, Bo and Milbourn, Todd（2009）“Reputation and competition: evidence from the credit rating industry”, Harvard Business School working paper.
Calomiris, Charles（2009）“A Recipe for Ratings Reform”, The Economists’ Voice, November.

Mariano, Beatriz（2008）“Do Reputational Concerns Lead to Reliable Ratings?”, Discussion Paper No613（https://www.fmg.ac.uk/sites/default/files/2020-09/dp613.pdf, 2022年3月12日アクセス）.

（森谷　智子）

第19講

CP と MTN

1　CPとは何か

- 一般の企業が短期資金を調達するために，割引形式で発行する無担保の約束手形のこと。オープン市場で取引
- 現在はペーパーレス化され，短期社債（電子CP）と呼ぶ

2　CPに関連する最近の動向

- 短期社債は証券保管振替機構上のシステムで記録
- 短期社債の利息は短期格付けおよび発行期間によって決定
- ABCPを活用して金融機関や事業会社も資金調達

3　MTNとは何か

- MTNプログラムによって発行された債券（中期債）
- 事前に包括的な契約書や目論見書を作成することで，債券の発行がスムーズになる仕組み ＝ MTNプログラム

4　MTNに関連する最近の動向

- 金融機関を中心にMTNプログラムは利用されている
- MTNプログラムで発行される債権が30年近くの発行期間や永久債となっていることから，資本性が高まっている

5　環境問題とCP・MTN

- CPにより短期資金を調達したものを社債などに切り替えて長期資金へと転換する事例
- 資金使途を環境目的とする環境債（グリーンボンド）の発行

1 CPとは何か

長期金融市場とは，株式や社債といった債券など長期資金を扱う市場のことである。長期金融市場では取引期間が１年を超えた金融商品が取引され，なかでも有名なのが株式市場であり，株式の売買を行う証券取引所が整備されてきた。

一方，１年以内の金融商品など短期資金を取り扱う短期金融市場も存在しており，インターバンク市場とオープン市場などがある。インターバンク市場へ参加できるのは金融機関のみで，オープン市場には金融機関の他に一般の企業なども参加できる。このオープン市場には，CP（Commercial Paper）の取引が行われているCP市場があり，日本では1987年に開設された（図表19-１）。

アメリカではCP市場が1920年代に創設され，1960年代にその規模が拡大し，リーマンショックなどによる低迷はあるものの，FRB（The Federal Reserve Board：連邦準備理事会）が買入介入するなどしてCP市場に資金供給を図っており，アメリカ経済におけるその役割は重要なものとなっている。

CPとは，一般の企業が短期資金を調達するために割引形式で発行する無担保の約束手形のことであり，金融商品取引法２条１項15号で有価証券の１つ

図表19-1 ● 金融市場の概要

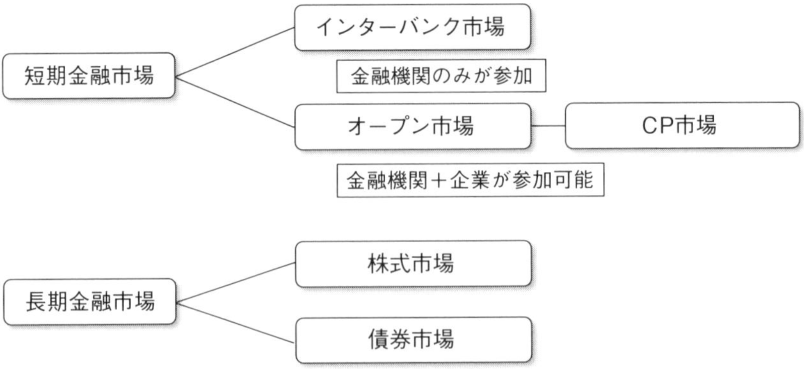

であると規定されている[1]。企業が債券を発行して資金調達する点で社債と似ているが，社債は1年以上の償還期間であるのに対して，CPの償還期間は1年未満である点が異なっている

さらに，2001年制定，2002年施行の「短期社債振替法」（のちに「社債，株式等の振替に関する法律」）により，約束手形を用いていた従来の方式（手形CP）とは異なり，手形を発行しない「短期社債」が新たに設けられた。社債，株式等の振替に関する法律66条1号では，短期社債を以下のように定めており，活用できるのは大規模な企業に限定されている。

イ　各社債の金額が1億円を下回らないこと。
ロ　元本の償還について，社債の総額の払込みのあった日から1年未満の日とする確定期限の定めがあり，かつ，分割払の定めがないこと。
ハ　利息の支払期限を，ロの元本の償還期限と同じ日とする旨の定めがあること。
ニ　担保付社債信託法の規定により担保が付されるものでないこと。

また，2003年より証券保管振替機構[2]にてCPはペーパーレスで取引されることになり，短期社債を電子CPと呼ぶようになった。現在CPという場合には短期社債，電子CPを指す[3]。

2　CPに関連する最近の動向

ICTの進展に伴い2003年にCPが電子化された当初は，従来の約束手形を用いたCPからの移行が進まず，2003年末では3銘柄，発行残高165億円となり，手形CPと合わせた発行残高のち0.12％であった（図表19-2）。しかし，手形CPの印紙税の軽減措置が2005年に終了すると，電子CPへと転換が進み，2005年3月には1,314銘柄，発行残高4兆8,663億円にまで拡大した。

2019年現在，CPの発行残高は短期社債として公表されている。CPを完全にペーパーレス化して短期社債として扱い，その発行，流通，償還を証券保管振替機構のシステム上の帳簿に記録しており，同機構が短期社債の残高を発表

図表19－2 ● 電子CP導入当初の発行状況

	電子CP（短期社債）		電子CPと手形CPの合計
	銘柄数	発行残高（億円）	発行残高（億円）
2003年3月末	3	165	141,106
2004年3月末	257	14,032	141,837
2005年3月末	1,314	48,663	147,828

（出所）平成16年度短期金融市場取引活性化研究会資料による。

している（図表19－3）。短期社債発行残高は2015年度を底にして復調傾向にあり，2019年度末に20兆9,268億円，2020年度末には19兆6,775億円となっており，短期社債市場の状況が好調といえよう。

なお，CPの利率は，格付会社の短期格付けおよび発行期間によって異なっており，例えば格付投資情報センターの短期格付が「a－1＋」で発行期間が1年未満であれば平均0.00％（2019年8月時点）となっている(4)。そのほか，事業法人のうちリース会社，カード会社，消費者金融，証券金融等の「その他金融」は「a－1」で0.01～0.03％，「a－2以下」で0.05～0.07％などとなっている。

CPは無担保で発行されるが，資産を担保にしてCPを発行するABCP（Asset Backed Commercial Paper）が利用されることもある。金融機関であれば保有する貸付債権を裏付けとし，一般事業会社であれば売掛債権を裏付けとして担保設定してCPを発行するのである。アメリカではABCPが広く利用されてきたが，リーマンショックの際にサブプライムローンが裏付債権となっていたという経緯がある。日本のABCP残高は2019年3月現在，1兆4,921億円である(5)。

海外に目を向けると，ESG投資が注目されており，その影響で投資家が投資先を選定する際にCPを発行する企業がどれだけESGに取り組んでいるかが評価されている。例えば，オランダのRabobankはESGの取組状況について評価する外部機関から高評価を受け，その結果，2018年にRabobankが発行する12億ユーロのCPが即時，投資家により購入された(6)。投資家の投資先

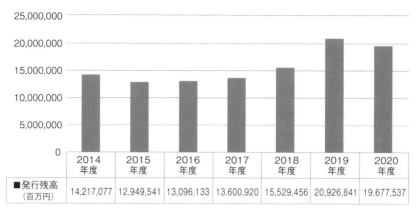

図表19－3 ● 日本のCP発行残高

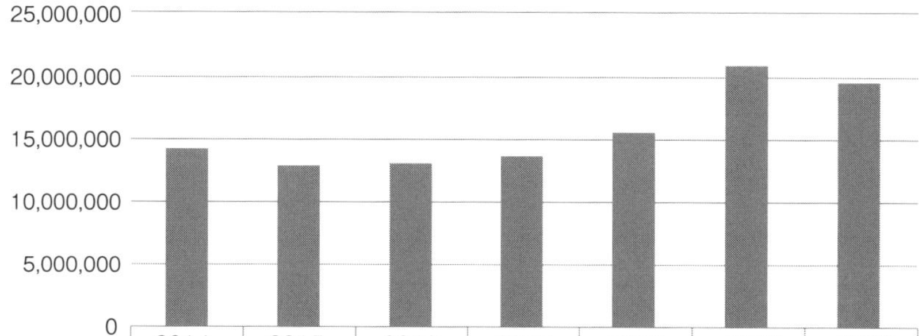

	2014年度	2015年度	2016年度	2017年度	2018年度	2019年度	2020年度
■発行残高（百万円）	14,217,077	12,949,541	13,096,133	13,600,920	15,529,456	20,926,841	19,677,537

（出所）証券保管振替機構公表の数値をもとに筆者作成。

が環境問題等に取り組んでいるかで評価されるようになってきたため，Rabobankのような投資先が発行するCPに投資が集中するようになったといえる。

3 MTNとは何か

MTN（Medium Term Note）とはMTNプログラムに基づいて発行された債券で，中期債と呼ばれる。MTNプログラムとは，債券を発行して資金調達を行う企業と引受業者との間で，事前に債券発行の条件や発行限度総額など大まかな内容について決定した包括的な契約書や目論見書などを作成し，実際に債券を発行する際に償還期間や利率などの詳細な条件を決めることでスムーズな債券の発行が可能となる仕組みである(7)。通常，社債などの債権を発行する場合には，その都度，引受業者との契約書や投資家向けの目論見書などを作成しなくてはならないが，MTNプログラムを活用することで，企業は当初設定した発行限度総額までは何度でも債券を発行でき，なおかつこれらの手続きが簡素化され効率的に資金調達が可能となる。

4　MTNに関連する最近の動向

MTNプログラムを活用した資金調達は広まっていないものの，事業会社や金融機関が利用して資金調達をしている事例がある。

例えば，2009年にSBIホールディングス㈱がユーロでの起債を念頭に置いた発行限度額500億円のMTNプログラムを設定している。さらに，格付情報からは㈱三井住友フィナンシャルグループがユーロ市場で３兆円，同じように㈱三井住友銀行もユーロ市場で３兆円の発行限度額を有するMTNプログラムを活用していることがわかる(8)。

また，三井住友トラストホールディングスでは，ユーロMTNプログラムを設定している。同HDでは，MTNプログラムを用いて発行する債券を期限付劣後債もしくは永久劣後債としている。これは中期の社債というよりも長期の社債，もしくはEquityとDebtの両方の特徴を有するハイブリッド証券といった性格の債券となっている。劣後債は倒産などにより残余財産を配分することになった場合，法的な返済順位が普通の社債に比べて後順位となる債券である。その分，劣後債の格付けは低下し，利回りは相対的に高くなる傾向にある。劣後債は当然負債として扱われるが，今回の事例では期間が期限付きでも30年，永久劣後債の場合は期限を定めないものであり，長期にわたって償還を要しない，すなわち資本として評価されるのである(9)。これは金融機関などの自己資本の算定でも同様に評価され，また債券などを発行するときに必要な

図表19－4 ● 三井住友トラストHDのユーロMTNの概要

発行体	STB Finance Cayman Limited 三井住友銀行	
社債種別	期限付劣後社債	永久劣後債
発行限度額	5,000億円	
発行債券年限	５年超30年以内	規定せず
信用補完	三井住友銀行による劣後保証	

（出所） 三井住友トラストホールディングスのホームページをもとに筆者作成。

発行体の格付けの資本性評価へプラスの影響がある。よって，ハイブリット証券は経営権に介入されずに資金を得られ，なおかつ自己資本の増強につながるメリットから利用されることが多く，MTNプログラムを利用して発行されるようになったといえよう。

ただし，日本ではMTNを活用した事例は少なく，日本政策投資銀行が利用しているケースがある。同行は2020年4月に2億5,000万英ポンド，償還期間3年，表面利率1.125%で発行した。

5　環境問題とCP・MTN

CPやMTNは短期の資金を調達する目的である場合が多く，その資金使途が環境対策などとなる場合は少ない。むしろCPで短期資金を調達したものを社債などに切り替えて長期資金へと転換する事例が見られるようになってきた。

例えば，大和ハウス工業は普通社債800億円を発行し，そのうち600億円をCPの借り換えに使い，残りの200億円は環境債（グリーンボンド）として環境に配慮した研修施設や物流施設の建設に充当した(10)。京阪ホールディングスは普通社債300億円を発行し，そのうち60億円は新型コロナウイルス対策で発行していたCPの償還に充当した(11)。東日本旅客鉄道は普通社債1,000億円を発行し，CPや有利子負債の償還や返済に充当する(12)。パナソニックは普通社債2,000億円を発行し，全額CPの償還に充当した(13)。

また，新型コロナウイルスの世界的な流行により業績や先行きが見通せない状況となったため，企業が手元資金を確保しようという動きもある。SUBARUはCPの発行枠を1,000億円に拡大し手元資金の確保に努めた(14)。

こういった動きは市場で社債を低金利で発行できるためであり，CPで短期資金を調達するより長期の安定資金を企業は選好していることの表れである。また，企業の資金繰りを支援するため，日本銀行が社債を買い取る姿勢もCPから社債への転換が進展していることが影響している。

注

（1）　コマーシャルペーパーは，「金融商品取引法第2条に規定する定義に関する内閣府令」によって以下のような規定もされている。

「第2条　法第2条第1項第15号に規定する内閣府令で定めるものは，当該法人の委任によりその支払いを行う次に掲げる金融機関が交付した「CP」の文字が印刷された用紙を使用して発行するものとする。

1　銀行

2　信用金庫及び信用金庫連合会並びに労働金庫及び労働金庫連合会

3　農林中央金庫及び株式会社商工組合中央金庫

4　信用協同組合及び信用協同組合連合会並びに業として預金又は貯金の受入れをすることができる農業協同組合，農業協同組合連合会，漁業協同組合，漁業協同組合連合会，水産加工業協同組合及び水産加工業協同組合連合会」

（2）　証券保管振替機構のホームページによれば，「証券取引においては，『売買』（注文・約定）が行われた後，約定や決済に関する内容を関係者間で確認する『照合』，決済日に引き渡す証券と資金の金額等を決済当事者毎等に集約する『清算』といったプロセスを経て，最終的に証券及び資金の『決済』が行われます。証券保管振替機構は，これら一連のプロセスのうち，証券決済機関（CSD）として，『照合』，『清算』，『決済』に係るサービスを提供しています。」と同機構の定義をしている（http://www.jasdec.com/）。

（3）　電子CPに対して従来の約束手形を発行するCPを手形CPと呼ぶ。

（4）　証券保管振替機構のホームページで短期社債の平均レートを日次，週次，月次で公表している。

（5）　上田八木短資㈱の2019年3月発表資料による（https://www.ueda-net.co.jp/uedayagi/04-infofl/topicsPDF/190514opentanshin.pdf 2019年8月13日アクセス）。

（6）　Rabobankのホームページによる（https://www.rabobank.com/en/press/search/2018/20180813-rabobank-launches-first-ever-esg-leader-commercial-paper-and-certificate-of-deposit-programme.html 2020年8月31日アクセス）。

（7）　目論見書とは，企業などが有価証券の募集あるいは売出しを行う際に，有価証券を購入するよう勧誘するときに投資家に交付する文書である。目論見書には，有価証券の発行者や発行する有価証券などの内容が記載されている。

（8）　㈱日本格付研究所の2018年9月3日のリリース発表による（https://www.jcr.

co.jp/download/eed3ea79e8eb5b1eb8da9b61d83edb68e4b91a91abea3eadaa/18d0486.pdf2019年8月13日アクセス）。

（9）岡﨑（2018）によれば，満期が30年以上あれば資本性を有するとみなされるとしている。

（10）「大和ハウス，社債800億円　CP借り換え充当　環境事業にも」『日本経済新聞』2020年9月10日付朝刊15面参照。

（11）「京阪HD，社債300億円」『日本経済新聞』2020年9月10日付朝刊15面参照。

（12）「JR東が社債1000億円発行」『日本経済新聞』2020年10月10日付朝刊13面参照。

（13）「パナソニック，社債2000億円　3年債など4本　CP償還資金に」『日本経済新聞』2020年12月19日付朝刊15面参照。

（14）「SUBARU，社債400億円」『日本経済新聞』2020年9月3日付朝刊15面参照。

参考文献

大崎貞和「短期社債振替法の制定」野村資本市場研究所『資本市場クォータリー2001年夏』pp.1-8（http://www.nicmr.com/nicmr/report/repo/2001/2001sum03.pdf 2019年8月11日アクセス）。

岡﨑多美「広がりをみせるハイブリッド証券」『富国生命マンスリーエコノミックリポート』2018年3月（https://www.fukoku-life.co.jp/economy/report/download/analyst_VOL296.pdf 2019年8月12日アクセス）。

短期金融市場取引活性化研究会『平成16年度検討事項取り纏め報告』2004年（https://www.zenginkyo.or.jp/news/2005/n2783/2019年8月11日アクセス）。

（林　幸治）

第VI部

財務戦略

第20講

資本政策と自社株取得

1　資本政策とは何か

- エクイティ・ファイナンス
- 株主還元政策

2　エクイティ・ファイナンスの種類

- 普通株式の発行
- 優先株式の発行
- 転換社債型新株予約権付社債の発行
- 新株予約権付社債の発行

3　エクイティ・ファイナンスの状況

- 普通株の3つの募集形態（株主割当，公募，第三者割当）
- 普通株（公募，第三者割当），優先株，転換社債が主体

4　エクイティ・ファイナンスと資金調達手法の理論

(1)　トレードオフ理論
(2)　ペッキング･オーダー理論
(3)　マーケット･タイミング理論

5　株主還元政策①（配当支払い）

(1)　配当政策の必要性
(2)　配当政策のタイプ

6　株主還元政策②（自社株取得）

(1)　自社株取得とは何か
(2)　配当支払いとの違い
(3)　自社株取得の動機
(4)　自社株取得の注意点

1 資本政策とは何か

株式会社は，株式を発行することで，経営に必要な資本を株主から調達することができる。一方，株式を購入した株主は，投資に見合う見返りを会社に期待する。その期待に応えようと会社は株主への還元策を実施する。資本政策とは，これらの株式発行に関わる会社としての方針や政策であり，具体的には主に以下の２つである(1)。

- エクイティ・ファイナンス（株式発行を伴う資金調達）
- 株主還元（配当支払いと自社株取得）

2 エクイティ・ファイナンスの種類

エクイティ・ファイナンスとは，株式発行を伴う資金調達の総称である。これに該当する調達方法は，主に以下の４つである。

① 普通株式の発行

普通株式とは，特別な権利が付いていない株式である。すなわち，普通株式の株主には，剰余金配当請求権，残余財産分配請求権などの“自益権”と呼ばれる経済的利益を享受できる権利と，議決権などの“共益権”と呼ばれる会社の経営に参画することができる権利が与えられる。剰余金配当とは，分配可能額の範囲内で会社が支払う配当金である。残余財産分配とは，会社の清算時の残余財産を株主に分配することである。議決権とは，株主総会における議案への投票権である。

すべての株式会社は設立時に普通株式を発行し，初めての資金調達を実施する。その後，必要に応じて株式発行による資金調達（増資）を行うが，多くの場合は普通株式の発行による増資である。

② 優先株式の発行

優先株式とは，普通株式と比較して，権利に優先的な扱いをもつ株式である。例えば，配当金において一定の金額を示す“優先配当額”の支払いが定められていることが多い。そのため，配当金の原資が限られている場合，優先株主には優先配当金が支払われるが，普通株主への配当金は少ない金額，あるいは無配となる場合も生じうる。さらに残余財産の分配においても，まずは優先株主への分配が優先される。

優先株式を発行するのは，多くの場合，特殊な状態にある会社である。例えば，業績不振に陥り，経営を再建するための資金を調達する必要がある場合である。このような場合，普通株式では計画する金額を調達できないため，普通株式より優先性をもたせた優先株式の増資が実施されることが多い。

③　転換社債型新株予約権付社債（いわゆる転換社債）の発行

転換社債とは，株式に転換する権利が付与された社債である。転換社債の所有者は，権利行使を行うことで，（社債としての）償還が行われ，その償還額がそのまま株式の払込み金額となって，結果的に株式（普通株式）の所有者となる。なお，転換社債は，会社法では，代用払込み型の新株予約権付社債と位置づけられる。

④　新株予約権付社債（いわゆるワラント債）の発行

ワラント債とは，新株を購入する権利が付与された社債である。ワラント債の所有者は，権利を行使して権利行使価格を払い込むことで株式を会社から交付される。なお，ワラント債は，会社法では，代用払込み型ではない新株予約権付社債と位置づけられる。

③と④は，発行時は社債だが，その性質は株式に近い資金調達手段とみなされるため，エクイティ・ファイナンスに含まれる。なお，③と④を発行した会社では，所有者の権利行使に伴って将来発行される可能性がある株式（潜在株式）が増加する。

3　エクイティ・ファイナンスの状況

それでは，エクイティ・ファイナンスはどの程度行われているのだろうか。図表20-1は，日本の上場会社の証券発行の推移である。なお，普通株については，募集形態によって，株主割当，公募，第三者割当の3つに区分されている。

株主割当とは，既存株主のすべてに新株を引き受ける権利が持株数に応じて

図表20－1 ● 日本の上場企業のエクイティ・ファイナンス

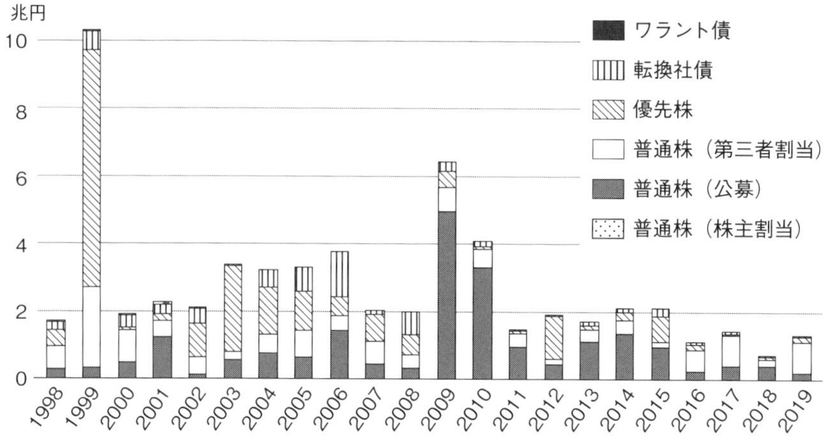

（注）転換社債は転換社債型新株予約権付社債の国内調達額。ワラント債は転換社債型以外の新株予約権付社債の国内調達額。
（出所）日本取引所グループウェブサイト「上場会社資金調達額（株式・債券）」より作成。

割り当てられ，そのうち実際に引受けを希望する者が払込みを行って新株を購入する方法である。公募とは，新株を引き受ける者を事前に特定せず公募する方法である。第三者割当とは，新株を引き受ける者を事前に会社が指定し，その者だけが新株を引き受ける方法である。

図表20－1を見ると，年によってエクイティ・ファイナンスによる資金調達額にかなりの変動があることがわかる。全体的に一定の調達規模があるのは，普通株（公募），普通株（第三者割当），優先株，転換社債の4つであるが，いずれも年ごとに大きな違いがある。ワラント債および普通株（株主割当）はこれらに比べるとごく僅かである。

4　エクイティ・ファイナンスと資金調達手法の理論

図表20－1のグラフでは，様々な種類のエクイティ・ファイナンスがランダムに行われているように見える。それでは，企業は何を基準に資金調達方法として，エクイティ・ファイナンスを選択するのだろうか。ここでは，それにヒントを与える3つの理論を紹介する。

(1)　トレードオフ理論

トレードオフ理論は，様々な資金調達方法の中で，企業は負債全体をどのくらいの水準まで借りるのかを説明しようとした理論である。この理論では，負債には「節税のベネフィット」と「倒産リスク増大のコスト」という相反する面があり，企業はこの両者がうまくバランスする最適な水準になるような負債比率（負債／純資産）にしようとすると説明する。節税のベネフィットとは，負債を利用すると支払利息が発生するが，支払利息が増加すればその分（正確には，支払利息の増加額×税率の分），税引き後利益が増加することを意味する。倒産リスク増大のコストとは，負債を利用すれば確定した元金返済額および支払利息を償還完了まで支払い続けなければならないが，その過程で不況に見舞われ支払不能に陥り倒産する可能性が高まることを意味している。倒産には，直接的にも間接的にも様々なコストが発生する。

この理論の考え方を応用すれば，負債の最適水準を超えて資金調達する必要がある場合，企業はエクイティ・ファイナンスを行うということになる。

(2)　ペッキング・オーダー理論

ペッキング・オーダー理論は，企業の資金調達の選択には決まった順序があるという理論である。具体的には，内部資金の活用→負債の調達→株式の調達の順で選択される。なぜこの順番になるかというと，経営者と資本提供者との間に情報の非対称性があり，それにコストがかかるためである。内部資金はすでに会社内部にある資金であるため，それを使用する際に新たな資本提供者と交渉を行う必要がない。一方，負債や株式を新たに調達する場合，新たな資本提供者との間に交渉等のコストが発生する。負債と株式を比較すると，そのコストは株式の方が大きい。

この理論によれば，エクイティ・ファイナンスは，内部資金が不足し，合理的な条件で負債を発行することができない場合の最後の選択肢ということになる。

(3)　マーケット・タイミング理論

マーケット・タイミング理論は，自社の株価が高すぎるときに企業は株式を発行すると説明する仮説である。経営者は，自社の株価が非合理なほど高く値付けされていると認識するとき，「今なら少ない発行株数で大きな金額を調達できるので有利だ」との発想から，株式発行を選好する場合がある。これは，「少ない発行株数」なので，（そうでない場合と比べて）支払う配当金額が少なく済むように見えるためである。

日本では1980年代後半のバブルにおいて多くのエクイティ・ファイナンスが実施された。当時の状況はこの理論が当てはまる典型例である。また，2000年前後のITバブルでもIT企業が多額のエクイティ・ファイナンスを実施した。

これらの３つの理論は，実際の企業の資金調達方法を詳細かつ確実に説明するものではない。現実には，各企業によって置かれた状況が様々であり，それらに応じて選択する調達方法は異なる。

5　株主還元政策①（配当支払い）

(1)　配当政策の必要性

株式会社の経営者は，株主資本の提供者である株主の期待に応える必要がある。期待に応えられない経営者は交代を迫られる。通常，株主が求めるのは，投資に対する適正なリターン（投資利回り）である。リターンの中身は配当金と株価の値上がりである。これを，投資元本に相当する株価で割ると株式の投資利回りが計算される。

$$投資利回り(\%) = \frac{1株あたり配当金 + 株価の値上がり}{購入時の株価} \times 100$$

経営者は，この利回りが株主の期待値を超えるような経営を求められる。株価をコントロールすることは不可能なので，経営者にとって実施可能な施策は１株あたり配当金を管理することである。これが配当政策である。

⑵　配当政策のタイプ

配当政策の主なタイプに，安定配当型，業績連動型，投資重視型がある。安定配当政策とは，１株あたり配当金を原則として維持する配当政策である。通常，利益の金額は年度によって変動するため，１株あたりの利益も変動する。しかし，この配当政策では，例えば今期の１株あたり利益が前期より減少したとしても，１株あたり配当金は前期と同額支払う。逆に１株あたり利益が増加した年度では，１株あたりの配当金の増額は行わないか，行うとしても利益の増加率と同じだけの増額ではなく，次期以降も継続的に支払うことが見通せるような保守的な増額にとどめる。多くの日本企業はこの配当政策を採用している。

業績連動型とは，その年度の業績（利益）に連動した金額の配当金を支払う配当政策である。その典型は，配当性向の固定化政策である。配当性向は以下の式で計算される。

$$配当性向(\%) = \frac{配当金総額}{当期純利益} \times 100$$

例えば配当性向30%に固定化すると，当期純利益が増加すれば配当金総額も増加する（減少も同じ）。業績連動型と安定配当型は，方針としては互いに相容れない。ただし，純利益の変動がほとんどない（あるいは徐々に増加すると見込まれる）状況では両立しうる。安定配当型を採用している日本企業でも，目指すべき配当性向を掲げている企業が増加している。

投資重視型とは，配当の支払いよりも投資を重視する配当政策である。これは，成長の余地が大きい企業においてよく採用される。このような成長企業では，稼いだ利益を配当支払いに回すよりも，企業内に再投資する方がより多くの利益増が見込まれるため，それが根拠となって株価の値上がりが期待しやすいためである。十分な株価の値上がりが実現されるのであれば，配当金が少額あるいはゼロ（無配当）でも株主は受け入れる。この政策を採用する企業では，配当性向がゼロあるいはかなり低い。

6 株主還元政策②（自社株取得）

(1) 自社株取得とは何か

株主還元政策には，配当支払い以外に，自社株取得がある。自社株取得とは，会社が過去に発行した自社の株式を買い取ることである。これが株主還元の手法となる理由は，株主の手に資金が戻るためである。配当支払いと自社株取得は，会社内にあった資金を株主の手に移転する点で共通する。どちらも支払った現金の金額だけ株主資本は減少する(2)。

(2) 配当支払いとの違い

① 機動性・柔軟性

自社株取得は，配当支払いと異なり，金額だけでなく，実施の有無，タイミング，方法といった点で企業の裁量の余地が大きい。つまり，自社株取得は，配当支払いよりも，機動性・柔軟性のある株主還元手法であるといえる。

② 発行済み株式数の減少

配当支払いでは会社と株主の間で株式の売買が行われないため，発行済み株式数は変化しない。それに対して，自社株取得では，会社が株主から買い取った自社株は，１株あたり利益（EPS）を計算する際の（社外）発行済み株式数から控除される。この結果，自社株取得の前後で，期待される利益総額に変化がなくても，計算上，自社株取得後の１株あたり期待利益（期待 EPS）は増加する。さらに，配当支払いでは期待 EPS と期待 ROE を同時に高めることはできないが，自社株取得では可能である。ただし，理論上，株主価値はどちらも変わらない。これらを表したのが図表20-２である。

③ 支払い対象

配当支払いでは，株主全員に現金が支払われるとともに，配当を受け取るこ

図表20－2 ● 株主還元手法の違いによる財務数値の影響

		還元なし	配当支払い（200億円）	自社株取得（200億円）	
現金		300億円	100億円	100億円	
営業資産		700億円	700億円	700億円	
株主資本		1,000億円	800億円	800億円	
（社外）発行済み株式数		2億株	2億株	1.6億株	
期待利益		70億円	70億円	70億円	
期待 EPS		35円	35円	43.75円	
期待 ROE		7％	8.75％	8.75％	
理論株価		500円	400円	500円	
株主価値		500円	500円	500円	
				（売却）	（保有）
内訳	配当金額	—	100円	—	—
	自社株売却額	—	—	500円	—
	保有株価	500円	400円	—	500円

（注）　配当金は1株100円（200億円÷2億株）。自社株の取得額は理論株価（500円），取得株数は0.4億株（200億円÷500円）。営業資産の金額は期待利益を割引率10％で時価評価した価額（70億円÷0.1）。期待利益は営業資産のみから生み出される。理論株価は株主資本（営業資産時価＋現金）によって形成される。負債はない。経営者と株主の間に情報の非対称性はない。（売却）とは自社株取得に応じた場合，（保有）とは応じなかった場合。

（出所）　砂川・杉浦・川北（2008）図表13-1，図表13-2を参考に筆者作成。

とで株主の立場が終了することはない。一方，自社株取得ではそれに応じた株主のみに現金が支払われる。さらに，自社株取得に応じた株主は持株を売却することになるため，その後株主ではなくなる（持株すべてを売却した場合）。つまり，自社株取得を行うことは，株主にその後も株主であり続けるか，それとも退出するかの選択を迫ることになる。

⑶　自社株取得の動機

自社株取得は，配当支払いの代替以外にもいくつかの動機で行われる。

その1つは，EPSおよびROEの上昇である。図表20-2で見たように，自社株取得を実施すると，理論上，期待EPSおよび期待ROEは上昇する。したがって，EPSやROEを重視する企業にとっては，比較的容易に，名目上のEPSやROEを上昇させることができる。また，自社株取得には，現在の株価が割安であると経営者が認識しているという情報を株式市場に与える効果（アナウンスメント効果）がある。これらが動機になることもある。

さらに，ストックオプション，組織再編，株式無償割当などで自社の株式を交付する際の準備や，単元未満株式の買い取り要請への対応，持ち合い株式の解消への受け皿といった実務的理由で自社株取得が行われる場合もある。

(4) 自社株取得の注意点

自社株取得を実施しようとする際には，健全性の低下と将来の株式価値の希薄化に注意が必要である。

健全性の低下とは，自社株取得に伴う株主資本および現金の減少が，自己資本比率および財務的余裕度の減少をもたらすことを意味する。株式価値の希薄化懸念とは，取得した自社株を消却せず金庫株として保有する場合，その処分として市場で売却すれば増資と同じ効果をもつ。その際，売却による調達資金の投資収益率が市場の期待より低ければ，希薄化による株価下落を伴う。自社株取得はこれらを事前に検討しておく必要がある。

注

（1）この2つ以外にも，株主構成政策や，ストックオプション等の株式報酬政策も資本政策に含まれる場合がある。

（2）会社法では，自社株（自己株式）の取得についても剰余金の配当についても同様に，株主に対して交付する金銭等の額の上限を「分配可能額」と規定している（461条）。

参考文献

砂川伸幸・杉浦秀徳・川北英隆『日本企業のコーポレートファイナンス』日本経済新聞出版社，2008年。

境睦・落合孝彦編著『グラフィック経営財務』新世社，2019年。
谷川寧彦「自社株取得とその消却」『早稲田商学』第431号，2012年3月，pp.413-434。
花枝英樹『企業財務入門』白桃書房，2005年。
ロバート・ヒギンズ著，グロービス・マネジメント・インスティテュート訳『新版ファイナンシャル・マネジメント』ダイヤモンド社，2002年（Robert C. Higgins, Analysis for Financial Management, 6/e, Mc Graw-Hill Companies, Inc., 2001）。
リチャード・A・ブリーリー/スチュワート・C. マイヤーズ/フランクリン・アレン著，藤井眞理子・國枝繁樹監訳『コーポレート・ファイナンス〔第10版〕〈上〉』日経BP社，2014年（R. Brealey, S. Myers & F. Allen, Principles of Corporate Finance, 10/E, Mc Graw-Hill Campanies, Inc., 2011）。

（文堂　弘之）

第21講

M&A

1　定着したM＆A

- Ｍ＆Ａ件数は1990年代後半から増加。1999年以降は毎年1,500件を超える
- 1990年代後半以降のＭ＆Ａは「選択と集中」
- 2000年代は，経済のグローバル化の進展に伴うアウト -イン型とイン- アウト型の増加
- 2010年以降，国内の人口減少を背景に，流通業，国内銀行などで再編が活発化

2　M&A とは何か

⑴　M&Aとは

- 企業の合併・買収（Mergers and Acquisitions）

⑵　M&A のメリット

- シナジー効果（相乗効果）
- 自社にない経営資源を時間をかけずに獲得

⑶　M&A の形態・目的

- 水平的 M&A ― 同業種の企業同士の M&A
- 垂直的 M&A ― 原材料の仕入先または自社製品の販売先との M&A
- 無関連型M&A ― 水平的・垂直的な関連のない企業との M&A
- 事業再生型 M&A ― 業績不振・経営破綻企業の再建後，株式を売却

3　投資としての M&A の特殊性

- M&A 投資― 買収対象企業の経営権および支配権，あるいは事業の取得
- M&A 投資の特殊性
  - ①　売上高および損益の即時的獲得
  - ②　資産および負債の一括取得とその影響
  - ③　取得価格の個別性（標準価格の不在）

4　M&A 投資における財務上の考慮点

- 買収対象企業の価値評価と買収シナジー
  インカムアプローチ（DCF 法），コストアプローチ，マーケットアプローチ
  EV／EBITDA 倍率
- 買収額（および買収プレミアム）の設定と投資リターン
  投資リターンは買収プレミアムと反比例の関係（シナジーとは正比例の関係）

1　定着したM&A

日本では以前，株式の持ち合いや「乗っ取り」のイメージの悪さを背景に，企業の合併・買収（M&A: Mergers & Acquisitions）は積極的に利用されてはこなかった。しかし，1990年代後半からＭ＆Ａの件数は増加しはじめ，1999年以降は毎年1,500件を上回り，2004～2008年では年間2,000件を超えた。その後しばらく減少したが，2012年以降一貫して増加している（図表21-1）。

1990年代後半以降にM&Aが増加した主な理由は，バブル期に多角化を進めた大企業が，競争力強化を目的として事業のリストラクチャリングを積極的に進めたことにある。このいわゆる「選択と集中」の過程において，大企業は，一方では不採算部門を売却し，他方では本業を強化するための買収を行っている。

2000年代に入ると，経済のグローバル化の進展に伴い，外国企業による日本企業の買収（アウト-イン型）および日本企業による外国企業の買収（イン-

図表21-1 ● わが国のM&A合計件数とクロスボーダー型M&A件数の推移

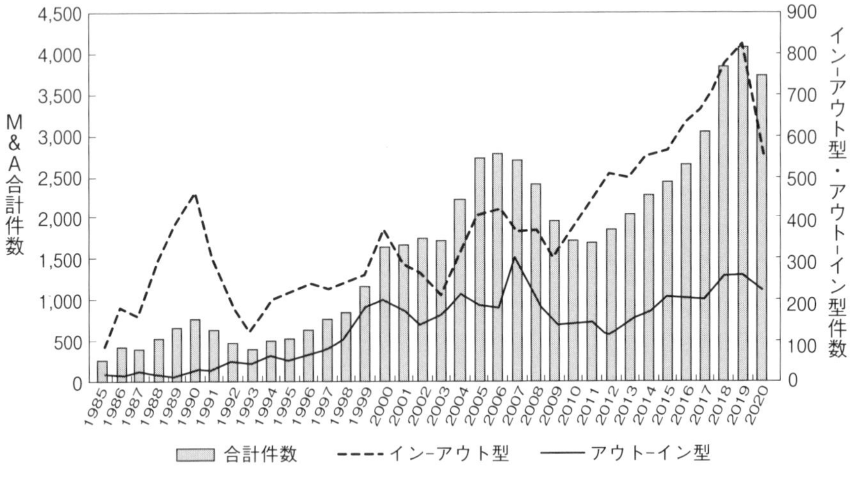

（出所）『MARR』各号より作成。

アウト型）が増加している。特に近年，イン-アウト型のM&Aは大型化している（図表21-2）。

一方，2010年以降，国内の人口減少に伴う市場縮小を背景に，国内を基盤としている流通業，国内銀行などの分野でM&Aによる再編も活発化している。流通業では，セブン＆アイHDが2013年に，カタログ通販のニッセンHD，高級衣料品店のバーニーズジャパン，岡山県が拠点のスーパーの天満屋ストア，

図表21-2 ● 2000年以降の主な海外大型M&A案件

発表日	買収企業	買収対象企業	買収金額
2018. 5. 8	武田薬品工業	シャイアー（アイルランド）	6兆9,694億円
2016. 7.18	ソフトバンクグループ	アームHD（英）	3兆3,234億円
2006.12.15	日本たばこ産業	ガラハー（英）	2兆2,530億円
2012.10.15	ソフトバンク	スプリント・ネクステル（米）	1兆8,121億円
2014. 1.14	サントリーHD	ビーム（米）	1兆6,793億円
2019. 7.19	アサヒグループHD	アンハイザーブッシュ・インベブの豪州事業（ベルギー）	1兆2,096億円
2011. 5.20	武田薬品工業	ナイコメッド（スイス）	1兆1,086億円
2008. 4.11	武田薬品工業	ミレニアム・ファーマシューティカルズ（米）	9,480億円
2015. 6.11	東京海上日動火災	HCCインシュアランスHD（米）	9,413億円
2016.12.13	アサヒグループHD	SABミラーの中東欧ビール事業（ベルギー）	8,912億円
2017.12.28	ソフトバンク	ウーバーテクノロジーズ（米）	8,673億円
2018. 9.11	ルネサスエレクトロニクス	インテグレーテッド・デバイス・テクノロジー（米）	7,870億円
2015. 2.18	日本郵便	トールHD（オーストラリア）	7,618億円
2018.12.17	日立製作所	ABBパワーグリッド事業承継会社（スイス）	7,140億円

（注）単独の日本企業による海外企業（日本法人除く）に対する7,000億円以上の買収案件。
（出所）『MARR』各号より作成。

「フランフラン」を展開するバルスの買収・資本参加を立て続けに発表した。イオンも2013年にダイエーの子会社化を発表し，さらに2014年に完全子会社のマルエツ，30%強を出資しているカスミとマックスバリュ関東の３社の再編による首都圏スーパーマーケット連合の創設を発表した。

国内銀行においても，2010年代半ば以降，地方銀行の再編が進んでいる。2013年には東京都民銀行と八千代銀行の経営統合が発表され，2014年には肥後銀行と鹿児島銀行の経営統合，そして地銀最大手の横浜銀行と東日本銀行の経営統合が発表された。メガバンクでも，三井住友フィナンシャルグループによるシティバンク銀行のリテールバンク事業の買収が2014年に発表されている。

このように，以前はあまり積極的ではなかった日本企業のM&Aは，2000年代以降はかなり積極的に活用されており，すでに一般的な企業行動として定着している。

2　M&Aとは何か

(1)　M＆Aとは

M&Aとは，企業の合併・買収（Mergers and Acquisitions）のことである。合併の場合，合併に参加する２つ以上の会社は，合併後に１つの法人格をもつ会社となる。買収の場合，買収する側の企業と買収の対象となる企業の法人格は別々のままだが，買収側企業は買収対象企業の支配権を取得することになる。

(2)　M＆Aのメリット

M＆Aを行うことによって，企業は自社がもっていない経営資源を時間をかけずに獲得することができる。したがって，M＆Aは事業戦略を積極的に進める上で有効な手法であるといえる。さらに，企業あるいは事業の組み合わせによってシナジー効果（相乗効果）も期待されうる。

(3)　M＆Aの形態・目的

①　水平的M&A

水平的M＆Aとは，同業種の企業同士によるM＆Aである。その目的は，通常，規模拡大や設備の統廃合による効率化である。

② 垂直的M&A

垂直的M＆Aとは，原材料や商品の仕入先（調達先）企業，あるいは自社製品の販売先企業とのM＆A，すなわち川上・川下業種の企業とのM＆Aである。その目的は，原材料調達・製造・販売の一貫体制の確立やその効率化である。

③ 無関連型M&A（コングロマリット型M&A）

無関連型M&Aとは，自社の事業と水平的または垂直的な関係のない企業とのM&Aである。その目的は，相手企業とのシナジー効果を期待したり，新規事業への参入などである。

④ 事業再生型M&A（バイアウト）

事業再生型M＆Aとは，買収ファンド等が業績不振や経営破綻の企業を買収して再建した後，その企業の株式を株式市場または別の企業に売却して売却益を得ることを狙ったM＆Aである。

3　投資としてのM&Aの特殊性

M&Aは，在庫投資，設備投資，研究開発投資，従業員への投資と同様に，投資の１つである。なぜなら，M&Aは多額の資本を投じて買収対象企業の経営権および支配権，あるいは事業を取得することだからである。したがって，企業はM&Aを行う際，それによってどれだけの投資リターンが得られるのかを意識しなければならない。

M&Aは投資であるが他の投資と大きく異なる点がある。それは，投資対象が“企業”（あるいはその事業）という点である。そのため，以下の３点において他の投資と異なる。

① 売上高および損益の即時的獲得

M&A投資を行った企業は通常，投資した時点で新たな売上高を獲得することができる。つまり，企業そのものが購入対象であるM&A投資（買収による子会社化）を行うと，それまでは別の企業の売上高だった金額が，投資した時点から自社の売上高に上乗せ（連結）されることになる(1)。もちろん，売上高だけでなく損益も連結される。ただし，投資によって即座に獲得した新たな売上高および損益は，その後も継続されることが保証されるわけではない。

② 資産および負債の一括取得とその影響

M&A 投資の場合，投資によって獲得するものは企業そのものであるため，企業が有する資産および負債のすべてを一括して取得することになる。そのため，取得した資産の中には必ずしも必要ではなかったものも含まれることが多い。さらに，負債も引き受けなければならず，投資前の時点では認識できなかったいわゆる“簿外債務”の存在が投資後に発覚することもある。投資対象企業の負債については，債務の履行（返済）を M&A 後に求められる場合もある。

したがって，M&A 投資においては，M&A 前に行われる「デュー・ディリジェンス（Due Diligence）」（対象企業の価値を把握するために行われる調査・分析作業）をいかに慎重かつ適切に実施して，企業価値を評価するかが非常に重要になる。と同時に，不要な資産の処分や，債権者から要請された場合の債務返済資金の確保について，事前に考慮しておく必要がある。

③ 取得価格の個別性（標準価格の不在）

M&A は企業の売買取引である。しかし，企業の売買市場は形成されにくい。その理由は，第１に他社と同じ会社は存在しない，第２に企業の一生の中で，売りに出されることは非常に稀な事態である，ためである。このことは，M&A 投資に“標準価格”が存在しないことにつながる。例えば，客観的な株価が形成されている上場会社が買収の対象になる場合でさえも，買収プレミアム（株価を上回る買収価格の上乗せ率）は会社によってかなり異なる。

“標準価格”が存在しない M&A 投資では，買収価格は，買収側企業が，投資対象企業のどの部分を重視し，どの部分を重視しないのか，そして，M&A 後にその企業をどのように経営し，自社と一体化させてシナジー（相乗効果）をもたらそうと考えているか，そして他の買収希望者が出現するかなどで決まる。そのため，買収価格は案件ごとの個別性が非常に高くなる。

4　M&A 投資における財務上の考慮点

M&A 投資における財務的判断として，①買収対象企業の価値評価，②買収額（および買収プレミアム）の設定の2つが重要になる。①では“買収シナジー”との関係，②では“投資リターン”との関係に考慮しなければならない。

①　買収対象企業の価値評価と買収シナジー

M&A を行う際には，まず買収対象企業の価値を評価しなければならない。その際ベースとなる評価方法は，インカム・アプローチと呼ばれる方法である。これは，M&A 後に買収対象企業が生み出すキャッシュフローの現在価値を合計して企業価値を測定する方法である。DCF（Discounted Cash Flow）法とも呼ばれる。このほかにも，コスト・アプローチ（対象企業の資産と負債をその時価で評価してその差額を企業価値とする見方）とマーケット・アプローチ（対象企業の株価や類似する M&A 事例での評価額を参考にする方法）がある。

また，M&A 実務の世界では，EV／EBITDA 倍率が用いられることが多い。これは，EV（Enterprise Value: 企業総価値）が EBITDA（利払い前・税引き前・償却前利益）の何倍かをはかる指標である。EV は株式時価総額（あるいは株式買収総額）と純有利子負債を合計したものである。EBITDA は営業利益と減価償却費を合計した数値が用いられる。この倍率によって，買収対象企業の価値および買収価格の適正さを判断する。

これらの総合的な判断の結果，買収後の対象企業の価値が買収前より十分大きいと評価されれば，その M&A には価値の増加（買収シナジー）が見いだされ，実施する意味が生まれる（図表21-3（A））。ただし，買収後の対象企業の価値はそれほど増加しなくても，自社を含めた2社合計での価値の増加が十分大きければ，その M&A には買収シナジーが見込まれ，実施に値する（図表21-3（B））。

②　買収額（および買収プレミアム）の設定と投資リターン

次に，算定された買収シナジーの金額規模を上限として，買収額（株式取得

図表21-3 ● 買収前後の自社と対象企業の株式価値総額イメージ

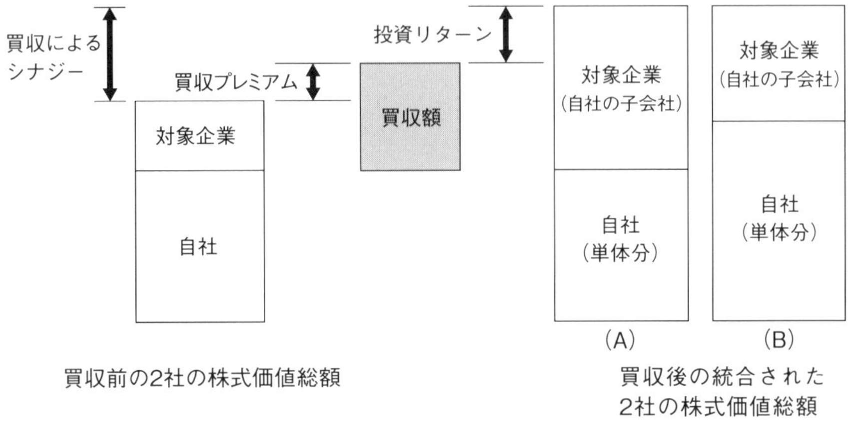

（注）買収額は全株式取得額，買収前の対象企業の株式価値は株式時価総額と想定。
（出所）筆者作成。

額）が設定される。買収額は通常，買収前の株式時価総額にある程度のプレミアムを上乗せした金額となる。そのため，買収額の設定は，単にいくらで買収するかという問題だけでなく，買収プレミアムをどの程度設定するかという問題を常に伴うことになる。そしてシナジーと買収プレミアムの差額が，買収者（自社）のM&A投資リターンとなる。したがって，シナジーが大きいほど，そして買収プレミアムが小さいほど，投資リターンは大きくなる。

● 注

（1）上場会社には連結決算が求められているため，ある会社を子会社化した場合，その会社の貸借対照表および損益計算書の数値を全部連結しなければならない。子会社化ではなく関連会社化した場合，投資収益に該当する金額を反映させなければならない。

■ 参考文献

坂本恒夫・文堂弘之編著『図解 M&Aのすべて』税務経理協会，2006年。
坂本恒夫・文堂弘之編著『成長戦略のための新ビジネス・ファイナンス』中央経済社，2007年。

坂本恒夫・文堂弘之編著『ディール・プロセス別 M&A 戦略のケース・スタディ』中央経済社，2008年。
坂本恒夫・文堂弘之編著『M&A と制度再編』同文舘出版，2010年。
森生明『MBA バリュエーション』日経 BP 社，2001年。

（文堂　弘之）

第22講

知的財産

1　知的財産戦略とは何か

- 知的財産の定義：知的財産基本法２条
- 売上高の源泉，利益確保のツール
- 技術や特許の創製（入手），活用に関する戦略

2　知的財産戦略の変容

⑴　クローズド・イノベーション

垂直的閉鎖的な自己完結型

- 「自前主義」
- 企業内部の研究開発による新技術・知識の発見，製品化
- 20世紀中期～末期：クローズド・イノベーションが主流

⑵　オープン・イノベーション

開放的で水平志向型

- 自社にない技術･ノウハウ等を外部から調達
- 自社の技術･ノウハウ等を外部に提供

⇒イノベーション活動の有効性･効率性の向上，イノベーションの収益性の向上

⑶　コー・イノベーション（共創）

水平的垂直的な統合型

- 内部と外部資源を統合させるプラットフォーム
- 内部資源，外部資源，創造的なアイデアを集合
- すべてのステークホルダーに利益を分配，共通価値を創造

3　知的財産戦略を策定する際の焦点

- これまでは経済的価値の最大化に焦点が置かれていた
- コロナ禍をきっかけに，知的財産戦略の策定にESGの観点が求められるようになった

1　知的財産戦略とは何か

(1)　知的財産とは何か

知的財産基本法2条では，知的財産を，「発明，考案，植物の新品種，意匠，著作物その他の人間の創造的活動により生み出されるもの（発見又は解明がされた自然の法則又は現象であって，産業上の利用可能性があるものを含む。），商標，商号その他事業活動に用いられる商品又は役務を表示するもの及び営業秘密その他の事業活動に有用な技術上又は営業上の情報」と解釈している。

企業における知的財産の重要性が高まりつつある。知的財産が価値創造の源泉であること，企業業績向上に寄与できることが，理論的・実証的に証明されており，企業業績向上に約60％寄与しているといわれている(1)。このような知的財産の入手と活用に関する戦略が重要になってくる。

(2)　知的財産と経営の関係

知的財産は，ビジネスエコシステムの中で機能する経営資源であり，その経営資源の重要な部分を構成している。知的財産を類別すると，特許，商標権，意匠権，実用新案権，営業秘密等に分けることができる。また，近年，情報通信技術の発達を背景に，データ(2)の利活用に関するプログラム（例：自動車走行データ，カメラ画像データ，消費者行動データなど）が新たな知的財産として注目を集めている。

一方で知的財産は無体の財産で，単体のみでは利益を実現しにくい性質をもっているため，実際の事業に織り込み，利益を創出していくことになる。図表22-1に示すように，そのような性質をもつ知的財産が利益を生み出すためには2つの手法がある。1つは生産財として製品に織り込み，消費財へ転換することで利益を上げる方法である。もう1つは，ライセンシング（技術提供）を通じて，サービス財へ転換することで利益を上げるものである(3)。家電製品メーカーや自動車メーカーは主に1つ目の手法を用いているのに対して，IT関連企業は，2つ目の方法で利益を上げている。例えば，Zoomの会社はウェブミーティングのサービス提供で利益を上げている。

図表22－1 ● 知的財産の性質と価値実現の度合い

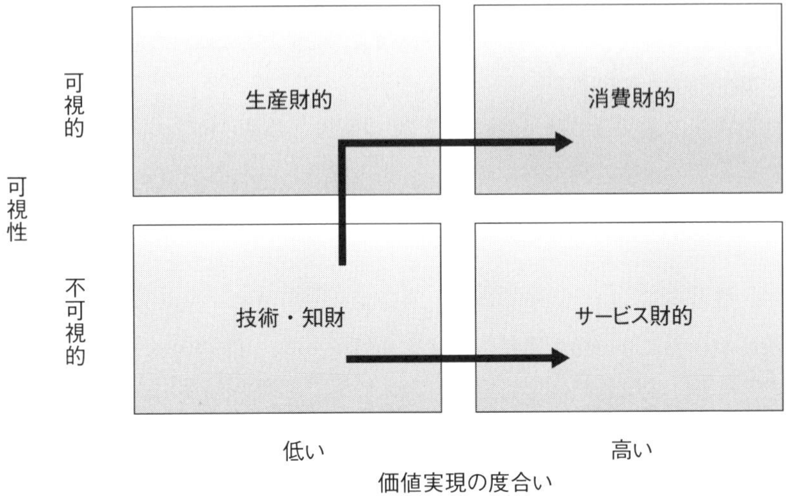

（出所）渡部（2012），p.26に基づき，加筆・修正。

実は，われわれの日常生活に欠かせない家電製品には様々な知的財産が織り込まれている。図表22－2に示されているスマートフォンに織り込まれた知的財産を見てみよう。着信音，各種アプリが著作権，長寿命，軽量化したリチウムイオン電池の発明が特許権，スマートフォンの形状や模様，色彩に関するデザインが意匠権，製品や包装を表示するマークが商標権，充電口の端子の構造に関する考案が実用新案権，技術的に創意工夫に含まれるノウハウが営業秘密として保護されている。そして，私たちはスマートフォンを使って，ニュース記事を閲覧したり，ショッピングをしたり，動画視聴をしたりしている。私たちの行動履歴というパーソナルデータがスマートフォンを介してインターネット上に蓄積されていく。企業は，こういったデータを分析し，商品・サービスの開発やマーケティング戦略の立て方に活用している。

なお，知的財産は無形の性質をもち，模倣されやすい。知的財産が模倣されると，類似の商品やサービスが登場し価格競争が起きる。価格競争の影響で，企業は必要な利幅を維持するのが難しくなる。このような状況を防ぐには，知

図表 22-2 ● スマートフォンに織り込まれた知的財産

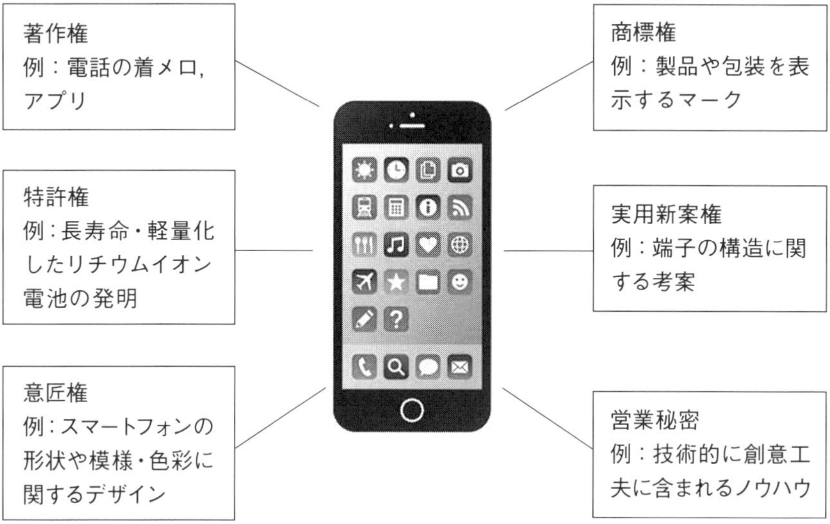

（注）　データ：スマートフォンから得られる消費等の動向，検索履歴など。
（出所）　筆者作成。

的財産の模倣を防止するために知的財産を出願し法律上の権利を取得すること（知的財産権）が必要である。特許権を活用し参入障壁を築くことは，市場シェアの高まり，売上の増加につなげることができる側面に加えて，価格を一定の水準に維持することによって利益を確保できる。

知的財産には様々な種類があるが，本講ではとりわけ技術と特許を中心に見ることとする。したがって，本講でいう知的財産戦略とは，技術や特許の創製（入手），活用に関する戦略である。企業の技術や特許の入手戦略によって，企業の研究開発コストや競争優位が変化するし，活用戦略によって，企業の収益や競争優位も変わってくる。

2 知的財産戦略の変容

知的財産戦略においては，クローズド・イノベーションから，オープン・イノベーション，そしてコー・イノベーションへと変わっていく。それらの変遷に関する議論はバリューチェーン全体にフォーカスするものがほとんどであるが，ここでは，知的財産の創製と活用，すなわち研究開発プロセスに焦点を当てることとする。まず，イノベーションの定義を明確にする。イノベーションの定義は，1911年シュンペーターによって提唱された。その後，様々な分野において多岐にわたって議論されてきており，統一された解釈がない。本講では，Lee et al.（2012）の，イノベーションとは価値を創造する新しい手法という解釈を使用する。

(1) クローズド・イノベーション

クローズド・イノベーション（closed innovation）は，いわゆる「自前主義」的なイノベーションで，企業内部における研究開発のみにより新技術・知識を発見し，製品化していくという形態である。20 世紀中期から末期にかけて「クローズド・イノベーション」が主流であった(4)。クローズド・イノベーションは垂直的閉鎖的な自己完結型で，企業の中で生まれたアイデアは企業の境界線を抜けることなくスクリーニングされてマーケットに展開されるという点にその特徴が見られる(5)。

しかしながら，①優秀な労働者の増加と流動化，②ベンチャーキャピタルの登場，③棚上げされたアイデアの流出，④外部サプライヤーの増加などを背景に，クローズド・イノベーションは時代遅れとなってきている(6)。企業外部で活発化する知見の獲得，研究開発コストの節約および研究開発リスクの回避(7)，といった研究開発プロセスの合理化を目的として行った企業行動が，研究開発におけるオープン・イノベーションを推し進めた。

(2) オープン・イノベーション

オープン・イノベーション（open innovation）は Chesbrough，H. が2003年

に提唱した概念である。彼は，オープン・イノベーションを，企業の内部と外部のアイデアを有機的に結合させ，価値を創造することと定義している(8)。そして，20世紀末期から21世紀にかけて従来と比べて開放的で水平志向の開発形態「オープン・イノベーション」が主流であった(9)。

オープン・イノベーションに関する研究はその概念が2003年初めて提唱されて以降，多くの研究者によって多様な観点から研究されており，テーマは極めて多岐にわたっている。ここでは，研究開発のスタイルに焦点を当てることとする。オープン・イノベーションには社外から知識・アイデアを取り込むアウトサイド・イン型（outside-in）と，社内の知識・アイデアを外部に提供するインサイド・アウト型（inside-out），の2つの類型がある(10)。こうした知識の流入と流出を自社の目的に適用できるように利用して社内イノベーションを加速化するとともに，イノベーションの社外活用を促進する市場を拡大することにつながる。このように，オープン・イノベーションは企業間の境界を越えて，社内・社外の知識を有効に結合することで利益創出に貢献している。

オープン・イノベーションは，自社にない技術・ノウハウ等を外部から調達したり，自社の技術・ノウハウ等を外部化したりすることでイノベーション活動の有効性・効率性を高め，イノベーションからの収益性を向上させていくための1つの方法である(11)。クローズド・イノベーションからオープン・イノベーションへの変化を経験した典型的な例はIBMである(12)。

オープン・イノベーションには下記の4つの要素を含んでいる(13)。

① 不特定多数の候補の中からポテンシャルのある相手を探索し，連携していく。

② 社外からの知識に，社内で開発・蓄積された知識と同等の重要性を認める。

③ 自社の技術，ノウハウ等の外部化が明示的に取り上げられている。

④ 自社が保有する知的財産に製品・事業展開における防衛的役割だけではなく，外部活用を通じた市場形成やイノベーションの推進の役割を付与している。

⑶　コー・イノベーション

Co-innovationを日本語に訳すると，「共創」という意味になる(14)。オープン・イノベーション等の先行研究や調査文献においては，スピンアウトした技術の活用やマーケットへの展開など「アウトサイド・イン型」におけるモデルや，公開される技術を取り入れる「インサイド・アウト型」の分析や開発を単体的に行うことが注視される傾向にあり，「アウトサイド・イン型」と「インサイド・アウト型」どちらかの一方通行な考えの重視が推し進められているのが主流である(15)。それに対して，コー・イノベーションは「アウトサイド・イン型」と「インサイド・アウト型」を同時に注視し，同時に推し進めている。

コー・イノベーションは内部と外部資源を統合させるプラットフォームである。同形態は内部資源，外部資源，創造的なアイデアを集合させる上，価値を生み出し，分配し，持続的な競争優位の維持にポジティブな影響を与えることができる(16)。

コー・イノベーションは以下のような新しい要素を含んでいる(17)。

①　コー・イノベーションは，サプライヤー，パートナー，外部協働者，顧客，公的機関などの利害関係者に利益を与える点が，オープン・イノベーションと異なっている。

②　コー・イノベーションは双方向化である。アウトサイド・イン型やインサイド・アウト型のどちらかに重心を置くのではなく，双方向に遂行する点にその特徴がある。

③　コー・イノベーションはすべてのステークホルダーに利益を分配できるモデルであり，共通価値の創造が期待できる。

技術進歩を背景に，コー・イノベーションは，外部資源を，従来の企業と外部協働者の提携を通じて獲得するだけではなく，プラットフォームを介してクラウドソーシングを活用することができるようになった。また，クラウドコンピューティング（cloud computing）を介してデータを利用し，パートナーと情報を共有することもできるようになった(18)。利益はこうして外部との協働で創出される。創出された利益はネットワークに参加しているステークホルダーに還元される。

3 知的財産戦略を策定する際の焦点

これまで，企業が知的財産戦略の策定に際して，経済的価値の最大化（コスト削減，権利行使による利益最大化）に焦点を当てていた。しかしながら，経営環境の変化に応じて，知的財産戦略の策定にESGの観点が求められるようになった。企業の経営計画，将来ビジョンにより，知的財産戦略が選択される。ここでは製薬会社における知的財産戦略を見てみよう。

医薬品の研究開発には，長い年月，巨額な資金，そして低成功率などの特徴がある。そのため，生活習慣病，癌領域，消化器疾患，神経精神疾患等市場規模を有する，企業にとって大きな売上高を見込める分野に研究開発の焦点が置かれていた。一方で，感染症の治療薬は市場規模が小さく高い薬価が望めないなど経済的価値が低すぎるため，製薬会社が関心を示してこなかった。これまで製薬会社は，医薬品の研究開発，医薬品の継続的な安定供給，医薬品の無償提供プログラムなどで社会貢献としてきた。

しかしながら，感染症分野はエイズ・結核・マラリアといった「三大感染症」に限らず新興国を中心に問題となっており，ESG（環境・社会・企業統治）の「S」の観点から見た価値は高い。

2019年12月に発生が報告された新型コロナウイルス感染症は，世界各地に感染の広がりを見せた。治療薬，ワクチンなど医療的な解決手段が見つかるまで，日常生活や経済活動は戻らない。こうした環境下，感染症対策で中心的役割を担えるのは製薬業界だけということで，製薬会社がどのように感染症対策に取り組んでいるかに注目が集まっている。コロナ予防ワクチンの開発コストは20億ドルといわれている。また，ワクチンの場合，開発途中で感染が収束したり，他社のワクチンが先に実用化されたりすれば，開発中止の事態も起こりうる。実際，SARS（重症急性呼吸器症候群）やMERS（中東呼吸器症候群）では，そうした経緯からワクチンが完成していない。

しかし，コロナ禍をきっかけに，利益が見込めなくても流行性疫病の治療薬の開発・生産に取り組む製薬会社が求められる。さらに，新型コロナなど感染症対策をすばやく進めるためには，製薬会社が短期的な利益を度外視してでも薬価を抑えることも求められる。

先述したように，医薬品の研究開発には，長い年月，巨額な資金，そして低成功率などの特徴があり，これらの特徴も医薬品開発の課題となっている。これらの課題を克服するために，企業境界を越えて，競合相手とのコー・イノベーションで治療薬の開発，生産が進められている。さらに，コロナ禍をきっかけに大手企業の研究開発戦略の策定に際しての焦点が大きく変わってきている。例えば，武田薬品工業の場合は以下の考え方を示している(19)。

> 「2020年4月に血漿分画製剤事業を営む企業とグローバルな提携体制であるCoVIg-19 Plasma Allianceに参加し，患者さん中心の価値観の下，一企業としての利益を顧みることなく，あらゆるパートナーと協働することを通じてCOVID-19の治療法開発を促進することに注力しております。」

このように，コロナ禍をきっかけに，製薬会社が研究開発戦略の策定にESGの視点を取り入れるようになった。しかしこのような取り組みを行った背景には社会的な要請（圧力）があったということに留意する必要がある。したがって，コロナ感染症が終息した後，事業の中心に感染症を据えることができるかということについて，継続的に製薬会社の研究開発の動向を観察する必要がある。

注

（1）　Andonova & Ruiz-Pava, 2016.
（2）　データそのものは発明ではない。
（3）　渡部（2012），p.26。
（4）　寄能（2016）。
（5）　寄能（2016），p.271。
（6）　Chesbrough（2003）邦訳，pp.49-53。
（7）　中村・浅川（2006），p.2。
（8）　Chesbrough（2003）邦訳。

（9）　一方，オープン・イノベーションはすべての産業において実施されているものではない。例えば原子炉や航空機エンジンなど引き続きクローズド・イノベーションが行われている産業もある（寄能（2016），p.271）。

（10）　Chesbrough（2003）邦訳。

（11）　米山他（2017），p.36。

（12）　IBMにおけるクローズド・イノベーションからオープン・イノベーションへの変化と詳細について，Chesbrough（2003）邦訳，pp.104-120を参照のこと。

（13）　米山他（2017）。

（14）　類似している意味合いで用いられている用語は「価値共創（value co-creation）」がある。マーケティング分野では「価値共創（value co-creation）」という用語は企業が顧客との協働で新たな価値を創出するという意味合いで用いられており，定着しつつある。

（15）　寄能（2016），p.64。

（16）　Lee et al.（2012）.

（17）　注（15）に同じ。

（18）　Khanna（2012），p.1098.

（19）　武田薬品工業「2019年度決算報告書」（2020年5月13日発表）p.11（https://www.takeda.com/49ec0f/siteassets/jp/home/investors/report/quarterlyannouncements/fy2019/qr2019_q4_f_jp.pdf　2020年7月10日アクセス）。

参考文献

寄能雅文「オープン・イノベーションとクローズド・イノベーションのモデルについての考察－再帰性からみる技術経営（MOT）－」『中京ビジネスレビュー』12，2016年，pp.63-89。

中村洋・浅川和宏「製薬・バイオ産業における研究開発マネジメントによる外部環境劣位の克服」RIETI Discussion Paper Series 06-J-019，2006年。

米山茂美・渡部俊也・山内勇・真鍋誠司・岩田智「日欧米企業におけるオープン・イノベーション活動の比較研究」『学習院大学　経済論集』54(1)，2017年，pp.35-52。

渡部俊也『イノベーターの知財マネジメント　「技術の生まれる瞬間」から「オープンイノベーションの収益化」まで』白桃書房，2012年。

Chesbrough, H.（2003）OPEN INNOVATION, Harvard Business School Press（大前恵一朗訳『ハーバード流　イノベーション戦略のすべて』産業能率大学出版部，2004年）。

Andonova, V., and Ruiz-Pava, G. (2016) "The role of industry factors and intangible assets in company performance in Colombia", Journal of Business Research, 69, pp.4377-4387.

Khanna, I. (2012) "Drug discovery in pharmaceutical industry: productivity challenges and trends" Drug Discovery Today, 17 (19/20), pp.1088-1102.

Lee, S. M., Olson, D. V., and Trimi, S. (2012) "Co-innovation: convergenomics, collaboration, and co-creation for organizational values", Management Decision, 50(5), pp.817-831.

（徐　玉琴）

第23講

デリバティブ

1　デリバティブとは

- 金融派生商品
- 原資産対象：株式，為替，作物，貴金属など
- 取引形態：先物取引，オプション取引，スワップ取引

2　デリバティブの歴史

- ギリシャ：オリーブ豊作の予見とオリーブの絞り機の使用権利の売買
- 日本：江戸時代の大阪堂島の米市場における米取引 → 先物取引の原型

3　デリバティブの仕組み

- 先物取引：将来の一定期日に，あらかじめ取り決めた価格で原資産を売買することを約束する取引
- スワップ取引：同じ種類の通貨で異なる種類の金利（固定金利と変動金利など）を取引の当事者間で交換する（スワップする）取引
- オプション取引：将来の一定期日に，予め定められた価格で，ある商品（原資産）を買う・売る権利を売買する取引

4　デリバティブの発展

(1) 背　景

- 1970年代頃の国際情勢の変化と1980年代に始まったセキュリタイゼーション

(2) 市場の発展

- アメリカ：1973年にシカゴ・オプション取引所の設立
- 日本：1951年サンフランシスコ条約以降，国債の円滑な消化，流通面から債券先物によるヘッジニーズ

5　デリバティブと財務の関係

(1) コスト抑制，利益確保の効果

(2) レバレッジ効果

- レバレッジ効果で資産運用益
- 投機活動の加熱によるデリバティブトラブルの多発

1 デリバティブとは

デリバティブ（derivative）とは原始的な商品から派生した商品で，金融派生商品と呼ばれている。原資産の対象となるものには，株式や為替，作物や貴金属など，様々な資産がある。デリバティブはこれらの原資産の価格を基準に金融商品の価値を決める。取引形態として，先物取引，オプション，スワップ取引などがある。

2 デリバティブの歴史

デリバティブは起源が古く(1)，米や綿花などの農作物を対象とした先物取引から発達し，1990年前後からは，株式，債券などの金融商品を対象とした先物取引，オプション取引，スワップ取引などが活発に行われるようになった。日本では，江戸時代の大阪堂島の米市場において，米商人たちの間で，米の売買価格を収穫前に予め決める取引（「帳合（ちょうあい）米取引」と呼ばれる）が行われていた(2)。この米取引は先物の原型といわれている。米の価格というのは天候，天災などの要因で常に変動するため，米商人たちはその価格を安定させたいと考えたのである。そしてこの帳合米取引によって予め米の売買価格を決めておくことで，思わぬ相場の乱高下がおきて損をするかもしれないという不安を取り除くことができた。このような帳合米取引は米商人たちのリスクヘッジである。

3 デリバティブの仕組み

(1) 先物取引

先物取引とは将来の一定期日に予め取り決めた価格で原資産を売買することを約束する取引のことである。現時点では売買の価格や数量などを約束しておいて，将来の約束の日が来た時点で，売買を行う。前もって売買の価格を決めておくことができるので，価格変動する商品の売買につきものの価格変動リスクを回避できるという利点がある。

現時点（本日）	将　来
売買の約束 買い手 ←→ 売り手	代金の支払い 買い手 → 売り手 買い手 ← 売り手 商品の引渡し
本日は予め 売買価格や数量を約束する	そのときの価格がいくらであっても 約束した価格で売買する

【取引の事例】

金属アルミニウムを原材料としているA企業があるとする。A企業は金属アルミニウム価格の上昇を予測し，取得原価を抑えるためにアルミニウムの先物取引を検討している。

◆取引の成立

A社は，金属アルミニウムを「1トン1,700ドル×10トン」を買うことを予め予約することにした。

- 原資産：金属アルミニウム
- 満期日：将来の一定時期
- 権利行使価格：17,000ドル
- 手数料：所定額

◆取引の価値

その後，市場における金属アルミニウムが18,000ドル（1トン1,800ドル）になったとすると，予約した「17,000ドル」には，差額の1,000ドルの価値があることになる。さらに，A社は約束した「将来の一定時期」が到来する前に，いつでもこの約束した「金属アルミニウム1トン1,700ドル」を相当額で他者に転売し，取引を終了することもできる。

◆取引の終了

満期日に，市場における金属アルミニウム価格が1トン1,700ドル以上であった場合，その差額は利益として確定する。

一方で，満期日に市場におけるアルミニウム価格が1トン1,700ドル以下であった場合，その差額は損失として認識される。

⑵　スワップ取引

スワップとは，元来，等価値のものの「交換」という意味である。デリバティブのスワップ取引において交換するのは，将来にわたって発生する金利である。同じ種類の通貨で異なる種類の金利（固定金利と変動金利など）を取引の当事者間で交換する（スワップする）取引である。一般的に，金利上昇リスクや金利低下リスクのヘッジとして利用されている。

スワップ取引には，金利スワップ，通貨スワップなどがある。金利スワップは元本交換を行わずに，金利部分のみを当事者間で交換する取引であり，通貨スワップは異なる通貨間で将来の金利と元本を交換する取引である。また，元本を交換せず，金利部分だけ交換する通貨スワップもあり，クーポンスワップと呼ばれる。なお，通貨スワップも，金利スワップ同様，取引所を通さずに当事者間で直接取引を行う店頭取引（相対取引）により行うので，交換する期間や条件などは当事者間で予め取り決めることになる。

【取引の例】

企業は海外事業展開先での資金需要があるとする。例えば，1億ドルを借入したいと考えている日本企業と，100億円を借入したいと考えているアメリカ企業があるとする。しかし一般的に，外国企業が海外で資金調達を行う際，調達金利が高くなる傾向がある。このような場合は，通貨スワップ取引が有効である。

◆取引の成立

- 日本企業は米国企業よりも安い金利で，日本銀行から100億円を調達
- 米国企業は日本企業よりも安い金利で，米国銀行から1億ドルを調達
- 手数料：所定額

⬇

- 日本企業は米国企業に元金・金利（1億ドル＋金利）を，日本円で支払い

• 米国企業は日本企業に元金・金利（100億円＋金利）を，USドルで支払い

◆通貨スワップの価値

両社は調達した資金（元本）と後の金利支払いを交換する。これにより，両社は自ら外貨を調達するよりも安い金利でそれぞれUSドル・日本円を調達することができる。

◆通貨スワップの注意点

為替変動リスクがあることに留意する必要がある。

• ドル高円安（1ドル＝120円）の場合，日本企業が不利益を被る。
• 円高ドル安（1ドル＝90円）の場合，米国企業が不利益を被る。

(3) オプション取引

オプション取引とはデリバティブ商品の1つで，将来の一定期日に，予め定められた価格で，ある商品（原資産）を買う・売る権利を売買する取引をいう。原資産を買う権利を「コールオプション」，売る権利を「プットオプション」という。

コールもプットも買い手は権利行使するか放棄するか自由に選択できる。売り手は買い手の意思に従う義務を負うことになる。

<table>
<tr><th></th><th>プレミアム
（オプション料）</th><th>コール（買う権利）</th><th>プット（売る権利）</th></tr>
<tr><td rowspan="2">買い手</td><td rowspan="2">支払い</td><td>コールの買い
買う権利の保有者</td><td>プットの買い
売る権利の保有者</td></tr>
<tr><td colspan="2">行使か放棄を選択できるため，損失が限定される
（プレミアムの金額分）</td></tr>
<tr><td rowspan="2">売り手</td><td rowspan="2">受取り</td><td>コールの売り
買う権利の付与者</td><td>プットの売り
売る権利の付与者</td></tr>
<tr><td colspan="2">• 選択権がなく，損失が無限大に拡大する恐れがある
• 買い手の権利行使に応じる義務を負う</td></tr>
</table>

【取引の例】

現在，Ｂ社の株価が5,000円であるとする。投資家Ａは B 社の株価の上昇を予測し，購入を検討している。B 社の株価を購入するためには，1 株5,000円×1 単元（100株）＝500,000円が必要となる。しかし，今は手元に500,000円の資金がない。

◆取引の成立

投資家ＡはＢ社株を「1 株5,000円×1 単元（100株）＝500,000円」で購入する権利」を，5,000円で買った。

- 原資産：Ｂ社100株
- 購入する権利：コールオプション
- 満期日：将来の一定時期
- 権利行使価格：500,000円
- オプション代金（手数料）：5,000円

◆オプション価値

その後，Ｂ社の株価が650,000円（1 株6,500円）になったとすると「500,000円で購入する権利」には，差額の150,000円分の価値があることになる。期日前でも，投資家Ａはこのオプションを相当額で他者に転売することもできる。

◆取引の終了

- 満期日に，Ｂ社の株価が 1 株5,000円以下であった場合。
  Ｂ社株の現在の市場価格が4,000円であるなら，その株を5,000円で買える権利には価値がない。そのため投資家Ａはオプションを行使せず権利放棄する。
- 満期日に，Ｂ社の株価が 1 株5,000円超であった場合。
  投資家Ａは，オプションを権利行使して，Ｂ社株を100株（1 株5,000円）500,000円で購入し，市場価格で売却して，差額分の利益を得ることができる。

4 デリバティブの発展

(1) 背景

デリバティブ取引は18世紀に始まったが，1970年に本格的な発展を見せた。デリバティブの発展を推し進めてきた背景には，1970年代頃の国際情勢の変化と1980年代に始まったセキュリタイゼーションがある。1971年８月15日，ニクソン大統領の発表した，ドルの金との交換停止によって，ドルの価値が急落し，ドルを基軸とする国際通貨制度（ブレトン＝ウッズ体制）が崩壊したことがきっかけであった(3)。1973年からは変動相場制に変わり，1985年のプラザ合意以降は為替リスクが急速に高まってきた。そして，1980年代に始まった，セキュリタイゼーションもデリバティブの発展を推し進めた。金利自由化によって，1980年代初めからアメリカではS&L（Savings and Loan Association：貯蓄貸付組合）中心に倒産が多発し，その貸付債権の流動化が起こった(4)。そして，こうした環境下，金利リスクと為替リスクの増大が同時に発生したのである。企業はそのリスクヘッジが重要になってきた。さらに，1988年に公表されたBIS規制がデリバティブの発展を加速した(5)。

(2) 市場の発展

アメリカでは1973年にシカゴ・オプション取引所を設立した。取引所が仲介し，買い手には売る，売り手からは買うという仕組みで債務の履行を保証したのである(6)。それが上場デリバティブの始まりであった。原資産と同様の値動きをするため，ヘッジ取引（原資産の価格変動リスクの制御）に有効のため，デリバティブ取引は飛躍的な成長を遂げた(7)。それによって，アメリカでは特にエクイティ・オプション，通貨オプションを中心に大きな発展を遂げた。こうした取引は世界各国に波及し，1980年代以降イギリス・フランス・ドイツといったヨーロッパ諸国では金融商品を対象とした金融先物取引所が設立された。

日本では，1951年サンフランシスコ条約以降，日本が国債の大量発行時代に入ると，国債の円滑な消化，流通という面から債券先物によるヘッジニーズが

図表23－1 ●デリバティブ取引高の推移

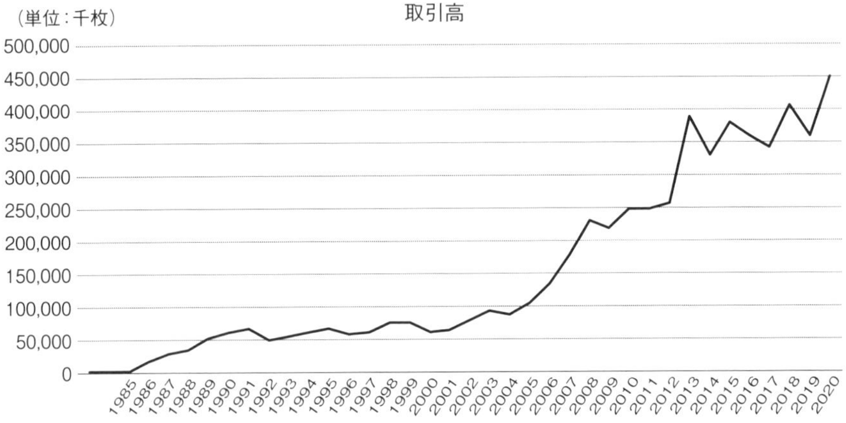

（出所）　日本証券取引所。

生じた[8]。それにより，1985年６月に債券先物市場が開設できるよう，証券取引法の改正法案が可決され，長期国債先物取引が開始された。その導入により先物に対する抵抗が解消された。1987年に大阪証券取引所で株先50，1988年に大阪証券取引所で日経225先物，東京証券取引所でTOPIX先物，1989年に東京金融先物取引所で円短期金利先物，ドル短期金利先物，円／ドル通貨先物が相次いで導入された。次に1987年，取引所の業務規程の変更を経て，株先50の取引が開始された[9]。

証券市場制度の整備により，新しい金融商品が開発され，品揃えの多様化が進んでいる。日本取引所グループでは現在，42商品を取り扱っている[10]。現物取引に比べて，デリバティブ取引は取引コストが安いため，右肩上がりの成長を見せている。取引規模については，大阪取引所と東京商品取引所が2020年12月30日発表した年間デリバティブ（金融派生商品）売買高は全体で４億5,424万枚となり，過去最高を記録した（図表23－１参照）。2019年からは26％増となった。新型コロナウイルス感染拡大を受けた市場リスクを回避しようとするヘッジ需要が膨らんだことが，取引高を増加させた。

5 デリバティブと財務の関係

デリバティブはその利用でリスクコントロールができるという特徴を有する。利用者は，デリバティブを通じてリスクを移転あるいは交換することで自分のリスク状態をゼロにできるし，あるいは軽減することもできる。特に，国際的に事業を展開している企業は，外国為替相場，市場金利および一部の商品価格の変動から生じる市場リスクを負っている。そのため，企業はこれらのリスクを減少させる目的で，為替予約，通貨スワップ，金利スワップ，商品スワップ契約のデリバティブを利用している。これらのデリバティブは契約が締結された時点の公正価値で当初測定され，その後も公正価値で再測定している。

デリバティブはリスクヘッジの機能があるが，その利用が企業財務にどのような影響を及ぼすかを見てみよう。

(1) コスト抑制，利益確保の効果

素材，運輸企業などでは「原燃料費」が業績の変動要因で，減益や赤字に陥った場合の主因でもある。このような業界では，デリバティブは価格リスクの管理手法として利用されている。デリバティブを適切に使えば，原材料価格の高騰によるコスト増が利益に与える影響を抑制できる。

(2) レバレッジ効果

また，企業は資産運用のツールとしてもデリバティブを利用している。デリバティブの利用ではレバレッジ効果が得られる。レバレッジ効果とは「テコの原理」のことであり，小さい力で大きな効果をもたらすという意味で，この場合は，「少ない資金で多額の取引を行え，投資効果を上げ，さらに収益性を高める」ということになる。

ここでは，金属アルミニウム先物取引の例を見てみよう。A企業は金属アルミニウム価格の上昇を予測し，資産運用の目的でアルミニウムの先物取引を検討している。A社は，金属アルミニウムを「1トン1,700ドル×10トン」を

買うことを予め予約することにした。その後，市場における金属アルミニウムが18,000ドル（１トン1,800ドル）になったとすると，予約した「17,000ドル」には，差額の1,000ドルの価値があることになる。さらに，A社は約束した「将来の一定時期」が到来する前に，いつでもこの約束した「金属アルミニウム１トン1,700ドル」を相当額で他者に転売し，取引を終了することもできる。満期日に，市場における金属アルミニウム価格が１トン1,700ドル以上であった場合，その差額を運用利益として確定する。

一方で，「逆レバレッジ効果」が生じる恐れもある。つまり，満期日に市場におけるアルミニウム価格が１トン1,700ドル以下であった場合，その差額が損失となる。

こういった財務効果を求めたデリバティブの加熱投機によって，デリバティブトラブルがたくさんあった。例えば，P&Gとバンカース・トラストの金利スワップに係る案件が挙げられる。P&G社が有利子負債コスト引下げのために投資銀行バンカース・トラストと金利デリバティブ契約を締結した。しかし，利用したドル建て金利スワップの支払コストが，利上げによって急上昇したため，1994年に約160億円の損失を出した。同社はリスクを十分説明しなかったという理由で，スワップをアレンジしたバンカース・トラストを訴え，法廷外で和解した(11)。

注

（１）　古代ギリシャの哲学者ターレスは，ある年，天文学の知識をもって翌年のオリーブが豊作となることを予見し，オリーブの絞り機を借りる権利をあらかじめ買っておいた。その翌年，ターレスの見込み通りオリーブは豊作となり，オリーブ搾り機の需要は拡大し借入料は上昇した。そこでターレスはオリーブ絞り機を約束通りの値段で借り入れ，自分が借り入れた値段より高い値段で人々に貸し出すことで，大きな利益を手に入れたといわれている。

（２）　日本取引所グループ「歴史の視点で経済市場を学ぶ－【第６回】日本の証券市場のルーツは江戸時代にあり（後編）」(https://money-bu-jpx.com/news/article027381/2021/５/18 アクセス)。

（３）　大村（1997)。

（４）　吉川（2017)。

（５）　吉川（2017）。BIS規制（バーゼル規制）とは，バーゼル銀行監督委員会が公表している，国際的に活動する銀行の自己資本比率等に関する国際統一基準のことである。銀行が自己資本比率（＝自己資本÷総資本×100）を８％以上維持するために，分母を小さくし，オフバランスを増やしてオンバランスを減らす傾向がある。デリバティブはオフバランスなので，リターンが上がっても総資産は増えないため，リターン・オン・アセット（総資産利回り）に貢献できる。
（６）　証券経済研究所編（2020）。
（７）　注(6)に同じ。
（８）　注(6)に同じ。
（９）　注(6)に同じ。
(10)　日本取引所グループホームページ。
(11)　注(3)に同じ。

参考文献

大村敬一「デリバティブをめぐる問題」1997年（https://www.jili.or.jp/research/search/pdf/C_112_3.pdf 2021/５/18アクセス）。

証券経済研究所編「第８章 デリバティブ市場」『図説　日本の証券市場』証券経済研究所，2020年。

吉川真裕「店頭デリバティブ市場の変貌－BIS統計に基づく考察－」『証券経済研究』第98号，2017年，pp.95-115。

（徐　玉琴）

第Ⅶ部

財務管理の新展開

第24講

新たな中小企業経営

1　中小企業経営の見直しへ

- 中小企業は所有と経営が未分離であり，ステークホルダーを意識した経営が大企業に比べ希薄
- 中小企業は，地域の一員であるというソーシャルキャピタルの概念を再度認識する必要性

2　ビジネスモデルの見直しの機会

- サプライチェーンの停止による日本経済の停滞
- 新しい事業に参入し日本経済に貢献した事例
- 地域を基盤にした経営の軸によるビジネスモデルの再構築

3　中小企業の DX 推進の機会到来

- 単なる効率性の追求ではなく，IT や ICTの導入によるビジネスモデルの変革が DX の本質
- 大企業に比べて中小企業は ICT 導入に消極的
- テレワークの事例から中小企業の IT，ICT 導入には業種や地域格差が存在

4　従来の中小企業財務

- 地域金融機関（地方銀行・第二地方銀行・信用金庫・信用組合）からの調達が主流
- 地域金融機関の再編が進み，融資姿勢の変化が予想される

5　新しい中小企業財務の動き

- 地域金融機関のリレーションシップバンキングへの回帰
- 審査において事業性評価の導入
- 売掛債権担保融資，少人数私募債など手法の多様化

6　環境問題と中小企業財務

- 地域の社会課題解決に取り組む企業への資金供給の出現
- 地域金融機関とベンチャーキャピタルの共同出資によるファンドの組成
- 金融機関による ESG 債発行，その資金を原資に中小企業の融資の財源

1 中小企業経営の見直しへ

中小企業経営は，株主価値重視や収益性重視といった一般的な大企業を対象とした経営とは異なる。中小企業は出資者と経営者が同一である場合が多く，実質的に所有と経営が分離していない。そのため出資者と経営者の利害が一致し，機動的な経営が可能というメリットもある。しかし，コーポレート・ガバナンスの視点からいえば，規律に則って企業外から経営者を監視するシステムが機能しないことが多い。ステークホルダー重視というよりも経営者の独断になりがちであり，「企業は私のもの」という意識が増長して企業が公の存在であるという意識が欠如してしまう傾向にある。一部の中小企業は自社の収益にのみ固執し，ステークホルダー，特に地域との関係性が希薄になってしまう。

2019年後半から新型コロナウイルス感染拡大の影響が全世界に波及した。日本も例外なく大打撃を受け，中小企業を取り巻く経営環境は劣悪となった。例えば，観光立国として推し進められていた政策により，外国人観光客をターゲットとしていた観光地は観光客の増加に伴い潤っていたが，世界的に人の移動が制限されてしまった影響で景況は反転した(1)。1年間の訪日観光客数は

図表 24-1 ● 訪日観光客数の推移

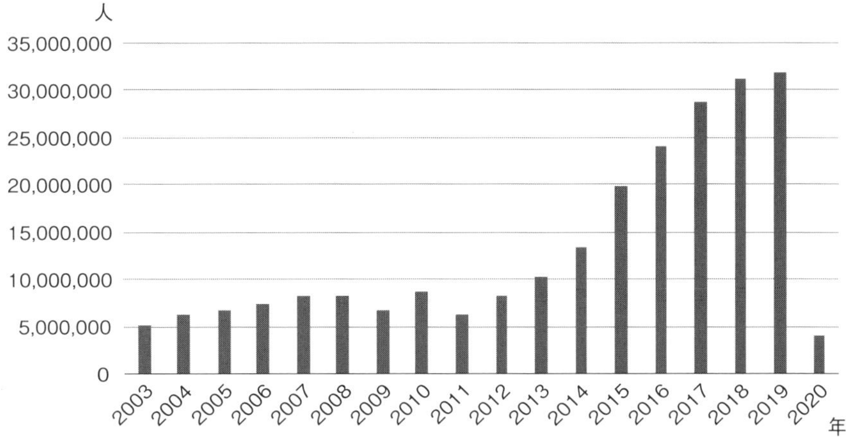

（出所）　日本政府観光局ホームページの数値をもとに筆者作成。

2019年では3,188万人だったものが，2020年には411万人にとどまった（図表24－1）。

外国人観光客で賑わっていた大阪府の商店街を例に見てみよう。2010年代に右肩上がりだった外国人観光客の恩恵を受け，商店街には外国人観光客をターゲットにしたビジネスが乱立した。だが，入国制限により2020年には外国人観光客が歩く姿は見られず，さらには日本人の観光客の姿も見られない。老舗の飲食店が廃業してしまったり，また，外国人観光客を主な客層としていたホテルも宿泊客がおらず窮地に追い込まれている。この直接的な原因は観光客の激減であるが，ここ数年のビジネスモデルが外国人観光客を見込んだ，すなわちインバウンド消費を対象としていた点にある。

心斎橋筋商店街振興組合理事の児玉氏によれば，「2010年代半ばから渡航ビザの緩和で訪日客は激増した。ミナミの家賃が上昇し，全国チェーンを展開するような大企業に店を貸し，古くからあった店舗が消滅してしまった。地元の住民からは『なじみの店が消えた』，『歩きにくい』との声があがっていた」という指摘がある(2)。外国人観光客が消え，地元の住民も来ない商店街の現状は，インバウンドに依存したビジネスモデルの崩壊とともに，浮き彫りになった課題である。すなわち，自社の目先の利益のみを追求し，「地元」や「地域」，消費者を蔑ろにした結果である。大手チェーン店は各店舗の業績が悪化すれば退去は可能であるが，その地域を経営基盤とした企業が退去することは困難である。地域あっての商店街の店舗や中小企業は，地域の一員であるというソーシャルキャピタルの概念を再度認識する必要がある。

2　ビジネスモデルの見直しの機会

今回の新型コロナウイルス感染症の影響は観光業界だけではなく，サプライチェーンマネジメントの課題も顕在化させた。ある国に依存したサプライチェーンは，その国が輸出を停止した途端にストップする。

今回の件で事例を挙げれば，医療用商品やPC関連商品である。医療機関での医療用のマスク，防護服，フェイスシールドが不足していたり，一般用のマスクやアルコール消毒液などが店頭から消えたりしたことは記憶に新しい。また，外出を控え在宅ワークが増加した結果，WEB会議システムを導入した職場が増え，それに伴いPCに接続するカメラやマイクといったPC関連商品が品薄となった。これも製造先を一国に集中させてしまった結果，輸出入がストップし日本国内の市場から在庫がなくなってしまったのである。

新型コロナウイルスの感染拡大は，人の移動の制限とモノの移動の制限を同時に発生させた。自社の利益だけを追求するというビジネスにおいて，潜在化していた課題を顕在化させ，従来のビジネスモデルが太刀打ちできないことを露呈させた。利益追求のあまりコストを優先してしまった結果，偏ったビジネスモデルとなってしまったのだ。

しかし，それはビジネス転換のチャンスともいえる。例えば，シャープは三重県多気郡多気町にある液晶ディスプレイの工場でマスクを生産開始したし，東大阪の中小企業は，設計，樹脂の加工，成型などの得意分野をもつ中小企業６社で軽量フェイスシールドを開発した。また，高知県の酒造メーカーは，手指消毒用アルコールが不足していることと，全国からの2018年豪雨への支援への感謝という気持ちから，アルコール度数77度の高濃度スピリッツ「アルコール77」を開発した。

このような取り組みを行った企業は，ビジネスとしての収益を獲得しただけではなく，消費者からの共感や評価を得られた。以上のことから，利益だけを追求したインバウンド客を対象としたビジネスモデルからの脱却とサプライチェーンマネジメントの見直しといった従来の企業経営からの改善が必要である。

中小企業の経営者は縮小均衡経済における経営を考えなければならない。これまでは市場が継続的に拡大していくことを前提に置いた企業経営であったが，今後は誰もが予見できない経済環境，経営環境となり，これまでの知見が有効であるかは不明である。すなわち，これまでの経営学が機能しない可能性があり，非歴史的視点から経営を考える必要性がある。経済が拡張期にあったときは生産拠点を海外に求めて進出したり海外市場を念頭に置いたり，海外の企業との競争を意識していた。しかし，これからは，中小企業経営の視点を再度地域に立ったものに回帰しなければならない。中小企業がその存立基盤である地域との関係性を見直す契機であり，地域にどう貢献するかという「経営の軸」

を再確認する必要がある。加えて，従業員や取引先といったステークホルダーとの関係性を見直し，新たなビジネスモデルを構築しなくてはならない。

3　中小企業のDX推進の機会到来

中小企業はビジネスモデルの見直しの際に，DXの導入および推進も同時に行わなければならない。経済産業省によればDXとは「企業がビジネス環境の激しい変化に対応し，データとデジタル技術を活用して，顧客や社会のニーズを基に，製品やサービス，ビジネスモデルを変革するするとともに，業務そのものや，組織，プロセス，企業文化・風土を変革し，競争上の優位性を確立すること」である。この1年間の大きな環境の変化で，中小企業へのDX導入に拍車がかけられた。DXの本質は，単なる業務のオンライン化ではなく，デジタル技術を使ってビジネスモデルを変えることである(3)。DXと類似した言葉にIT（Information Technology：情報技術）もしくはICT（Information and Communication Technology：情報通信技術）がある。ITはPCといったOA機器の導入やインターネットへの接続といった意味であり，ICTはITを活用しての情報のやり取りが加わる。DXについてはさらにICTを駆使してビジネスモデルをどのように変革するのかという位置づけとなる。

しかし，大企業に比べて中小企業はそもそもIT投資に積極的ではない。2018年の「中小企業白書」によれば，中小企業がITをどの程度活用しているのかを6つのツールごとに調査すると，WordやExcelなどの一般オフィスシステムが55.9%，電子メールが54.1%，給与・経理業務のパッケージソフトが40.3%，ERP（Enterprise Resource Planning）などが21.5%，EDI（Electronic Data Interchange）などが18.5%，グループウェアが12.2%となっている(4)。同じく2018年の「中小企業白書」では中小企業がなぜITを導入しないのか，その理由が挙げられており，「コストが負担できない」，「導入の効果がわからない，評価できない」，「従業員がITを使いこなせない」が上位を占めている。

また，業種によってもITの導入に差が生じるし，その結果，地域によってもIT導入の差が生まれる。例えば，テレワークについての調査では，製造業の多い関西は首都圏に比べてテレワークが浸透していない。これは現場仕事が多く在宅での仕事がしにくいことや，通勤時間が首都圏に比べて短いといった理由があり，また，中小企業が多いため資金が不足しておりITインフラの整備に積極的ではないことが挙げられる(5)。

しかし，これまでのビジネスモデルが通用しなくなった今日，これを契機に中小企業はIT，ICTを導入し，DXによりビジネスモデルの転換が必要となる。

4　従来の中小企業財務

中小企業の財務について見ていこう。中小企業の資金調達は，専ら金融機関からによるものが主流である。中小企業を対象とした金融機関は地域金融機関とも呼ばれ，地方銀行，第二地方銀行，信用金庫，信用組合がこれに当たる。地域金融機関の整備は，高度成長期における民間金融機関，特に都市銀行の大企業への集中的な融資により，中小企業への資金供給が不十分となり，多くの中小企業が資金難に陥ったことが起因となった。その後，地域金融機関の整備や政府系金融機関の融資の増加，大企業が直接金融による資金調達へ移行したことによる都市銀行などの中小企業融資の増加などにより，中小企業の金融・資金難は一時的に緩和された。しかし，実質金利負担など貸出条件において，現在においても大企業と中小企業の借入には格差が存在しており，これが中小企業財務の問題の１つである。

この原因は中小企業の経営は小規模ゆえ経営が不安定であり，倒産や業績不振により返済ができなくなるなどのリスクが大きいこと，不動産など担保が十分ではないこと，１回あたりの融資額が少額のため金融機関の審査や融資を実行するまでに相対的にコストがかかることなどが挙げられる。このような問題は情報の非対称性に基づくモニタリングコストにより説明される。大企業に比べて中小企業はリスクが高く，個々の企業の業績や実態を把握するのが困難であることから，中小企業を監視するいわゆるモニタリングコストが高くなる。その結果，大企業よりも借入時の金利が高くなり，もしくは，借入自体が困難なものとなる。

また，金融機関同士の競争が激しくなるにつれ，金融機関による貸出先を選別する動きが強まっており，中小企業の中でも業績がよく，経営が安定した優良企業に融資が集中するなど，中小企業の間で格差が拡大することとなった。その結果，金融機関から融資を受けられない中小企業は資金不足解消のため金融機関以外からの借入，例えばノンバンクからの融資を受けることになる。

ノンバンクを子会社化した都市銀行は，中小企業取引にノンバンクの審査手法であるスコアリングを導入し，金利の高い融資を行っている。スコアリングとは，中小企業の財務データを収集し統計的に処理し，貸出先である中小企業の信用力を点数化（スコア）して与信判断に用いるものである。スコアリングを導入することで，金融機関は審査期間を圧縮すること，そしてリスクに応じた客観的な金利設定をすることが可能となった。中小企業にとっては，金利が高くなり貸し手がノンバンクから金融機関へと変わっただけとなり，コストが上昇する結果となった。

さらには，低金利政策が続く中，地域金融機関の経営が逼迫しており再編が続いている。地方銀行と第二地方銀行の枠を超えた合併が行われ，地域金融機関自身にも生き残りの戦略が必要となっている。信用金庫や信用組合は同業態での合併を繰り返し，その数は減少し続けている。金融機関からの資金調達に依存する中小企業財務は，こういった動きの影響を受けると予想され，中小企業間の調達時の格差はいっそう広がるであろう(6)。

5　新しい中小企業財務の動き

金融機関によるスコアリングを中心とした中小企業の資金調達環境を改善する動きが出てきた。例えば，リレーションシップバンキングである。リレーションシップバンキングとは，金融機関が「長期継続する関係の中から，借り手企業の経営者の資質や事業の将来性等についての情報を得て，融資を実行するビジネスモデル」(7) である。金融機関は取引先企業との間柄を重視し，築いてきた関係性から得られる情報を活用して金融サービスを提供するものであり，これまで地方銀行や信用金庫が行ってきたビジネスモデルの復活ともいえる。さらに，これまで金融機関は企業の財務諸表や担保の有無を中心に審査を行ってきたが，金融庁の指導により事業性評価が求められるようになった。事業性評価とは借り手である中小企業の生産性向上や地域活性化への姿勢，顧客の利益になる金融商品・サービスの提供，企業への現実の対応等に加えて，事業内容や成長可能性などを適切に評価し，融資や助言を行い，企業や産業の成長を支援していくことである。すなわち，数値では表すことのできない中小企業の経営者の姿勢やビジネスモデルといった質的側面が評価されることになったのである。

また，従来の証書借入や手形借入以外の資金調達の手法が登場してきている。例えば，売掛債権を担保にした融資や少人数私募債などがある。売掛債権担保融資とは，売掛金債権を担保に入れ融資を受けるものである。これまで中小企業は手形割引などで資金調達していたが，手形の利用が減少している中，手形割引が困難となり，新たに売掛金債権に注目した手法である。少人数私募債とは，社債権者を49人以下にして発行する普通社債のことである。社債権者を縁故者にすることが多いため，縁故債と呼ばれることもある。社債権者を限定することが少人数私募債の条件となっており，不特定多数を対象とした社債ではなく，発行企業の状態を把握している関係者を対象としている。有価証券届出書，有価証券通知書が不要など，発行に関する手続きが簡易である点がメリットである。このほか，動産を担保とする動産担保融資など，中小企業の資金調達の選択肢は増加している。

また，海外展開をする中小企業が増加していることに伴い，地方銀行や信用金庫などが海外展開を支援する体制が整いつつある。地方銀行や信用金庫は海外に支店をほとんどもっていないが，例えば，現地の金融機関との提携や，日本貿易振興機構（JETRO）を中心とした「海外展開一貫支援ファストパス制度」を活用し，地域・中小金融機関を窓口とし政府や自治体，関係機関が一体となって中小企業の海外進出をバックアップする動きが見られる(8)。さらに，信用金庫の中には海外駐在員事務所を開設するものもあり，中小企業が都市銀行などへメインバンクを変えずに海外展開を進めていくことができるようになった。

6　環境問題と中小企業財務

世界的な環境問題や社会課題の解決が注目されるようになってきている情勢下において，そのような課題解決に積極的に取り組んでいる中小企業にも新たな資金調達の道が開けた。地域における社会課題を解決する取り組みを事業としている企業に投資を行う動きが出てきた。例えば，地域金融機関とベンチャーキャピタルが共同出資してファンドを設立し，投資をしている事例である。大阪信用金庫とフューチャーベンチャーキャピタルが共同で「おおさか社会課題解決投資事業有限責任組合」を設立し，環境や福祉，健康，災害，空き家対策に取り組んでいる企業に投資を行うものである。他にも，投資家から得た資金はすべて社会課題解決につながる事業に限定した資金使途を表明してIPOを行う企業も出てきた(9)。また，社会課題解決の1つとして金融機関がESG債であるサステナビリティ債を発行し，中小企業支援のための融資の財源に充当するケースもあらわれた(10)。このように環境問題や社会課題解決を積極的に行っている中小企業を評価し支援する土壌が構築されつつある。

注

（1）　2007年に観光立国推進法が施行された。
（2）　『朝日新聞』2020年7月9日付朝刊。
（3）　『日経新聞』2021年2月1日付朝刊。
（4）　中小企業庁『中小企業白書 2018年版』p.208。
（5）　『日本経済新聞』2021年4月16日付朝刊。
（6）　信用金庫は1980年3月に462金庫あったが，2021年2月現在254金庫である。
（7）　金融庁が2003年に発表した「リレーションシップバンキングの機能強化に関するアクションプログラム」による。
（8）　このほかにも，信用金庫法の改正により信用金庫が海外子会社への直接融資をすることが可能になったり，日本政策金融公庫が信用状を発行することで中小企業が現地の金融機関から現地通貨で資金調達ができる「スタンドバイ・クレジット制度」が創設されるなど整備が進んでいる。
（9）　ベビーシッター派遣や保育園の運営を事業とするポピンズホールディングス

は2020年12月に東証一部に上場した。

(10)　『日本経済新聞』2020年12月4日付朝刊17面によると，三菱UFJフィナンシャルグループが2020年9月に1,500億円の「コロナ債」を発行し，売上が減少している中小企業向け融資の財源とした。

参考文献

中小企業庁『中小企業白書 2018年版』日経印刷，2018年。

(林　幸治)

第25講

新ベンチャービジネスと クラウドファンディング

1　新ベンチャービジネスとは

- 金融機関や投資家から資金調達をするほかにクラウドファンディングを活用した特徴のある企業群のこと

2　ベンチャービジネスの資金調達の特徴

- ベンチャーキャピタルから出資を受ける上場志向のある企業
- ベンチャーキャピタルの資金回収方法は，IPO や M&A によりキャピタルゲインを得ること
- コーポレートベンチャーキャピタルの存在

3　新ベンチャービジネスの資金調達の特徴

- 投資家から重要視される判断基準 ― 成長性・共感性
- 投資の際の判断材料　― 財務諸表・技術力・PR 力

4　クラウドファンディングとは何か

- 個人や企業が ICT を活用してプラットフォームなどで事業概要を説明し，“共感”した多くの不特定多数の人々から少額の資金を募ることで，リスク負担の変容と分散を進展させ資金を流動化させる仕組み
- 寄付型，購入型，事業投資型，貸付型，株式投資型

5　クラウドファンディングによる社会課題解決のためのビジネスの可能性

- 投資者の共感を念頭に置いたビジネスモデルを構築することが必要不可欠
- クラウドファンディングは投資者と資金調達者がお互いに顔の見える資金調達システム
- 環境問題に取り組む事業，社会課題を解決する事業を目指す企業がクラウドファンディングを活用し資金調達

1　新ベンチャービジネスとは

「ベンチャービジネス（Venture Business）」は1970年頃から使われた日本独自の用語であり，アメリカではSmall BusinessやNTBF（New Technology Based firm）と呼ばれている[1]。「ベンチャービジネス」は今では一般化され用いられている。

ここ数年，いわゆる既存の中小企業や前出のベンチャービジネスとは異なった資金調達を行う企業群が登場してきた。それらは金融機関からの資金調達に依存しておらず，また，単に株式公開（IPO：Initial Public Offering）を前提としてベンチャーキャピタルや投資家から出資を募っている企業（既存のベンチャービジネス）とは一線を画している。そういった企業群は金融機関からの融資を受けている場合もあり，あるいは投資家から出資を受けている場合もあるが，それらに加えてクラウドファンディングを活用して資金調達を行っているという特徴を有している。このような企業群を新ベンチャービジネスと呼ぶことにする。こういった動きは，従来の金融機関からの資金調達に依存していた中小企業や，上場していない企業や上場を目指さない企業には閉ざされていた投資家から，直接資金調達が可能となるといった現象といえよう。

2　ベンチャービジネスの資金調達の特徴

これまでのベンチャービジネスは前述したように，ベンチャーキャピタルから出資を受けて上場を目指す。ベンチャーキャピタルとは，成長性，将来性のある未公開，未上場の企業に対して株式投資等による資金および助言の提供を行うことにより，投資先企業を成長させて企業価値を高め，将来のキャピタルゲインを目的として活動する事業者である。ベンチャーキャピタルはベンチャービジネスに直接投資を行ったり，投資事業組合という組合形式のファンドを設立し，そのファンドの管理・運用を行ったりする。特にファンドを設立しその運用をすることが主流であり，そこから運営手数料収入を得る。投資した資金の回収方法（EXIT）としては，投資先の企業のIPOやM&Aによる事業や株式の売却などが挙げられ，それによってファンドは当初投資した金額との差額，すなわちキャピタルゲインを得る。ベンチャーキャピタルは，事業拡大するための資金を既存の金融システムでは調達できないような成長性のある企業への投資などを行う。また，ベンチャーキャピタルは，株主として投資先の企業に対し役員の派遣による経営への参画やアドバイス等を通じ，企業価値の増加へ直接参加する（ハンズオン）。つまりベンチャーキャピタルは，投資先企業を選定し，その企業に対する管理・アドバイスを行い，最終的に投資を回収することを業務とする。投資先企業が事業展開をするための資金供給と企業拡大の推進の支援がベンチャーキャピタルの重要な役割といえる。企業がベンチャーキャピタルから資金を調達することは，負債ではなく株式による資金調達である。よって，十分な担保を有していない企業でも，長期で安定した多額の資金を調達でき，負債では必要である返済の義務も解消される。

日本初のベンチャーキャピタルは，中小企業投資育成株式会社法に基づいて1963年に設立された東京中小企業投資育成株式会社であり，地方公共団体や金融機関などの出資による公的な性格を有するベンチャーキャピタルである(2)。同年，大阪中小企業投資育成株式会社，名古屋中小企業投資育成株式会社が続いて設立された。3つの投資育成株式会社は株式や新株予約権に投資し，企業の成長支援として経営相談や上場支援を行っている。また，民間のベンチャーキャピタルは1972年に設立された「京都エンタープライズ・デベロップメント」が第一号である。民間ベンチャーキャピタルが出資し保有する株式を将来売却しキャピタルゲインを得ることをビジネスモデルとしているが，中小企業投資育成㈱は配当からのインカムゲインで収益を確保するビジネスモデルである点が特徴である。

従来のベンチャーキャピタルのほかに，コーポレートベンチャーキャピタル（CVC：Corporate Venture Capital）が存在している。CVCは事業会社が本来の事業とのシナジー効果が期待できる事業領域の企業に投資をすることを目的としたファンドである。ロマンスによれば，従来のベンチャーキャピタルはLimited Partnerなどから資金を集め財務的リターンのみを追求して投資を行っている。一方のCVCは，大企業がスタートアップ企業に投資をし，戦略的リターンの獲得と財務的リターンもしくは初期投資の回収という混在した目的で投資をしている点が特徴である(3)。CVCが増加している要因は，自社内での研究開発などのイノベーションだけではなく，自社以外の知識や技術などを社内に取り入れることで期待されるオープンイノベーションの1つとして注目されているためである。

3　新ベンチャービジネスの資金調達の特徴

新ベンチャービジネスの特徴を把握するため，投資家や金融機関が企業に資金を提供する場合の判断基準や判断材料について，中小企業，ベンチャービジネスそして新ベンチャービジネスとではどこが違うか比較してみよう（図表25－1）。

中小企業が資金調達する場合，金融機関からの借入が多い。金融機関は一定の判断基準で審査を行い，融資というスタイルで資金を中小企業に提供する。金融機関の判断基準は返済可能かどうかのための安全性や収益性であり，用いる資料は企業の貸借対照表や損益計算書などの財務諸表や保全（不動産や保証）となる。ベンチャービジネスへの投資判断基準は投資を回収するための成長性や収益性となり，その判断材料として財務諸表やベンチャービジネスが有する技術力をチェックする。

では，新ベンチャービジネスへの投資判断基準を考えてみると，安全性や収益性も当然チェックはされるが，最優先される項目ではない。成長性も判断基準ではあるが，それよりも投資する側への共感性や魅了性をその企業が有しているかどうかが優先事項として挙げられる。判断資料については財務諸表や技術力も活用されるが，事業として始まっていない場合もあることから，投資家

図表25－1 ● 投資の判断基準と判断材料の比較

投資先	重要視される判断基準	判断材料
中小企業	安全性・収益性	財務諸表・保全
ベンチャービジネス	成長性・収益性	財務諸表・技術力
新ベンチャービジネス	成長性・共感性	財務諸表・技術力・PR力

へアピールする力（PR 力）が新ベンチャービジネスにとっては重要な事項となる。たとえ技術力を有している企業であっても，投資家に投資を踏み切らせる“共感性”を有していない場合には，その企業は資金調達できない。

4　クラウドファンディングとは何か

クラウドファンディングとは資金需要者である個人・企業（資金調達者）がICT を活用してプラットフォームなどで事業概要を説明し，“共感”した多くの不特定多数の人々（投資者）から少額の資金を募ることで，リスク負担の変容と分散を進展させ資金を流動化させる仕組みである。

クラウドファンディングには５つの形態が存在しており，①寄付型，②購入型，ファンド型である③事業投資型と④貸付型，そして⑤株式投資型に分類できる（図表25‐２）。

寄付型と購入型はリターンがない，もしくは金銭のリターンがない。寄付型は，資金調達者の事業や活動に賛同した投資者が金銭等を寄付する形態であり，資金調達者は寄付金収入となる。購入型は，資金調達者がアイデアの商品化や事業化を説明し，それに賛同した投資者が投資を行い，商品化等が実現した場合，商品やサービスをリターンとして受け取る。資金調達者は調達した資金を前受金として計上し，商品等を投資者に受け渡した際に売上として計上す

図表25‐2 ● クラウドファンディングの類型と特徴

タイプ		調達者の財務	調達者と出資者との関係	出資者による投資先の決定権	投資者へのリターン
寄付型		寄付金収入	直接	有	無
購入型		前受金から売上へ振替	直接	有	商品・サービス
ファンド型	事業投資型	共同出資	直接	有	分配金
	貸付型	借入	間接	無	利息
株式投資型		株式へ出資	直接	有	株式インカムゲイン

る。

次にファンド型は事業投資型と貸付型に分類できる。事業投資型は，資金調達者と投資者が匿名組合を用いてファンドを組成し資金調達者が運営者となる。集まった資金を活用して運営者が事業を行い，事業から得られた収益を財源として投資者にリターン，財産の分配を行う。資金調達者が匿名組合を組成し投資者を募る場合，この事案は金融商品取引法の規制の対象となるため，第三者である仲介者（この場合，クラウドファンディングのプラットフォームを運営する事業者）に対して取得勧誘を委託する。これにより資金調達者が第二種少額電子募集取扱業者の登録の必要はなく，仲介者であるプラットフォーム運営会社が第二種少額電子募集取引業者として登録する。

貸付型はソーシャルレンディングとも呼ばれ，プラットフォームを運営する会社（運営者）が匿名組合を組成し投資者から資金を集め，その資金を元手に貸付を実施する。貸付先が支払う金利収入を財源に投資者には利息を支払う。運営者は匿名組合を組成するため第二種少額電子募集取扱業者の登録が必要となり，また集めた資金を資金調達者に貸し付けるため貸金業の登録も必要となる。貸付型は資金調達者に資金を投資するかを投資者が直接決定するわけではなく，匿名組合に資金を提供するだけである。あくまでも匿名組合の運営者がどこに資金を貸し付けるかを決定するため，投資者と調達者との関係性は希薄，もしくは皆無となる。

株式投資型は，未上場企業の株式等についてネットを介してプラットフォーム運営会社などが投資者へ投資勧誘を行うものである。これまで日本証券業協会の自主規制により未上場企業の株式の勧誘は原則禁止となっていた。また，株式の募集，取得勧誘は第一種少額電子募集取引業者の登録が必要であり，最低資本金5,000万といった自己資本規制や兼業制限などの規制があった 。しかし，2014年の金融商品取引法の改正が成立したことで少額（募集総額１億円未満，１人あたり投資額50万円以下）の投資型クラウドファンディングを取り扱う事業者の参入要件が緩和された。この改正により，第一種少額電子募集取扱業者及び第二種少額電子募集取扱業者が創設され，取扱業者の最低資本金基準が引き下げられることで，ファンド型および株式投資型クラウドファンディングを扱うプラットフォームが増加することになり，参入障壁が低くなった。しかし，投資者保護のため，プラットフォーム運営会社による株式発行者に対するデュ－ディリジェンスやプラットフォームを通じた適切な情報提供等が求められるようになった。

5　クラウドファンディングによる社会課題解決のためのビジネスの可能性

クラウドファンディングの進展によって従来の中小企業や未公開企業，新たに事業を始める人たちにとっても資金調達環境が改善され，金融機関など間接金融に依存していた状態から，投資者から資金を直接獲得できる直接金融が可能となった。こういった投資者の共感を念頭に置いたビジネスモデルを構築することが企業にとっては新たな資金調達手法を取り入れるためには必要不可欠である。

新事業の設立資金や共感を得やすい商品・製品開発の資金を募る方法，株式出資を募る方法という側面が増加し，資金調達手法の選択肢が多様化に貢献した。つまり新たな企業が，自社の保有する技術力や成長性とともに共感性を発揮して投資者に直接訴求し，資金調達の可能性が上昇したと評価できる。これまで金融機関を介して資金供給を行っていたシステムから，クラウドファンディングにより投資者と資金調達者がお互いに顔の見える資金調達システムが拡充され多様化したといえよう。また，クラウドファンディングの仕組みを活用して，地方自治体が寄付を募り資金を調達する動きも出始めた(4)。

貸付型を除くクラウドファンディングという新しい資金調達手法が確立されたことで，これらを利用できる新しい企業群を本講では新ベンチャービジネスと定義づけた。この共感を得られるビジネスモデルとしては，例えば環境問題に取り組む事業，社会課題を解決する事業を目指す企業などが注目されている。これまでは資金不足を理由にビジネスを断念していた起業家が，クラウドファンディングによって世間から共感を得られるビジネスモデルであれば事業を推進できる時代となったのである。ICT を活用し投資者に訴求できるか，すなわち訴求力が新ベンチャービジネスに求められる重要なキーワードである。

注

（1）　清成忠男，中村秀一朗，平尾光司らによって初めて使われた用語であり，「研究開発集約的，またはデザイン開発集約的な能力発揮型の創造的新規開業企業を意味している。それらは小企業として出発するが，従来の新規開業小企業の場合と違うのは，独自の存在理由を持ち，経営者自信が高度な専門能力と，才能ある創造的な人々を引きつけるに足りる魅力ある事業を組織する企業家精神をもっており，高収益企業であり，かつ急成長の企業をいう」としている。（清成・中村・平尾（1972），p.10）。

（2）　詳細は東京中小企業投資育成㈱のホームページを参照されたい（https://www.sbic.co.jp/　2021年５月15日アクセス）。

（3）　A. ロマンス（2017），pp.3-4。

（4）　例えば，ふるさと納税のプラットフォームである「ふるさとチョイス」では，納税制度を活用してクラウドファンディングを行っている。同ホームページによれば，「自治体が抱える問題解決のため，ふるさと納税の寄付金の『使い道』をより具体的にプロジェクト化し，そのプロジェクトに共感した方から寄付を募る仕組み」としている（https://www.furusato-tax.jp/gcf/about　2021年５月15日アクセス）。

参考文献

Romans, A. Corporate Venture Capital（増島雅和・松本守祥訳『CVC　コーポレートベンチャーキャピタル』ダイヤモンド社，2017年。

Bygrave, W. & Timmons, J., Venture Capital at The Crossroads（日本合同ファイナンス㈱訳『ベンチャーキャピタルの実態と戦略』東洋経済新報社，1995年）。

Gavron, R. & Cowling, M. & Holtham, G. & Westall, A., The Entrepreneurial Society（忽那憲治・高田亮爾・前田啓一・篠原賢一『起業家社会』同友館，2001年）。

Pfirrmann, O. & Lerner, J. & Wupperfrld, U., Venture Capital and New Technology Based Firms：An US-German Comparison（伊藤維年・勝部伸夫・荒井勝彦・田中利彦・鈴木茂訳『ベンチャーキャピタルとベンチャービジネス　アメリカとドイツの比較』日本評論社，2000年）。

清成忠男・中村秀一郎・平尾光司『ベンチャー・ビジネス』日本経済新聞社，1972年。

坂本恒夫・鳥居陽介編著，日本中小企業ベンチャービジネスコンソーシアム著『新ベンチャービジネス論』税務経理協会，2020年。

ベンチャーエンタープライズセンター『2017年度ベンチャーキャピタル等投資動

向調査結果』2018年（http://www.vec.or.jp/wordpress/wp-content/files/20180820_07_VECNEWS_H30_No28_YEAR.pdf.pdf 2019年8月10日アクセス）。

（林　幸治）

第26講

ESG投資，SDGsと企業財務

1　ESGの視点から見た資金調達市場

⑴　直接金融市場

- PRI（責任投資原則）—「環境・社会・ガバナンス」を考慮したESG投資を推進する
- ESG投資を通じた機関投資家による対話型のエンゲージメント
- グリーンボンド — 環境配慮事業に特化した資金調達

⑵　間接金融市場

- グリーン・ファイナンス
  —環境保全事業に対して低利子で融資，環境対応の度合いを見て融資判断
  —国内外でグリーン・ファイナンスが加速

2　ESG情報開示の必要性

⑴　これからの企業の情報開示

- トリプルボトムライン
  —企業評価の「経済」的側面に「社会」・「環境」をプラス
- 環境省「環境報告書ガイドライン」
  —日本企業向けの独自のガイドライン

⑵　整合性を高めていくサステナビリティ情報開示の国際ルール

- GRI，CDP，IIRC，SASBなど国際ルールの整合性を図る
- 日本企業の非財務情報開示 —政府，企業の動きを注視

3　環境問題と企業財務

⑴　環境問題とコスト

- 環境保全のためのコストは投資と捉える
- MFCA — 環境問題の視点からコスト削減を目指すコスト管理

⑵　環境問題と利益

- 環境配慮型商品による売上拡大による利益アップ
- 環境問題や社会問題解決に努める企業の財務的パフォーマンスは高い傾向にある

1　ESGの視点から見た資金調達市場

(1)　直接金融市場

近年，SDGsと並んで注目を集めているキーワードにESGという言葉がある。ESGとはEnvironmental（環境），Social（社会），Governance（ガバナンス）の略である。これまで企業への投資については，経済的なデータのみが着目されていたが，企業のESGの側面も考慮して行う投資形態をESG投資という。2003年11月，当時のアナン国連事務総長が，機関投資家を招集して「気候変動リスクに関する国際会議」を開催した。その際，「地球の将来が投資家の判断に委ねられ，その決定が将来の人々の生活と仕事に大きな影響を与える」と指摘した。さらに，アナン氏は，UNEP金融イニシアチブおよび国連グローバル・コンパクトに呼びかけて「責任投資原則（Principles for Responsible Investment：PRI）」を提唱した(1)。PRIは，ESG問題に配慮した投資を促すもので，すでに3,000を超える機関投資家が署名している（2020年8月末現在）(2)。PRIを受けて，ESG投資に関連した対話型のエンゲージメントを積極的に行っていく機関投資家の動きも増えてきている。また，日本でもGPIF（年金積立金管理運用独立行政法人）が，2015年にPRIに署名し，2016年7月にESG株価指数を採用，公表したことで，ESG投資の動きが加速した。GPIFは，図表26-1に示すように，ESG投資とSDGsとの関連性も提示している。GPIFは，企業のSDGsへの取り組みが，将来的には企業と社会の「共通の価値」（CSV：Creating Shared Value）を生み，結果として，長期的な投資リターンの拡大につながると述べている(3)。

また，企業の資金調達という側面では，グリーンボンドの普及も急速に拡大し注目されている。環境省は，グリーンボンドを「企業や地方自治体等が，国内外のグリーンプロジェクトに要する資金を調達するために発行する債券」であるとしている。また，グリーンボンドの要件には次の3つが挙げられる(4)。

①　調達資金の使途がグリーンプロジェクトに限定される。

②　調達資金が確実に追跡管理される。

③　それらについて発行後のレポーティングを通じ透明性が確保される。

図表26-1 ● GPIFが示すESG投資とSDGsの関係

（出所）「ESG投資」GPIFホームページ，https://www.gpif.go.jp/investment/esg/#b（2020年12月30日アクセス）。

これらの要件から導かれるように，グリーンボンドによる資金調達は，その使途が企業の環境活動に限定されることが特徴である。グリーンボンド・ガイドライン策定の国際NGOのCBI（Climate Bond Inhibitive）によれば，2019年度の発行額は250億ドル（約27.5兆円）に上ると報じられている。前年の170.9億ドル（約18.8兆円）と比較すると急激に増加していることがうかがえる(5)。また，GPIFは，委託先の運用会社にグリーンボンドの投資を増やすように提案している。すでに，世界銀行，欧州投資銀行，アジア開発銀行，北欧投資銀行が発行するグリーンボンドの購入を行っている(6)。以上のようにグリーンボンドという新しい資金調達システムも含めてESG投資はますます拡大することが予測される。

(2) 間接金融市場

銀行においても欧州を中心に，世界的に環境配慮の融資形態（グリーン・ファイナンス）が進んでいる。グリーン・ファイナンスとは，環境保全のために必要な設備等の購入やプロジェクトに対して，通常よりも低利子で融資したり，融資の際に，環境配慮の度合いも判断基準に取り込んだりするファイナンスシステムである。

英国の大手銀行であるHSBCは，これまでに試験的に導入していた大手企業向けの「グリーンローン（資金使途を環境プロジェクトに限定）」の対象を中小企業にも拡大すると発表した（2019年7月3日）(7)。また，HSBCは2019年6月に，BNPパリバと共に，中国工商銀行（ICBC）のロンドン支社に，グリーンローンとして4億米ドル（約440億円）を提供するプランも提案している。これは，中国の銀行にとって，初めて実施するグリーンローン調達となった(8)。

また，日本でも，例えば，みずほ銀行は省エネ対策設備や新エネルギー（太陽光，風力，バイオマス）発電設備等の設置に関して，国際的な環境規格ISO14001等の認証の取得や環境報告書の発行を条件に，低利子で融資する「みずほESGローン（エコロ）」という融資形態を提案している(9)。滋賀銀行をはじめとし，多くの地方銀行も地元企業に向けて，類似の融資形態をとっている。

日本政府は，SDGs達成の表明をする中で，具体的なアクションプランの中にESG金融を促進することをうたっている。ESG投資だけでなく，上場金融機関，非上場地域金融機関がともに，ESG融資を促進していくことを施策としている(10)。金融機関のESG対応は，今後もさらに拡大の様相を見せていくものと考えられる。

2　ESG情報開示の必要性

先に述べた通り，ESG金融ともいえる，新たな金融市場の展開が見られる中で，それに付随して，企業のESG情報を開示していくことも必須の時代となってきている。ここでは，ESG情報開示が求められるようになった経緯と，今後の環境情報開示のあり方について述べる。

(1)　これからの企業の情報開示

企業の情報開示先は，投資家や銀行といった金融機関等，資金調達に寄与する利害関係者であったり，あるいは関連会社など，経営活動に関わる利害関係者である。いずれにせよ，彼らにとって重要な情報は，財務データ，すなわち経済的なデータである。この長年の慣習や概念を打ち破ったのが，英国のサステナビリティ社のジョン・エルキントン氏である。エルキントン氏は，1994年に，企業活動を評価する指標として，これまでの経済的側面に加えて，環境的側面，社会的側面も加味した「トリプルボトムライン」という概念を提唱した。このトリプルボトムラインの考えは，CSR レポート作成の国際基準ともいえる GRI（Global Reporting Initiative）に織り込まれた。今日，サステナビリティ・レポートや統合報告など，様々な形で，企業が環境問題や社会問題に関わる情報を開示するようになったが，このトリプルボトムラインが，その原型となっている。GRI はオランダに本拠地を置く NGO で，2000年に報告のガイドラインを発表し，そのガイドラインは世界中の企業のサステナビリティ報告のひな型となっている(11)。

日本では，環境省が独自の指針として「環境報告ガイドライン」の初版を2003年に公表し，国内企業の報告書作成の増加を後押しした。環境省の調査によれば，日本企業の環境情報の作成・公表数は，2015年度71.0％，2016年度72.6％となっており，2017年度では８割超となっている(12)。

(2)　整合性を高めていくサステナビリティ情報開示の国際ルール

近年，GRI をはじめとし，グローバル企業の気候変動対策の情報開示を進める CDP（Carbon Disclosure Project）(13)，企業の財務報告に，環境的側面，社会的側面，ガバナンスに関する非財務情報の報告を統合する（Integrated Report：統合報告書）ことを目指す IIRC（International Integrated Reporting Committee）(14)，SASB（Sustainability Accounting Standards Board：米サステナビリティ会計審議会）など，非財務情報開示を企業に促す国際的な機関が台頭し，影響力を増してきている。これらの団体は，2020年を目標とし，各団体が運営する報告フレームワークの整合性を高めるプロジェクトを発表した。しかし，各フレームワークを１つにまとめることは目指さず，あくまで整合性の向上に取り組むとしている(15)。

金融庁は，金融審議会で，統合報告を任意から義務づけへの推進を課題として挙げているが，上記のような国際的なルールとの整合性をどう図っていくか検討していく必要がある。また，日本取引所グループは2017年12月にSustainable Stock Exchange Initiativeへの参加を表明している。これは，UNCTAD（国連貿易開発会議），国連グローバル・コンパクト，UNEP FI（国連環境計画・金融イニシアチブ），PRI（責任投資原則）が主導し，サステナブル社会の構築に向けて証券取引所が行動していくことを促すものである(16)。これらの動向により，今後，日本においても企業の統合報告作成・公表の義務づけの動きが加速することも予測される。

3　環境問題と企業財務

これまで見てきた通り，金融市場では，ESGやSDGsの概念が浸透してきている。ここでは，ESGの中でも，企業財務との関わりが大きいEnvironment，すなわち，環境問題に焦点を当てて論じていく。

(1)　環境問題とコスト

これまで，地球環境問題に関しては，コストがかかるという理由から，企業の対応は遅れがちであった。しかし，第2講で述べられているように，持続可能な社会の構築は，地球環境問題の解決を含め，今や全世界で取り組むべき課題である。とりわけ，環境問題の要因を作ってきた企業は，その解決のために取り組まなくてはいけない。

現代の企業は，環境問題とコストに関する認識を2つの側面から，捉え直す必要がある。1つは環境保全のためのコストは投資と捉えること，そして，もう1つは環境対応をコスト削減に直結させるという考えである。

1つ目の環境保全のためのコストは投資と捉えるという考え方については，次のような事例が挙げられる。気候変動対策として，早くから再生可能エネルギーの切り替えを行ってきたグローバル企業は少なくない(17)。その中でも家具販売の店舗を世界的に展開するIKEAは，新たなエネルギー転換への投資は財務的リターンの面でも期待がもてると述べている(18)。また，気候変動と同様に対応が急がれるプラスチック問題を解決すべく，スターバックス社は，ホットドリンクのカップをリサイクル可能または堆肥化可能なカップに切り替えるため，1,000億米ドル（約11兆円）を投資したと報じられている(19)。

環境配慮のための多額の資金の投入は，一時的に経営を圧迫することになったとしても，企業自身の持続可能性を考えれば，結果的に成功をもたらすことを，こうした事例は示している。

2つ目の，環境対応をコスト削減に直結させるという考え方については，簡易な例を挙げれば，省エネ対策により，エネルギーコストを減じるといったことが挙げられる。また，製造業では，コスト管理として，マテリアルフローコスト会計（MFCA：Material Flow Cost Accounting）を導入することも可能である。MFCAは，ドイツで開発された原価計算手法で，製造プロセスにおける資源やエネルギーのロスに着目し，それに投入された材料費，加工費，設備償却費などを把握するものである。従来の原価計算では，計算対象にならなかったそれらのコスト計算は，「負の製品のコスト」として認識される。「負の製品」が金額として可視化されることで，省資源や省エネルギーを実現しやすくするとともにコスト削減にもつながる。日本では経済産業省の主導で一般企業へのMFCA普及プロジェクトも推進され，2011年には，初の日本発信のISO（国際標準）化が実現した(20)。

また，第2講で述べたサーキュラーエコノミーの考え方では，製品の設計段階から廃物を出さないような製品づくりを目指すため，こうした経済システムがビジネスの世界で浸透すればコスト削減に結び付くであろう。

以上のように，これからの経営活動では，環境保全に関わるコストの認識を改め，必要な環境費用を投資として行い，資源やエネルギーに関する無駄なコストの認識，削減といった視点に留意する必要がある。

(2)　環境問題と利益

経営活動における環境問題への対応をコスト増といった負の想定のみに終始していると，当然，利益減少を憂慮することになる。ここではその考えを覆す，いくつかの事例を挙げる。

まず，第1に，環境配慮型製品の投入による売上の拡大である。遡って見てみると，トヨタはカリフォルニア州の環境規制に対応するために，1990年代末にプリウスを開発し，エコカーの販売で先陣を切った。当時は，米国で環境意

図表26-2 ● コニカミノルタのグリーンプロダクツ売上高と資源有効利用量

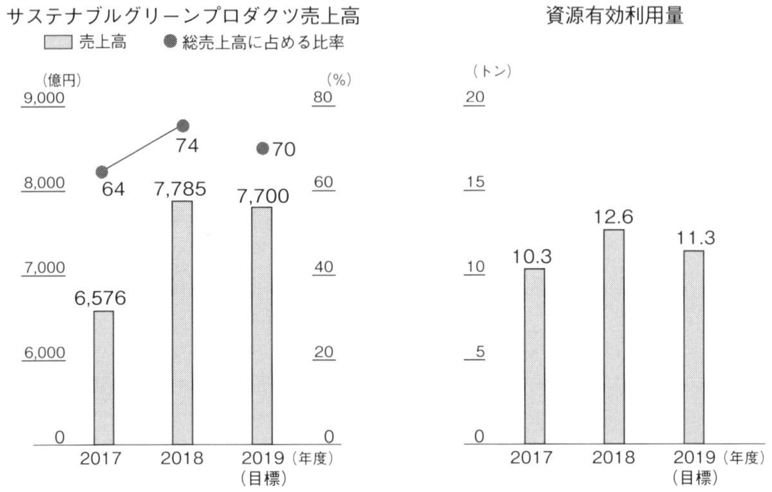

(出所)『コニカミノルタ CSR レポート2019』p.30, https://www.konicaminolta.jp/about/csr/csr/download/2019/pdf/2019_all.pdf (2020年12月30日アクセス)。

識の高い富裕層に販売網を広げるなど，売上拡大に貢献した。近年では，国内外を問わず，各メーカーがエコカー開発に着手し，競争が激化している。かつては，スピードとデザインを競ったモーターショーでも，エコカーの新型モデルの発表がメインになりつつある。環境意識の高い消費者の台頭は，省エネ家電や太陽光などの設備が設置された環境配慮型住宅の市場を広げている。また，環境配慮型住宅はソーラー発電等の装備により，既存のエネルギー源が使用できなくなった震災時にも注目を集め，新たな需要につながっている。

次に，アウトパフォーマンスの視点から見てみると，２つの事例が挙げられる。１つは，徹底した環境配慮型経営によって，環境配慮型製品の売上増と資源有効活用度アップを実現した事例である。通常，メーカーにとって，売上の増加は資源増加を伴う。しかし，コニカミノルタは，環境配慮型製品の売上増と共に，資源有効活用の割合がアップしている（図表26-２）。なお，同社の2019年のCSRレポートによると，2018年度の同社の環境配慮型商品（グリーンプロダクツ認定製品）はグループ総売上高の74％に達する。

また，日経新聞社が行ったSDGs経営調査（2019年5月にアンケート調査実施）によると，SDGs偏差値の高かった企業は売上高営業利益率やROE，時価総額の伸び率が高いといった調査結果が出ている(21)。

欧州の企業では，環境対応は，リスクマネジメントとして捉えると共に，機会（opportunity）でもあるという考え方が根付いている。それを経営に落とし込めるかどうか，これからの企業経営の重要なポイントとなるといえよう。

●注

（1） PRIでは，以下の6つの原則が掲げられている。
1. 私たちは投資分析と意思決定のプロセスにESG課題を組み込みます
2. 私たちは活動的な所有者となり，所有方針と所有習慣にESG問題を組み入れます
3. 私たちは投資対象の企業に対してESG課題についての適切な開示を求めます
4. 私たちは，資産運用業界において本原則が受け入れられ，実行に移されるよう働きかけを行います
5. 私たちは，本原則を実行する際の効果を高めるために，協働します
6. 私たちは，本原則の実行に関する活動状況や進捗状況に関して報告します

PRIホームページ，https://www.unpri.org/about，日本語訳文，環境省ホームページ，https://www.env.go.jp/council/02policy/y0211-04/ref01.pdf（2020年12月30日アクセス）。

（2） PRIホームページ。https://www.unpri.org/about-the-pri（2019年11月30日アクセス）。

（3） GPIFホームページ「ESG投資」https://www.gpif.go.jp/investment/esg/#b（2020年12月30日アクセス）。

（4） グリーンボンド発行促進プラットフォームホームページ。http://greenbond-platform.env.go.jp/greenbond/about.html（2019年11月30日アクセス）。

（5） CBIホームページ。https://www.climatebonds.net/（2019年11月30日アクセス）。

（6） 世界銀行はグループの国際復興開発銀行（IBRD）と国際金融公社（IFC）が発行する，グリーンボンド，ソーシャルボンド，サステナビリティボンドへの投資を，GPIFが運用を委託する運用会社に提案した。GPIFはその提案を受諾したことを表明した（2019年4月9日）。https://sustainablejapan.jp/2019/04/11/world-bank-gpif-bond/38838（2019年11月30日アクセス）。

（7）　HSBC News Letter, 'HSBC UK LAUNCHES GREEN FINANCE PROPOSITION TO SUPPORT UK BUSINESSES' file:///C:/Users/sachiyo/Downloads/190704-hsbc-uk-launches-green-finance-proposition-to-suppo businesses rt-uk-.pdf（2019年11月30日アクセス）。

（8）　BNP PARIBAS, 'Press Release Details' https://group.bnpparibas/en/press-release/industrial-commercial-bank-china-london-branch-icbc-bnp-paribas-hsbc-sign-mandate-letter-green-loan（2019年11月30日アクセス）。

（9）　この融資の取扱期限は，2020年３月31日となっている。みずほ銀行ホームページ。https://www.mizuhobank.co.jp/corporate/finance/growing_field/eco_assist/index.html（2020年11月30日アクセス）。

（10）　環境省環境経済課，環境金融推進室『ESG金融に関する環境省の施策について平成31年１月18日』https://www.t2fifa.or.jp/event/pdf/k-kaigo-03-03-20190124-5.pdf（2020年11月30日アクセス）。

（11）　トリプルボトムラインおよびGRIについては，以下が詳しい。谷本寛治（2003），pp.275-277。

（12）　環境省「平成30年度 環境にやさしい企業行動調査（平成29年度における取組に関する調査）調査結果　概要（平成31年度３月）」。なお，調査対象社は上場企業820社，非上場企業は3,496社の計4,316社。そのうち有効回答数は，上場企業で37.0％，非上場企業で25.3％，総数の割合で計27.5％となっている。また，非上場企業の環境報告書作成・公表割合は，60.8％で前回の65.6％よりやや減少している。

（13）　ロンドンに本拠地をもつNGOで，2000年に機関投資家と連携してアンケート調査を開始し，回答企業は徐々に増加し影響力も高まっている。

（14）　IIRCは，2009年に，A4SとGRIの共同により設立された。A4S（The Prince's Accounting for Sustainability Project）は，「企業行動による長期的かつ広範な帰結を考慮しつつ，21世紀に直面する持続可能性課題に対応することのできる意思決定及び報告システムを開発すること」を目的とし，2004年に立ち上げられた（日本公認会計士協会ホームページ「IIRCの設立について－A4S及びGRIからのプレスリリースの公表」http://www.hp.jicpa.or.jp/ippan/jicpa_pr/news/iirca4sgri.html（2019年11月30日アクセス）。

（15）　KPMGホームページ。https://home.kpmg/jp/ja/home/insights/2020/09/sustainability-reporting-20200923.html（2020年12月30日アクセス）。

（16）　日本取引所ホームページ。https://www.jpx.co.jp/corporate/news/news-releases/0070/20171206-01.html（2020年12月30日アクセス）。

(17)　「再エネ GAFA 主導」『日本経済新聞』2018年 9 月11日付。

(18)　同社の最高サステナビリティ責任者であるスティーブ・ハワード氏は，「再生可能エネルギーへの投資は，ビジネスとして全くもって合理的なものだ」と述べている。Sustainable Japan ホームページ「IKEA が過去最大規模の再生可能エネルギー投資，165メガワット風力発電を取得（2014年11月30日付）」https://sustainablejapan.jp/2014/11/30/ikea-windfarm/12801（2020年12月アクセス）。

(19)　Sustainable Japan ホームページ「スターバックス，飲料カップのリサイクルに投資。3 年間でリサイクル可能素材に切替（2018年 3 月23日付）」https://sustainablejapan.jp/2018/03/23/starbucks-recycle/31192（2020年12月アクセス）。

(20)　ISO14051として発行されている。

(21)　『日本経済新聞』2019年12月 2 日付。

参考文献

坂本恒夫・松村勝弘『日本的財務経営』中央経済社，2009年。

谷本寛治『SRI 社会的責任投資』日本経済新聞社，2003年。

宝印刷株式会社・総合ディスクロージャー研究所『統合報告書による情報開示の新潮流』同文舘出版，2014年。

野村佐智代・佐久間信夫・鶴田佳史編『よくわかる環境経営』ミネルヴァ書房，2014年。

（野村　佐智代）

第27講

これからの財務管理

1　企業価値の維持と向上

前提：コロナ感染症の動向，社会・環境問題，デジタル化への対応
営業価値：従来通りからデジタル化を踏まえた動き
株主価値：やや控え目だが根強い欲求
社会的価値：企業価値追求の中心に

2　ESG，SDGs と社会的価値の追求

- 社会的価値追求の成果をどのように表現するか
  寄付額
  社会的投資収益率（SROI）
- CSR 報告書への明確な記載

3　DX と営業価値の追求

- デジタル化と営業利益の向上 ⇒ デジタルトランスフォーメーション（DX）
- センサー・アプリなどで情報収集，情報集積（クラウド），AI による動向分析，デザイン，新製品・新サービスの提供

4　これからの財務管理

- コロナ感染 ⇒ 資金供給の拡大 ⇒ 株価の成長 ⇒ リーマンショック再来リスク
- DX ⇒ 資金需要の拡大 ⇒ 営業価値向上
- コロナ感染 ＋ DX ⇒ 貧困と格差の拡大 ⇒ ESG，SDGs は対応できるか
- 営業価値，株主価値，社会的価値のバランスある企業価値の維持・拡大が必要

1 企業価値の維持と向上

これからの財務管理を考えるとき，われわれは3つのことを考えねばならない。

まずはコロナ感染症の大流行についてである。コロナ感染が現状のままで続くと，経済規模も企業規模も停滞・縮小せざるを得ない。拡大を前提で考えるか，停滞・縮小で考えるかで，財務管理の行く末は，まったく様相が変わってくる。

ワクチンが開発され，その接種もはじまり，治療薬についてもその利用の試行が繰り返されていて，近いうちには方向性は見えてくるものの，明確な将来は見通せない。したがって，いくつかの想定の下に，財務管理の将来については考えていかねばならない。

それは，環境問題，社会問題などである。特に地球温暖化の問題は深刻であり，今後も気候変動などが頻発する可能性がある。可能なかぎり化石燃料の使用を減らして，地球環境に負荷のかからない安全なエネルギーを利用していかねばならない。したがって，この環境・社会問題の解決も重要な問題である。

3番目の問題は，情報革命である。近年，デジタル化のスピードは加速している。特にコロナ感染の影響で，「密」をさけるために，デジタル通信の利用は大きく前進した。情報の収集，その集積，加えてクラウドのAI分析，そして新商品，新サービスの提案は，コストを削減し，利益を創出している。生産力の増加，生産性の向上は目をみはるものがある。デジタル化をいかに活用し，自らの企業経営に取り入れていくかは，企業の生存に大きく影響してくる。

このように，コロナ感染拡大問題，環境問題，そしてデジタル化の進展は，これからの財務管理を見ていく重要な前提項目といえる。

こうしたことを考えながら，われわれは，いかに企業価値を維持・向上させていくかを考えねばならない。

それでは，企業価値とは何であろうか。

企業価値は，今日では，3つの価値で構成されている。それは，営業価値，株主価値，そして社会的価値である。

図表27-1 ● 企業価値とは何か

企業価値＝営業価値＋株主価値＋社会的価値

営業価値は，結論的には，営業利益に凝縮されるが，それほど単純ではない。まずはビジネス活動にそって考えてみると，まず研究開発が存在し，製品・サービスの製造・製作プロセスがある。そして販売プロセスを改善・向上させねばならない。また，それらのプロセスで，どのようにコストの削減をはかり効率化を追求していくかも重要な問題である。したがって，一口に営業価値といっても，ビジネスプロセスのすべての局面での価値の維持・向上が含まれるのである。

図表27-2 ● 営業価値とは何か

1985年頃までの企業価値の一般概念
売上高－売上原価＝売上総利益－営業費用＝営業利益
＊研究開発，製造コスト，販売コスト，効率化への配慮

株主価値は，企業価値の中でも1985年以降に取り上げられるようになった。個人大株主や大衆個人投資家が主流であった時代は，あまり取り上げられることはなかったが，年金，保険，投資信託の機関株主・投資家が大きな存在として登場してくると，株主の投資価値，すなわち株主価値が，経営課題の前面に躍り出てきた。株価の成長，配当政策の在り方，そして投資利益・コストが問題にされるようになった。

株価や配当は実際の資本運動に影響されるので，現実での経営面，つまり現実資本の効率性，自己資本利益率が株式の評価に大きく影響を与えるのである。

図表27-3 ● 株主価値とは何か

1985～2006年頃までの企業価値（営業価値に加えて）の一般概念
株主利益＝配当＋株価の成長
＊効率性比率，自己資本利益率を基盤

社会的価値は，社会的貢献についての問題である。2006年のリーマンショックまでは，社会性という評価は，社会的寄付額の多寡であったが，近年ではESGやSDGsなどが取り上げられ，単なる社会的寄付ではなく，地球上の生活環境，社会問題，企業の法令順守など，いわゆるESGが取り上げられるようになった。

したがってここでは，企業価値の維持・向上は，営業価値や株主価値にとどまらず，社会的価値の向上も主要な問題となった。

そこで次節では，社会的価値とは何かについて，さらに詳細に考えてみよう。

2　ESG，SDGsと社会的価値の追求

従来から，環境問題，社会問題，ガバナンスは取り上げられてきたが，企業価値の評価で，これらが真正面から取り上げられるようになったのは，リーマンショック以降である。

2006年以前の企業経営では，株主価値経営が強く叫ばれていた。これは，すべての利益を株主，とりわけ機関投資家に収斂していこうとするもので，株主以外のステークホルダーは軽視されてきた。また環境問題，社会問題はコストのかかるものとして，積極的な対応がとられていなかった。そしてガバナンスは株主価値の向上という側面のみが重視され，格差と貧困が醸成されたのである。

多くの労働者，取引業者，消費者，中小株主などが，株主価値経営一辺倒に疑問を抱く中で，叫ばれてきたのが，SDGsである。持続可能な経営目標は，機関投資家に利益を収斂するのではなく，多くのステークホルダーに富を分配し，環境，社会問題の解決にも積極的に取り組んでいこうというものである。

企業は営業価値および株主価値の維持・向上を控え目にして，社会的価値の維持・向上に目を向けていこうとしているのである。

こうしてESGやSDGsが企業目標の正面に躍り出てきたが，しかし，それら社会的価値の維持・向上を，どのようなかたちで表現するのか，あるいは把握するか，具体的に指摘する論者はいないのである。

前述したように，寄付額という金額をCSR報告書に記載するという方法もあるが，この数字は自己申告のものが多く客観性に乏しい。多くの開示データがあるが実際には参考程度のものとしてしか評価されていない。

そこで，筆者はSROI（社会的投資収益率）を，１つの評価指標として提示したい。

SROIは，貨幣価値で換算された社会的価値を投入した費用で除したものであるが，社会的貢献対象にその改善のために投資し（費用），その成果を貨幣価値化して，その金額を投入した費用で除した比率である。

イギリスのNPOなどが利用している比率である。NPOが寄付金額を効率的に活用しているかを評価するものである。

社会貢献投資の金額の多寡を見るのではなく，その投資が効率的に成果をあげているかを点検しているのである。

筆者は，このSROIをCSR報告書に記載すると同時に，その金額を提示して規模と効率性を公表すべきであると考える。

日本公認会計士協会長である手塚正彦氏は，「社会的価値については，どのように評価をしたか，統合報告書のCSR報告書に具体的な記載が求められる」と述べ，「保証の重要性が増すので（会計士への）研修プログラムが必要になる」と具体策を提示している。

図表27-4 ● 社会的価値とは何か

2006年以降の企業価値（営業価値＋株主価値に加えて）の一般概念 ・社会貢献支出額 ・SROI

3 DXと営業価値の追求

企業価値の中で，比較的に営業価値の維持・向上はあまり取り上げられなかった。しかし，新たな技術革新でここのところ急速に営業価値の向上が注目されている。それはデジタル化である。

デジタル化は，ビジネスのあらゆる局面で，コストを削減するだけではなく，伝達や移動の時間を短縮する。われわれは，これまで費やしてきたコストと時間を使わずに，目的を達成することができるのである。

デジタル技術はそれだけではない。センサーやアプリを使い多様なデータを収集することができる。そして集めたデータをクラウドに集積することができる。そして動向や傾向をAIで分析し，例えば市場のニーズを知ることができる。そのことが可能であれば，新たな製品やサービスを提供することが可能になる。

こうしたデジタル技術の進展は，デジタルトランスフォーメーション（DX）と呼ばれているが，このDXは，研究開発，生産・販売プロセスに大きな変革をもたらすのである。

しかしDXは，人材の開発・育成，システムの設置に多額の資金を必要とする。欧米系のファンド会社や「空箱」と呼ばれる特別買収目的会社（SPAC）が設置されるのは，そのためである。

図表27-5 ● DXの営業価値への貢献

- コスト削減，時間短縮
- センサー，アプリなどで市場情報取得 ⇒ クラウド ⇒ AIで分析 ⇒ 新商品・サービス提供
- 利益獲得

4　これからの財務管理

これからの財務管理は，一方でDXによる合理化・効率化を進め，利益を創出しながら，同時に格差と貧困あるいは環境問題にも対応するという，矛盾する行為をバランスを取りながら展開していかねばならない。

したがってDXに対応する資金調達の実現，資金コストの削減に努めると同時に，従業員・雇用者の安全・安心・衛生にも配慮していかねばならない。後者の従業員・雇用者への配慮には多額の資金とそのコストもかかる。したがってコストと利益の概念が根底から覆されるかもしれない。つまり財務の機能における，低コスト管理や所有・支配の概念が劇的に変化するということである。例えば，コストは機関投資家から見た資本コストではなく，ステークホルダーおよび「社会・環境から見た資金コスト」に変化するであろう。また所有・支配も株主ガバナンスから「ステークホルダー，社会・環境ガバナンス」に転換していくであろう。

現在，アメリカでは空前の住宅購入ブームが起きている。コロナで在宅勤務が増えているからである。個別にインターネットが使える個室が必要になり，部屋数の多い大規模な家が必要になっているという。大規模な家が購入できるサラリーマンは対応できるが，それを購入できないサラリーマンは賃貸のアパートを借りるしかない。しかし値上がりすれば入居できないので路上生活者に転落するより仕方がない。

財務管理的には，住宅資金の需要が拡大し，銀行やローン会社は儲かるが，債務の累積が財政や個人財産に暗い影を落としている。ひとたび金利が引き上げられるとリーマンショックの再現であると指摘する論者もいる。

したがって，これからの財務管理は，営業価値の追求と社会的価値の追求を同時的に展開し，その結果として株主価値の追求も実現するという，難しい局面を迎えているといえる。

図表27-6 ● これからの財務管理

<第1フェイズ>
- コロナ損失 ⇒ 生き残りかけ減資
- DX投資　⇒ 多額の資金調達⇒配送センターの建設・システム投資など
- 財務コストの相対的発生⇒過剰資金，低コスト資金の存在

<第2フェイズ>
- DX合理化，失業者急増—救済システムの創出 ⇒ 新たなコスト発生
- 減資の一般化，コロナ損失の補塡—次なる増資はどのように

<第3フェイズ>
- 資金調達，コスト管理，厳しい対応せまられる
- 営業価値の追求と社会的価値の追求
  ⇒ 両者を統合して株主価値の追求も実現

（坂本　恒夫）

索　引

さ行

た行

な行

は行

ま行

や行

ら行

わ行

〈執筆者紹介〉

		執筆担当講
大坂良宏（おおさか　よしひろ）	石巻専修大学教授	12
落合孝彦（おちあい　たかひこ）	多摩大学教授	8・10
坂本恒夫（さかもと　つねお）	明治大学名誉教授, 桜美林大学特別招聘教授, 福島学院大学特任教授	4・15・16・27
澤田茂雄（さわだ　しげお）	常磐大学准教授	5・6
正田　繁（しょうだ　しげる）	創価大学講師	11
徐　玉琴（じょ　ぎょくきん）	明治大学助教	22・23
趙　　丹（ちょう　だん）	朝鮮大学校准教授	13・14
鳥居陽介（とりい　ようすけ）	編者紹介参照	1・3・7・9
野村佐智代（のむら　さちよ）	創価大学准教授	2・26
林　幸治（はやし　こうじ）	大阪商業大学教授	19・24・25
文堂弘之（ぶんどう　ひろゆき）	常磐大学教授	20・21
森谷智子（もりや　ともこ）	元嘉悦大学教授	17・18

（五十音順）

〈編者紹介〉

鳥居　陽介（とりい　ようすけ）

明治大学専任講師，経営学博士。日本中小企業・ベンチャービジネスコンソーシアム会長，証券経済学会幹事，日本経営財務研究学会，日本経済会計学会会員。

著書：『株式所有構造の変遷と経営財務』（中央経済社，2017年），『日本的財務経営』（共著，中央経済社，2009年），『テキスト現代企業論〈第3版〉』（共著，同文舘出版，2011年），『テキスト経営分析』（共著，税務経理協会，2014年）

テキスト 財務管理論（第6版）

2002年5月20日　第1版第1刷発行
2003年10月30日　第1版第3刷発行
2005年5月20日　第2版第1刷発行
2006年5月25日　第2版第4刷発行
2007年5月10日　第3版第1刷発行
2010年4月15日　第3版第5刷発行
2011年6月20日　第4版第1刷発行
2015年4月20日　第4版第7刷発行
2015年10月10日　第5版第1刷発行
2020年9月25日　第5版第9刷発行
2022年4月30日　第6版第1刷発行

編　者　鳥居陽介
著　者　現代財務管理論研究会
発行者　山本継
発行所　㈱中央経済社
発売元　㈱中央経済グループパブリッシング

〒101-0051　東京都千代田区神田神保町1-31-2
電　話 03（3293）3371（編集代表）
03（3293）3381（営業代表）
https://www.chuokeizai.co.jp
印刷／文唱堂印刷㈱
製本／誠製本㈱

ISBN978-4-502-42631-5 C3034